"十二五"普通高等教育本科国家级规划教材

《审计学（第11版）》
学习指导书

秦荣生　卢春泉　编著

STUDY GUIDE TO AUDITING

高等学校经济管理类主干课程教材·审计系列

中国人民大学出版社
·北京·

前 言

自《审计学》（第 10 版）出版以来，我国审计事业迎来了快速发展的新时代，审计行业所处的政策要求、法律环境和社会环境发生了重大变化。《中华人民共和国审计法》《中华人民共和国注册会计师法》《中国注册会计师审计准则》《中国内部审计准则》等法律法规的修改、完善和实施，深刻影响了审计的发展进程和执业要求。

针对党和国家对我国审计提出的新要求、新规定以及国际组织的最新规则变化，我们在《审计学（第 10 版）》的基础上，对主教材的内容做了全面、系统的修改、补充和完善，以满足我国审计理论工作者和实务工作者学习和工作的需要。为此，我们也相应修改了配套的学习指导书。

编写教材和学习指导书是一项遗憾的工作。无论怎样努力，怎样精雕细琢，最后出版的书依然存在缺陷和不足，依然存在需要完善和修正的内容。即使当时满意，随着岁月的流逝、环境的变化和阅历的增加，对内容的领悟和对问题的洞察，也会生出许多不满来。很多教授数十年都在修订自己早期的著作集，仍难以做到尽善尽美。选择编写教材、学习指导书，就是选择接受遗憾。无论怎样尽力，无论怎样付出，都无法画上圆满的句号，总存在缺陷和不足。我们明白这个道理，这正是我们持续修订的理由。

目　录

第1章

总　论

学习目的和要求

通过本章的学习，培养学生树立正确的唯物主义历史观，了解我国审计在世界审计发展史上参与安邦治国和加强财政监督所作出的贡献，增强受托责任意识，培育爱国主义情怀。

通过本章的学习，应掌握中外审计的产生和沿革及其产生和发展的客观依据，并掌握审计的基本理论与基本概念，为以后各章的学习打好基础。

在本章的学习中，要求了解我国审计历史发展的六个阶段及其特征；了解西方审计的起源与演进的过程；理解审计产生和发展的客观依据；理解和熟记审计的概念和属性、审计的目标和对象、审计的职能和作用。

1.1　复习提要

1.1.1　审计的产生与发展

1. 我国审计的产生和发展

我国审计经历了一个漫长的发展阶段，大体上可分为：西周初期初步形成阶段；秦汉时期最终确立阶段；隋唐至宋日臻健全阶段；元明清停滞不前阶段；中华民国不断演进阶段；新中国振兴阶段。

我国西周国家财计机构分为地宦大司徒系统（掌管财政收入）和天宦冢宰系统（掌管财政支出）。天宦所属中大夫司会，总司审计监督大权，进行财政收支的审核和监督，这是西周内部审计的形成。我国政府审计的起源基于西周的宰夫。

秦汉时期是我国审计的确立阶段，主要表现在三个方面：一是初步形成了统一的审计模式；二是“上计”制度日趋完善；三是审计地位提高，职权扩大。秦汉时期审计制度虽已确立，但仍属初步发展时期。

隋唐至宋，中央集权不断加强，官僚系统进一步完善，审计在制度方面也随之日臻健全。隋开创一代新制，设置比部，隶属于都官或刑部，凡国家财计，不论军政内外，都由比部掌管监督，行使审计职权。唐代比部审计之权通达国家财经各领域，而且一直下伸到州、县。唐代的比部审查范围极广、项目众多，而且一直下伸到军政内外，具有很强的独立性和较高的权威性。宋代审计司（院）的建立，是我国“审计”的正式命名，从此，“审计”一词便成为财政监督的专用名词，对后世中外审计建制具有深远的影响。

元代取消比部，户部兼管财务报告的审核，独立的审计机构即告消亡；明初设比部，不久即取消；清承明制。由于取消了比部这样的独立审计组织，其财计监督和政府审计职能严重削弱，与唐代行使司法审计监督职能的比部相比，后退了一大步。

中华民国于1912年在国务院下设审计处，1914年北洋政府改为审计院，同年颁布了《审计法》。国民党政府于1928年颁布《审计法》和实施细则，次年还颁布了《审计组织法》，审计人员有审计、协审、稽察等职称。与此同时，我国资本主义工商业有所发展，民间审计应运而生。

新中国于1980年恢复和重建了注册会计师制度，财政部颁发了《关于成立会计顾问处的暂行规定》。1983年9月成立了政府审计的最高机关——审计署，在县以上各级人民政府设置各级审计机关。我国于1984年在部门、单位内部成立了内部审计机构，实行内部审计监督。

2. 西方审计的起源与演进

在西方国家，政府审计的产生早于民间审计和内部审计。早在奴隶制度下的古罗马、古埃及和古希腊时代，已有官厅审计机构。

西方国家大多在议会下设有专门的政府审计机构，由议会或国会授权，对政府及国有企事业单位的财政财务收支进行独立的审计监督。

在西方由职业会计师进行的民间审计，随着资本主义商品经济的兴起得到了迅速的发展。现代意义上的民间审计是伴随着18世纪初期到19世纪中叶产业革命的完成而开始的。1853年在苏格兰的爱丁堡成立了爱丁堡会计师协会，这是世界上第一个职业会计师的专业团体。

20世纪40年代逐步开展了内部审计工作，同时为适应加强经济预测和事先控制的需要还开展了事前审计，做到了外部审计与内部审计并重，事后审计与事前审计并重。

3. 审计产生和发展的客观依据

（1）评价受托经济责任是审计产生和发展的基础。从审计行为的萌芽状态到政府审计、民间审计和内部审计机构的形成，从奴隶社会、封建社会到资本主义社会和社会主义社会，都同财产所有权与经营管理权相分离而产生的受托经济责任有关。没有这种受托经济责任，就不可能产生审计行为。

（2）加强经济管理和控制是审计发展的动力。现代审计的目的不仅在于审查会计账目和财务报表，还包括评价企业的生产经营管理，并及时提出积极、合理的建议。这是随着经济管理和控制加强的需要而出现的重要内容。事前审计、经营审计、管理审计、经济审计、效率审计和效果审计都是财务审计适应上述需要而发展起来的。

（3）现代科学管理为审计的发展提供了方法和手段。这不但表现为审计领域的不断扩展，更重要的是审计方法的不断发展。如财务审计经常使用统计抽样法，经济效益审计广泛采用现代管理方法和数学方法及有关预测、决策、分析方法等。

1.1.2 审计概念和特征

1. 审计概念

审计是一项独立客观的经济监督、确认和鉴证活动。它是由独立的专职机构或人员接受委托或授权，对被审计单位特定时期的财务报表及其他有关资料以及经济和管理活动的真实性、合法性、合规性、公允性、有效性与效益性进行监督、确认、鉴证的活动，其目的在于确定或解除被审计单位的受托经济责任，帮助被审计单位实现其目标。

根据审计的概念，可以概括出审计的两个基本特征：独立性和权威性。

2. 审计独立性的内涵

独立性是审计的灵魂。审计是具有独立性的经济监督、确认和鉴证活动。

为了充分体现审计的属性，在审计机构的设置和审计的工作过程中，必须遵循机构独立、经济独立和人员独立的原则。

1.1.3 审计目标和对象

审计目标是指审查和评价审计对象所要达到的目的及要求，它是指导审计工作的指南。概括起来，审计的目标就是指审查及评价审计对象的真实性和公允性、合法性和合规性、合理性和效益性、适当性和有效性。

审计对象是指审计监督的客体，即审计监督的内容和范围的概括。描述审计的对象，必须明确与审计对象有关的基本问题，即审计的主体、审计的范围、审计的主要内容和审计所依据的信息来源。

审计的对象可以概括为被审计单位的财务收支及其经济和管理活动。具体来说，它包括下列两个方面：

（1）被审计单位的财务收支及其有关的经济和管理活动。

（2）被审计单位的财务报表、内部控制和其他有关资料。会计资料和其他有关资料是审计对象的现象，其所反映的被审计单位的财务收支及其有关的经济和管理活动才是审计对象的实质。

1.1.4 审计职能和作用

审计职能是指审计本身所固有的内在功能。审计职能不是一成不变的，它是随着经济的发展而发展变化的。通过总结历史和现实的审计实践，审计具有经济监督、经济确认和经济鉴证的职能。

审计的作用是履行审计职能、实现审计目标过程中所产生的社会效果。

审计的制约性作用可概括为：揭示差错和弊端，维护财经法纪。

审计的促进性作用可概括为：改善经营管理，提高经济效益。

1.2 练习题

1.2.1 填空题

1. 我国西周国家财计机构分为两个系统，一是______系统；二是______系统。

2. 《周礼》中记载："以参______日成，以月要考月成，以岁______岁成。"

3. 我国西周内部审计的形成，是基于______；政府审计的起源，基于西周的______。

4. 秦汉时期的御史大夫不仅行使政治、军事的______之权，还行使经济的______之权。

5. 隋开创一代新制，设置______，隶属于都官或刑部，掌管国家______，行使审计职权。

6. 元代取消______，______兼管财务报告的审核，独立的审计机构即告消亡。

7. 1914年______设置审计院，同年颁布了______。

8. 我国形成了______、______和______三位一体的审计监督体系。

9. 据考证，早在______下的古罗马、古埃及和古希腊时代，已有______审计机构。

10. 西方国家大多在______下设有专门的审计机构，对______及国有企事业单位的财政财务收支进行独立的审计监督。

11. ______产生于英国，且在英国盛行，故也称为______。

12. ______审计是美国首先实施的，故又称为______。

13. 现代审计在审计方法上，从______发展到以评审内部控制系统为基础的______。

14. 审计产生于______与______相分离而产生的受托经济责任。

15. 早期的、传统的审计，只局限于审查会计账目和______，通常称为______。

16. 根据审计的概念可以概括出审计的两个基本特征：______和______。

17. 审计的属性，明确揭示了______是审计的特征，______是审计的性质。

18. 审计的目标是指审查和评价______所要达到的目的及要求，它是指导______的指南。

19. 审计对象是指审计监督的______，即审计监督的______的概括。

20. 总结古今中外的审计实践，审计具有______和______两大作用。

1.2.2 判断题（正确的划"√"，错误的划"×"）

1. 西周是我国审计制度初步形成阶段，民间审计和政府审计都在那时产生。 （ ）

2. 《周礼》中的"凡上之用，必考于司会"，意思是凡上级所用的开支，都要考核司会。 （ ）

3. 秦汉时期逐渐形成了审计机构与监察机构相结合、经济法制与审计监督制度相统一的模式。 （ ）

4. 唐代由户部行使审计职能，凡国家财计，不论军政内外，无不加以勾稽，无不加以查核审理。 （ ）

5. 明清时期的都察院制度，在其行使审计职能时，具有一揽子性质。 （ ）

6. 20世纪80年代以后，我国在一些大城市相继成立了会计师事务所，民间审计得到了发展。 （ ）

7. 中华人民共和国成立以后，国家没有设置独立的审计机构，审计制度直到20世纪80年代才得以恢复和重建。 （ ）

8. 1980年我国成立了政府审计的最高机关——审计署，在县级以上各级人民政府设置各级审计机构。 （ ）

9. 在西方，民间审计早于政府审计和内部审计的产生。 （ ）

10. 早在封建制度下的古罗马、古埃及和古希腊时代，已有官厅审计机构。 （ ）

11. 美国总审计局是隶属于总统的一个独立经济监督机构。 （ ）

12. 在西方由职业会计师进行的民间审计，随着资本主义商品经济的兴起得到了迅速的发展。 （ ）

13. 1853年在苏格兰的爱丁堡成立了爱丁堡会计师协会，这是世界上第一

个职业会计师的专业团体。（ ）

14. 详细审计最早在美国产生。（ ）

15. 在社会主义市场经济体制下，生产资料的所有权和经营权是高度统一的，不存在受托经济责任关系，因而不需要审计。（ ）

16. 审计的独立性是保证审计工作顺利进行的必要条件。（ ）

17. 财政、银行所从事的经济监督活动，同样可称为审计。（ ）

18. 审计的目标是指审查和评价审计对象所要达到的目的及要求。（ ）

19. 审计的职能不是一成不变的，它是随着经济的发展而发展变化的。（ ）

20. 综观审计产生和发展的历史，审计无不表现为经济监督的活动，履行着为统治者服务的职能。（ ）

1.2.3 单项选择题

1. 我国审计制度经历了一个漫长的发展过程，大体可分为（ ）。

A. 三个阶段　　B. 四个阶段

C. 五个阶段　　D. 六个阶段

2. 在秦汉时期，日趋完善的具有审计性质的制度是（ ）。

A. 监察　　B. 御史

C. 上计　　D. 下计

3. 宋代审计司的建立，是我国"审计"的正式命名，从此，"审计"一词便被称为（ ）。

A. 财会审核　　B. 经济司法

C. 经济执法　　D. 财政监督

4. 元明清各朝，君主专制日益强化，审计在总体上可以说是（ ）。

A. 停滞不前　　B. 不断演进

C. 日益振兴　　D. 最终消亡

5. 在国民党时期，审计部被设置在（ ）。

A. 司法部　　B. 国会

C. 监察院　　D. 行政院

6. 在西方，最具代表性的政府审计机关隶属于（ ）。

A. 司法系统　　B. 立法系统

C. 行政系统　　D. 管理系统

7. 一些国家的政府审计机关由政府的财政部领导，被称为（ ）。

A. 行政系统政府审计机关

B. 次行政系统政府审计机关

C. 立法系统政府审计机关

D. 司法系统政府审计机关

8. 民间审计早期处于萌芽状态的时间为17世纪初中期，最早出现的地点是（　　）。

A. 英国的苏格兰　　B. 英国的爱丁堡

C. 美国的纽约　　D. 中国的上海

9. 目前，世界上最大的民间审计专业团体是（　　）。

A. 英国爱丁堡会计师协会　　B. 英国苏格兰会计师协会

C. 中国注册会计师协会　　D. 美国注册会计师协会

10. 审计行为产生和发展的根本动力，在于评价（　　）。

A. 剥削　　B. 统治

C. 受托经济责任　　D. 经济利益

11. 保证审计监督发挥作用的是审计组织的（　　）。

A. 权威性　　B. 独立性

C. 客观性　　D. 合法性

12. 审计的属性是经济监督活动的（　　）。

A. 权威性　　B. 独立性

C. 客观性　　D. 合法性

13. 对审计概念的正确理解、审计方法的正确运用和审计监督职能的进一步发挥，应正确认识（　　）。

A. 审计属性　　B. 审计目标

C. 审计作用　　D. 审计对象

14. 审计最基本的职能是（　　）。

A. 经济评价　　B. 经济监察

C. 经济监督　　D. 经济司法

15. 在审计工作中，揭示审计对象的差错和弊端，属于审计的（　　）。

A. 制约性作用　　B. 促进性作用

C. 建设性作用　　D. 宏观调控作用

1.2.4 多项选择题

1. 秦汉时期是我国审计的确立阶段，主要表现在（　　）。

A. 初步形成了统一的审计模式　　B. 上计制度日趋完善

C. 审计地位提高　　D. 职权扩大

E. 设置了独立的审计机构

2. 目前，我国的审计监督体系主要包括（　　）。

A. 就地审计　　B. 事前审计

C. 民间审计　　D. 内部审计

E. 政府审计

3. 在国民党时期，审计人员的职称主要有（　　）。

A. 审计师　　B. 审计

C. 协审　　D. 稽察

E. 高级审计师

4. 政府审计机关属于立法系统的国家有（　　）。

A. 日本　　B. 美国

C. 中国　　D. 加拿大

E. 西班牙

5. 审计关系人主要包括（　　）。

A. 审计主体　　B. 审计法规

C. 审计客体　　D. 审计委托者

E. 审计载体

6. 为了充分体现审计的独立性，在审计机构设置和审计的工作过程中，必须遵循（　　）。

A. 思想独立　　B. 机构独立

C. 人员独立　　D. 经济独立

E. 精神独立

7. 审计的目标是指审查和评价审计的对象，主要包括（　　）。

A. 独立性和权威性　　B. 客观性和一致性

C. 真实性和公允性　　D. 合规性和合法性

E. 合理性和效益性

8. 审计的基本职能主要有（　　）。

A. 经济监督　　B. 经济司法

C. 经济建议　　D. 经济确认

E. 经济鉴证

9. 审计的制约作用可以概括为（　　）。

A. 揭示差错和弊端　　B. 维护财经法纪

C. 改善经营管理　　D. 提高经济效益

E. 加强宏观调控

10. 审计的促进作用可以概括为（　　）。

A. 揭示差错和弊端　　B. 维护财经法纪

C. 改善经营管理　　D. 提高经济效益

E. 加强宏观调控

1.2.5 简答题

1. 简述我国审计产生和发展的主要阶段。

2. 审计关系人有哪几个方面?
3. 简述审计属性。
4. 简述审计目标。
5. 简述审计对象。
6. 简述审计职能。

1.3　练习题参考答案

1.3.1　填空题

1. 地官大司徒　天官冢宰
2. 互考　会考
3. 司会　宰夫
4. 监察　监督
5. 比部　财计监督
6. 比部　户部
7. 北洋政府　《审计法》
8. 政府审计　民间审计　内部审计
9. 奴隶制度　官厅
10. 议会　政府
11. 详细审计　英国式审计
12. 资产负债表　美国式审计
13. 详细审计　抽样审计
14. 财产所有权　经营管理权
15. 报表　财务审计
16. 独立性　权威性
17. 独立性　经济监督
18. 审计对象　审计工作
19. 客体　内容和范围
20. 制约性　促进性

1.3.2　判断题

1. ×	2. ×	3. √	4. ×	5. √
6. ×	7. √	8. ×	9. ×	10. ×
11. ×	12. √	13. √	14. ×	15. ×

16. √	17. ×	18. √	19. √	20. ×

1.3.3 单项选择题

1. D	2. C	3. D	4. A	5. C
6. B	7. B	8. A	9. D	10. C
11. A	12. B	13. D	14. C	15. A

1.3.4 多项选择题

1. ABCD	2. CDE	3. BCD	4. BCD	5. ACD
6. BCE	7. CDE	8. ADE	9. AB	10. CD

1.3.5 简答题

1. **【解答】**我国审计的产生和发展经历了一个漫长的发展阶段，大体可以分为：西周初期初步形成阶段；秦汉时期最终确立阶段；隋唐至宋日臻健全阶段；元明清停滞不前阶段；中华民国不断演进阶段；新中国振兴阶段。

2. **【解答】**审计关系人包括三个方面：第一关系人，即审计主体（审计机构或人员），他们根据审计委托者的委托就被审计单位的财务收支状况及有关人员履行受托经济责任情况进行验证、审查，并提出审查报告书或证明书；第二关系人，即被审计单位，它们对审计委托者承担的受托经济责任，须经审计机构或人员验证后才能确定或解除；第三关系人，即审计委托者，被审计单位对它们承担某种受托经济责任，它们之间存在一定的权责关系。审计关系必须由委托审计者、审计者和被审计者三方面构成，缺少任何一方，独立的、客观公正的审计将不复存在。

3. **【解答】**独立性是审计的重要特征。审计是具有独立性的经济监督活动。正因为审计具有独立性，才受到社会的信任，才能保证审计人员依法进行的经济监督活动客观公正，提出证实财务状况和经营成果的审计信息才更有价值，才能对被审计单位确定或解除受托经济责任更好地发挥审计作用。所以，独立性的经济监督活动是审计的属性。审计属性明确揭示了独立性是审计的特征，经济监督是审计的性质。

4. **【解答】**审计目标是指审查和评价审计对象所要达到的目的和要求，它是指导审计工作的指南。审计目标的确定除受审计对象的制约以外，还取决于审计属性、审计职能和审计委托者对审计工作的要求。审计目标概括起来，就是指审查和评价审计对象的真实性和公允性、合法性和合规性、合理性和效益性、适当性和有效性。

5. **【解答】**审计对象是指审计监督的客体，即审计监督的内容和范围的概括。审计对象可概括为被审计单位的财务收支及其经济和管理活动。具体来说，包括下列两个方面的内容：被审计单位的财务收支及其有关的经济和管理活动；被审计单位的财务报表、内部控制和其他有关资料。

6.【解答】审计职能是指审计本身所固有的内在功能。审计有什么职能、有多少职能，都不是由人们的主观意愿决定的，而是由社会经济条件和经济发展的客观需要决定的。审计职能不是一成不变的，它是随着经济的发展而发展变化的。通过总结历史和现实的审计实践，审计具有经济监督、经济确认和经济鉴证三个基本职能。

1.4 教材习题参考答案

1.4.1 思考题

1.【解答】审计产生和发展的客观依据是：（1）评价受托经济责任是审计产生和发展的基础；（2）提高经营效率和经济效果是审计发展的动力；（3）科学技术为审计的发展提供了方法和手段。

2.【解答】审计的特征是独立性。为了充分体现审计的特征，在审计机构的设置和审计的工作过程中，必须遵循机构独立、经济独立和精神独立的原则。

3.【解答】审计目标就是指审查与评价审计对象的真实性和公允性、合法性和合规性、合理性和效益性、适当性和有效性。财政财务收支审计侧重公允性和合法性，财经法纪审计侧重合规性和合法性，经济效益审计侧重合理性和效益性，经济责任审计侧重真实性、合法性和效益性。

4.【解答】审计对象是指被审计单位的财务收支、内部控制及其有关的经济和管理活动以及作为这些经济和管理活动信息载体的财务报表和其他有关资料。因此，财务报表和其他有关资料是审计对象的现象，其所反映的被审计单位的财务收支、内部控制及其有关的经济和管理活动才是审计对象的实质。

5.【解答】审计职能是指审计本身所固有的内在功能。通过总结历史和现实的审计实践，审计具有经济监督、经济确认和经济鉴证三个基本职能。审计职能不是一成不变的，它是随着经济的发展而发展变化的。

1.4.2 案例分析题

1.【解答】飞狐运输股份有限公司中止标志会计师事务所 2022 年度财务报表审计工作是不合理的，尽管杜杰以前是该项目的负责人，但他现在是公司的财务总监，不具备审计人员的身份和独立性。注册会计师审计以独立的第三者身份进行审计，审计结果才能被社会各界接受。

2.【解答】英国南海公司破产案审计开创了近代民间审计的先河，对世界民间审计的发展具有里程碑的意义和影响。始于18世纪60年代的工业革命推动了英国经济的发展，股份公司随之诞生和发展，在股份公司诞生的那一刻起就将民间审计的发展纳入了新的历史时期。可以说，股份公司的发展孕育了现代民间审计的产生，英国南海公司破产案造就了世界第一位民间审计师，同时也拉开了民间审计发展的序幕。在民间审计发展的200多年历史中，人们研究和探讨民间审计理论及实务，均将英国南海公司破产案审计作为时间起点，并将此案例作为世界第一起正式民间审计案例。可见，英国南海公司破产案审计对世界民间审计发展意义重大、影响深远。

第2章

审计种类、方法和程序

学习目的和要求

通过本章的学习，培养学生树立不断进取的思想，扎实掌握不断发展的审计技术，建立合规和严格程序的思维，增强工匠和精益求精的精神，培育良好的职业精神。

通过本章的学习，应理解审计的不同种类，掌握审计的不同方法和抽样技术在审计中的应用，掌握审计从开始到结束的审计程序，为后面各章的学习提供方法和理论指导。

在本章的学习中，要求了解审计按不同标志进行的多种分类；理解和掌握审计的不同方法，以及在实际工作中的选用；重点掌握抽样技术在审计中的应用，属性抽样、变量抽样的程序、方法、计算和适用范围；掌握信息技术对审计技术和方法的影响；理解审计工作的基本程序，特别是民间审计的审计程序；了解管理层认定及其对审计程序的影响。

2.1 复习提要

2.1.1 审计种类

研究审计种类的意义在于从不同角度加深对审计的认识，以便有效地组织和运用各种类型的审计，充分发挥审计的职能作用，不断探索和开拓新的审计领域，建立和完善我国审计理论、组织与工作体系。

参照国际审计分类的惯例，结合我国经济类型和审计监督的特点，我国审计有基本分类和其他分类两大类。

1. 审计的基本分类

说明审计本质的分类称为基本分类。审计按其主体分类和按其内容、目的分类，属于基本分类。基本分类中的审计种类分别从不同角度说明审计的本质。

（1）按审计主体分类。审计主体是指执行审计的一方。根据国内外审计的发展和现状，审计按其主体，可分为政府审计、民间审计和内部审计。

1）政府审计。政府审计是指由政府审计机关执行的审计。政府审计在我国亦称为国家审计。

2）民间审计。民间审计是指由经财政部门审核批准成立的会计师事务所实施的审计。民间审计在我国亦称为社会审计、注册会计师审计。

3）内部审计。内部审计是指由本部门和本单位内部专职的审计机构或人员实施的审计，包括部门内部审计和单位内部审计两大类。

（2）按审计内容和目的分类。我国审计按其内容和目的，可分为财政财务审计、财经法纪审计、经济效益审计和经济责任审计。

1）财政财务审计。财政财务审计是指审计机关对被审计单位的财务报表、有关资料的公允性及其所反映的财政财务收支的合法性和合规性所进行的审计。财政财务审计也称为传统审计或常规审计。

2）财经法纪审计。财经法纪审计是指审计机关对被审计单位和个人严重侵占国家资财、严重损失浪费以及其他严重损害国家经济利益等违反财经纪律行为所进行的专案审计。

3）经济效益审计。经济效益审计是指审计机关对被审计单位的财政财务收支及经济和管理活动的经济性和效益性所实施的审计。

4）经济责任审计。

2. 审计的其他分类

（1）按审计范围分类。审计按其范围，可以分为全部审计、局部审计和专项审计。

1）全部审计。全部审计又称全面审计，是指对被审计单位一定期间的财政财务收支及有关经济活动的各个方面及其资料进行的全面审计。

2）局部审计。局部审计又称部分审计，是指对被审计单位一定期间的财务收支或经济和管理活动的某些方面及其资料进行部分、有目的、重点的审计。

3）专项审计。专项审计又称专题审计，是指对某一特定项目进行的审计。

（2）按实施审计时间分类。按照实施审计时间，可以分为事前审计、事中审计和事后审计。另外，还可以分为定期审计和不定期审计。

1）事前审计。事前审计又称预防性审计，是指在被审计单位经济业务发生以前进行的审计。

2）事中审计。事中审计是指在被审计单位经济业务执行过程中进行的审计。

3）事后审计。事后审计是指在被审计单位经济业务完成以后进行的审计。

定期审计和不定期审计是以审计是否按规定的期限进行划分的。定期审计是按照预先规定的时间进行的审计。不定期审计是出于需要而随时安排进行的审计。

（3）按审计执行地点分类。审计按其执行地点，可以分为报送审计和就地审计。

1）报送审计。报送审计又称送达审计，是指审计机构按照审计法规的规定，对被审计单位按期报送来的凭证、账簿和财务报表及有关账证等资料进行的审计。

2）就地审计。就地审计是指审计机构委派审计人员到被审计单位所在地所进行的审计。按照就地审计的具体方式不同，又可分为驻在审计、专程审计和巡回审计。

（4）按审计动机分类。审计按其动机，可以分为强制审计和自愿审计。

1）强制审计。强制审计是指审计机构根据法律法规规定对被审计单位行使审计监督权而进行的审计。

2）自愿审计。自愿审计是根据被审计单位自身的需要，委托审计组织对其进行的审计。

（5）按审计是否通知被审计单位分类。审计按照它在实施前是否预先告知被审计单位，可以分为预告审计和突击审计。

1）预告审计。预告审计是指在进行审计以前，把审计目的、主要内容和日期预先通知被审计单位的审计方式。

2）突击审计。突击审计是指在对被审计单位实施审计之前，不预先把审计目的、内容和日期通知被审计单位而进行的审计。

（6）按审计使用的技术和方法分类。审计按照所使用的技术和方法，可以分为账表导向审计、系统导向审计和风险导向审计。

1）账表导向审计。这种审计技术和方法是围绕着会计凭证、会计账簿、财务报表的编制过程进行的。

2）系统导向审计。这种审计技术和方法强调对内部控制系统的评价，根据评价结果进行实质性程序。

3）风险导向审计。这种审计技术和方法要求审计人员从对企业环境和企业经营进行全面的风险分析出发，使用审计风险模型，制定多样化的审计计划，以提高审计效率和效果。

2.1.2　审计方法

1. 审计方法的选用

审计方法是指审计人员检查和分析审计对象，收集审计证据，并对照审计依据，形成审计结论和意见的各种专门手段的总称。

现代审计方法已经超越传统的事后查账技术，发展到广泛运用审计调查、审计分析、内部控制系统评审及风险导向审计等技术方法，并日趋多样化和现代化，形成一个完整的审计方法体系，包括审计的基本方法和技术方法。

审计的基本方法是指将马克思主义辩证唯物论和历史唯物论作为指导的工作方法，以及审计计划管理、档案管理的方法，适用于各种审计项目。

审计的技术方法是指为了证实被审计单位的实有资产、负债和所有者权益，核实会计记录和会计资料等的真实性和正确性的方法。

2. 审计的技术方法

审计的技术方法体系有以下三大类。

（1）审查书面资料的方法。审查书面资料，可以按不同的标准划分为下列各种方法。

1）按审查书面资料的技术可分为审阅法、核对法、询证法、比较法和分析法。

①审阅法。审阅法是指仔细审查和翻阅会计凭证、会计账簿和财务报表以及计划、预算、决策方案、合同等书面资料，借以查明资料及经济业务的公允性、合法性、合规性，从中发现错弊或疑点，收集书面证据的一种审查方法。审阅法在审计中运用最为广泛，主要是审阅会计凭证、会计账簿和财务报表。

②核对法。核对法是指对会计凭证、会计账簿和财务报表等书面资料之间的有关数据进行相互对照检查，借以查明证证、账证、账账、账表、表表之间是否相符，从而取得有无错弊的书面证据的一种复核查对的方法。

③询证法。询证法是指审计人员对审计过程中所发现的疑点和问题，通过向被审计单位内外有关人员调查和询问，弄清事实真相并取得审计证据的一种方法。查询法又分为面询和函询两种。

④比较法。比较法是指对被审计单位的被审计项目的书面资料与相关标准进行比较，确定它们之间的差异，经过分析从中发现问题并取得审计证据的一种方法。比较法大多通过有关指标进行比较，包括指标绝对数比较和相对数比较。

⑤分析法。分析法是通过对会计资料的有关指标的逻辑推理、分解和综合，揭示其本质和了解其构成要素的相互关系的审计方法。审计分析法按其采用的技术，可以分为比较分析、比率分析、账户分析、账龄分析、平衡分析和因素分析等方法。

2）按审查书面资料的顺序可以分为顺查法和逆查法。

①顺查法。顺查法又称为正查法，是按照会计核算的处理顺序，依次对证、账、表各个环节进行检查核对的方法。

顺查法的最大优点是系统、全面，可以避免遗漏。其缺点是面面俱到，不能突出重点，工作量太大，耗费人力、时间太多。

②逆查法。逆查法又称为倒查法，是按照会计核算相反的处理程序，依次

对表、账、证各个环节进行检查核对的一种方法。

逆查法的最大优点是便于抓住问题的实质，还可以节省人力和时间。其缺点是不能全面地审查问题，易有遗漏。

3）按审查书面资料的数量可以分为详查法和抽查法。

①详查法。详查法是指对被审计单位一定时期内的所有会计凭证、会计账簿和财务报表或某一项目的全部资料进行详细审查的方法。

详查法的主要优点是能全面查清被审计单位存在的问题，特别是对弄虚作假、营私舞弊等违反财经法纪的行为，一般不易疏漏，能保证审计质量。其缺点是工作量太大，耗费人力和时间过多，审计成本高，故难以普遍采用。

②抽查法。抽查法又称抽样法，是指从被审计单位审查期的全部会计资料中抽取一部分进行审查，并根据审查结果推断总体有无错误和弊端的一种方法。

抽查法的主要优点是能明确审查重点，省时省力，具有效率高、成本低和事半功倍的效果。缺点是审计结果过分依赖抽查样本的合理性，如果抽样不合理或缺乏代表性，抽查结果往往不能发现问题，甚至以偏概全，得出错误的审计结论。

（2）证实客观事物的方法。证实客观事物的方法是审计人员收集书面资料以外的审计证据，证明和落实客观事物的形态、性质、所有权、存放地点、数量和金额的方法。这类方法包括盘点法、调节法、观察法和鉴定法。

1）盘点法。盘点法又称实物清查法，是指对被审计单位各项财产物资进行实地盘点，以确定其数量、品种、规格及其金额等实际状况，借以证实有关实物账户的余额是否真实、正确，从中收集实物证据的一种方法。盘点法按其组织方式，分为直接盘点和监督盘点两种。

2）调节法。调节法是指在审查某个项目时，通过调整有关数据，求得需要证实的数据的方法。

3）观察法。观察法是指审计人员进入被审计单位后，对于生产经营管理工作的进行、财产物资的保管、内部控制系统的执行等，亲临现场进行实地观察，借以查明被审计单位经济活动的事实真相，核实是否符合审计标准和书面资料的记载，取得审计证据的方法。

4）鉴定法。鉴定法是指对书面资料、实物和经济活动等的分析、鉴别，超过一般审计人员的能力和知识水平而邀请有关专门部门或人员运用专门技术进行确定和识别的方法。

（3）数据挖掘和分析方法。

1）数据计量分析法。

2）大数据审计法。

3）联网实时审计法。

2.1.3 抽样技术在审计中的应用

1. 审计抽样的意义

审计抽样是指审计人员先对特定审计对象总体抽取部分样本进行审查，然后以其审查结果来推断该总体的一种方法。在审计历史上，先后出现过任意抽样、判断抽样和统计抽样三种类型。

（1）任意抽样。任意抽样是当审计从详查法向抽查法演变时最先运用的一种抽样方法。当时审计人员运用这种方法纯粹是为了减少工作量，抽样的规模、技术和内容等均无规律可循，只是任意抽取样本。

（2）判断抽样。判断抽样是根据审计人员的经验和判断，有目的地从特定审计对象总体中抽查部分样本进行审查，并以样本的审查结果来推断总体的抽样结果。

（3）统计抽样。统计抽样是审计人员运用概率论原理，遵循随机原则，从审计对象总体中抽取一部分有效样本进行审查，然后以样本的审查结果来推断总体的抽样方法。

在实际工作中，往往只有把统计抽样和判断抽样结合起来运用，才能收到较好的审计效果。抽样技术在审计工作中的具体应用，主要有属性抽样和变量抽样。

（4）抽样风险和非抽样风险。抽样风险是审计人员依据抽样结果得出的结论与审计对象总体特征不相符合的可能性。进行控制测试时，抽样风险有信赖不足风险和信赖过度风险。进行实质性程序时，抽样风险有误受风险和误拒风险。非抽样风险是指审计人员因采用不恰当的审计程序或方法，或因误解审计证据等而未能发现重大误差的可能性。

2. 属性抽样

属性抽样是指在精确度界限和可靠程度一定的条件下，为了测定总体特征的发生频率而采用的方法。属性抽样是用于控制测试方面的统计抽样法。

运用属性抽样的方法主要包括下列几个步骤：

（1）确定预计差错发生率。属性抽样是推断错误或舞弊的发生频率，即估计账证或内部控制系统出现错误或异常的频率，用百分比表示就是预计差错发生率。

审计人员在确定预计差错发生率时，可按下列三种情况确定：

1）在参考前期审计工作底稿的基础上确定，也就是在参考历史资料的基础上确定。

2）抽查少量样本并在加以测试的基础上确定。

3）根据审计人员对情况的了解和判断来确定。

（2）确定精确度。在控制测试中，审计人员必须事先确定精确度。因为样本的预计差错发生率不一定等于总体的实际差错率，它可略大于或小于实际差错率，所以有必要根据样本结果，以一定的正数和负数为界限设立一个区间。这个区间就是抽样误差的容许界限，而这个容许界限就叫精确度。

(3) 确定可靠程度。可靠程度又称置信度，是测定抽样可靠性的尺度。因为样本毕竟不是总体，根据样本计算出来的差错率并不能100%地代表总体的实际差错率。可靠程度就是表明样本性质能够代表总体性质的可靠性程度。

根据可靠程度可以判断样本代表总体的可信水平，同时也可以估计样本不能代表总体的可能性。如果可靠程度定为95%，表示总体的真实特征有95%的可能性落在特定的精确度范围内，另外还有5%的可能性不在精确度界限内，这里的5%就称为风险度。

(4) 确定样本数量。确定了差错发生率、精确度和可靠程度之后，就可以通过样本量确定表来确定样本数量。

(5) 选择随机抽样方法。当样本数量确定以后，就要选择适当的抽样方法抽取足够的样本。在审计工作中运用的随机抽样方法主要有随机数表法、系统抽样法、分层抽样法和整群抽样法。

1) 随机数表法。利用随机数表抽取样本是最简便的方法，因而得到普遍采用。所谓随机数表，亦称乱数表，就是任意组成五位数字，同时把这五位数字完全随机地纵横排列所构成的一种表格。

2) 系统抽样法。系统抽样法又称间隔抽样法，亦称等距抽样法，是以总体中某一标志排列为出发点，按照固定的顺序，每隔一个固定的间隔抽出一个单位组成样本的一种随机抽样方法。

3) 分层抽样法。分层抽样法是按照一定标准将总体划分为若干层次，然后对每一层次进行随机抽样的方法。

4) 整群抽样法。整群抽样法是先将总体项目按某一标志分成若干群，然后使用随机数表抽样或系统抽样法抽样，整群抽取样本项目的方法。

(6) 评价抽样结果，推断总体特征。评价抽样结果后，样本实际差错率等于或小于预计差错发生率，审计人员便可接受样本结果，结束测试，并进一步作出推断。属性抽样的审计结论通常是以一定的可靠程度确信总体差错率不超过某一百分比，这个百分比就是样本差错率加上精确度所形成的精确度上限。在属性抽样中，只要根据所确定的可靠程度、已审查的样本规模以及在审查样本中发现的差错数，就可直接从样本结果评价表上查到精确度上限百分比。

3. 变量抽样

审计人员用来估计总体金额的统计抽样称为变量抽样，它适用于对被审计单位存货、应收账款等的估计。变量抽样是用于实质性程序方面的统计抽样方法，它通过检查财务报表各项目金额的真实性和正确性，来取得作出审计结论所需的直接证据。变量抽样有平均值估计、差异估计等形式。

（1）平均值估计。平均值估计是利用样本平均值估计总体平均值，然后对总体的金额进行推断估计的一种变量抽样方法。

（2）差异估计。差异估计是利用审查样本所获得的样本平均差错额，推断总体差错额或正确额的一种统计抽样方法。它适用于能获得书面记录金额，并且被审计总体中存在较大差错的情况。

2.1.4 信息技术对审计的影响

1. 信息技术对审计过程的影响

随着会计信息技术的大规模普及，大多数企业的会计处理已经实现信息化。审计人员开始意识到信息技术审计的重要性，但这时人们对信息技术审计的认识还停留在对财务数据的采集和分析阶段，审计人员仍然可以绕过信息系统，对财务和报表进行核实，以获取审计证据。

信息技术在企业中的应用并不改变审计人员制定审计目标、进行风险评估和了解内部控制的原则性要求，审计准则和财务报告审计目标在信息技术环境下都适用。但是，审计人员必须更深入了解企业的信息技术应用范围和性质，因为系统的设计和运行对审计风险的评价、业务流程和控制的了解、审计工作的执行以及需要收集的审计证据的性质都有直接的影响。具体来说，信息技术对审计过程的影响主要体现在以下几个方面：

（1）对审计线索的影响。

（2）对审计技术手段的影响。

（3）对内部控制的影响。

（4）对审计内容的影响。

（5）对审计人员的影响。

2. 信息技术对确定审计范围的影响

被审计单位的流程和信息系统可能具有各自不同的特点，因此审计人员应按各自特点制定审计计划中包含的信息技术审计内容；另外，如果注册会计师计划依赖自动控制或信息系统生成的信息，那么就需要适当扩大对信息技术审计的范围。

信息技术审计范围的确定，与被审计单位在业务流程及信息系统相关方面的复杂程度成正比。在具体评估复杂程度时，可以从以下几个方面予以考虑：

（1）评估业务流程的复杂程度。

（2）评估信息系统的复杂程度。

（3）信息技术环境的规模和复杂程度。

3. 信息技术对内部控制评价的影响

手工控制的基本原理与方式在信息技术环境下并不会发生实质性改变，审计人员仍需要按照标准执行相关的审计程序，而对于自动控制，应从信息技术一般控制与信息技术应用控制两方面考虑对内部控制评价的影响。

（1）信息技术一般控制对内部控制评价的影响。信息系统一般控制是指为了保证信息系统的安全，对整个信息系统以及外部各种环境要素实施的对所有的应用或控制模块具有普遍影响的控制措施，它通常会对实现部分或全部财务报告认定作出间接贡献。

信息技术一般控制包括程序开发、程序变更、程序和数据访问以及计算机运行四个方面，审计人员应对这四个方面的内部控制进行审计。

（2）信息技术应用控制对内部控制评价的影响。信息技术应用控制一般要经过输入、处理及输出等环节，和手工控制一样，自动系统应用控制同样关注信息处理目标的四个要素：完整性、准确性、授权和访问限制。

4. 计算机辅助审计技术和电子表格的运用

（1）计算机辅助审计技术。计算机辅助审计技术是指用计算机和相关软件，使审计测试工作实现自动化的技术。计算机辅助审计技术可以在现有手工执行的审计测试自动化、在手工方式下不可能执行的测试或分析等方面实现自动化，使审计工作更有效率和效果。

计算机辅助审计技术能够提高审阅大量交易的效率，而且计算机不会受过度工作的影响。从这个意义上讲，计算机辅助审计技术可以使审阅工作更具效果，还可以节省大量的审计工作量、审计时间和成本。

最广泛地应用计算机辅助审计技术的领域是实质性程序，特别是在与分析程序相关的方面。除此以外，计算机辅助审计技术还能用于详细测试以及对审计抽样的处理。计算机辅助审计技术使得对系统中的每一笔交易进行测试成为可能，可以在交易样本量很大的情况下替代手工测试。

（2）电子表格。在信息化程度很高的环境下，由于系统限制等原因，财务信息和财务报告的生成往往还需要借助电子表格来完成。

所谓电子表格，是指利用计算机作为表格处理工具，以实现制表工具、计算工具以及表格结果保存的综合电子化的软件。目前普遍使用的电子表格包括Excel等软件，通过电子表格可以进行数据记录、计算与分析，并对输入的数据进行各种复杂统计运算后显示为可视性极佳的表格。因此，审计人员在对信息系统进行审计时，需要谨慎地考虑电子表格中的控制，以及电子表格控制设计与执行的有效性，从而确保这些内嵌控制持续的完整性。电子表格的特性以及编制并使用电子表格的环境特性，增加了电子表格所生成的数据存在错报的风险，从而对审计工作产生影响。

2.1.5 审计程序

审计程序是审计人员在审计项目从开始到结束的整个过程中所采取的系统性工作步骤。

不论是政府审计、内部审计还是民间审计，也不论是财政财务审计、财经法纪审计还是经济效益审计，审计程序一般都包括准备、实施和完成三个阶段，每个阶段又包括若干具体的工作内容。民间审计组织在实地审计方式下进行财务报表审计的审计程序及其特点如下：

1. 审计准备阶段

审计准备阶段是整个审计过程的起点，其工作主要包括了解被审计单位的基本情况，初步评价被审计单位的内部控制系统，评估审计风险，与被审计单位签订审计业务约定书，编制审计计划等。

2. 审计实施阶段

审计实施阶段是审计全过程的中心环节，其主要工作是按照审计计划的要求，对被审计单位内部控制系统的建立及其遵守情况进行检查，对财务报表项目实施重点、细致的测试，收集审计证据。主要包括：进驻被审计单位，测试和评价内部控制系统，测试财务报表及其所反映的经济活动，收集审计证据。

3. 完成审计工作阶段

完成审计工作阶段是实质性审计工作的结束。其主要工作是整理、评价审计过程中收集的审计证据，复核审计工作底稿，编写审计报告，后续跟踪。

2.1.6 管理层认定与审计程序

1. 管理层认定的含义和内容

管理层认定，是指管理层在财务报表中作出的明确或隐含的表达，审计人员将其用于考虑可能发生的不同类型的潜在错报。

与资产负债表相关的认定：

（1）存在：记录的资产、负债和所有者权益确实存在。

（2）权利和义务：记录的资产由被审计单位拥有或控制，记录的负债是被审计单位应当履行的偿还义务。

（3）完整性：所有应当记录的资产、负债和所有者权益均已记录。

（4）计价和分摊：资产、负债和所有者权益以恰当的金额包括在财务报表中，与之相关的计价或分摊调整已恰当记录。

与利润表相关的认定：

（1）发生：记录的交易和事项已发生且与被审计单位有关。

（2）完整性：所有应当记录的交易和事项均已记录。

（3）准确性：与交易和事项有关的金额及其他数据已恰当记录。

（4）截止：交易和事项已记录于正确的会计期间。

（5）分类：交易和事项已记录于恰当的账户。

与列报和披露相关的认定：

（1）发生及权利和义务：披露的交易、事项和其他情况已发生，且与被审计单位有关。

（2）完整性：所有应当包括在财务报表中的披露均已包括。

（3）分类和可理解性：财务信息已被恰当地列报和披露，且披露内容表述清楚。

（4）准确性和计价：财务信息和其他信息已公允披露，且金额恰当。

2. 管理层认定的发展

1980 年，美国注册公共会计师协会（AICPA）发布了 SAS 31，第一次提出了管理层认定要求，并将其分为五大类：存在或发生、完整性、估价或分摊、权利和义务、表达和披露。

在 AICPA 发布 SAS 31 正式提出管理当局认定概念后，1982 年国际审计实务委员会公布的《ISA 8——审计证据》指出，管理层财务报表认定包括存在、权利和义务、发生、完整性、估价、计量、表达和披露 7 个方面。

2003 年，国际审计实务委员会发布了《ISA 500——审计证据》，将管理层认定概念拓展为交易、账户余额以及表达与披露三个层次的管理层认定框架，并不再界定具体审计目标，具体审计目标由各个认定相应推导出来。

3. 管理层认定与审计程序

审计人员了解了管理层认定，就很容易确定每个项目的审计程序。

合理规划审计程序的目的在于保证审计质量的同时提高审计效率，这意味着审计人员应从效率相似的不同方法中选择最有效率的审计程序。审计人员可以针对不同的审计项目，采取相应的审计程序，获取管理层认定层次充分、适当的审计证据，最终对财务报表整体不存在重大错报发表审计意见。审计程序一般分为风险评估程序、控制测试程序和实质性程序。

审计准则指出管理层认定影响审计程序的设计与实施，但对于这种影响没有给出具体的解释，需要审计人员作出职业判断。

2.2　练习题

2.2.1　填空题

1. 我国审计种类划分，可以分为______和______两大类。

2. 说明______的分类称为基本分类，审计按其______分类和按内容、目的分类，属基本分类。

3. 内部审计包括______和______两大类。

4. 我国目前的审计组织主要有______、______和______。

5. 政府审计，在我国亦称______，指由______执行的审计。

6. 财政财务审计的主要内容包括两个方面：一是检查______；二是验证______。

7. 全部审计，又称______，一般来说，这种审计的业务范围______。

8. 局部审计，又称______，这种审计的缺点是容易______，所以具有一定的局限性。

9. 专项审计，又称______，是指对______所进行的审计。

10. 对财务报表的审计属于______，对计划、预算的审计属于______。

11. 按审计是否定期实行来划分，审计可以分为______和______。

12. 审计按其动机分类，可以分为______和______。

13. 审计按照它在实施前是否预先告知被审计单位进行分类，可以分为______和______。

14. 审计方法是指审计人员检查和分析审计对象，收集______，并对照______，形成审计结论和意见的各种手段的总称。

15. 现代审计方法已经形成一个完整的审计方法体系，包括审计的______和______。

16. 审计的技术方法体系，一般由审查______的方法和证实______的方法两类组成。

17. 审查书面资料的方法审查的对象主要是会计凭证、会计账簿和______，因此也叫______。

18. 审计方法中的查询法可以分为______和______两种。

19. 审计方法中的比较法大多通过有关指标进行比较，包括______和______。

20. 顺查法，又称______，是按照______的处理顺序，依次对证、账、表各个环节进行检查核对的一种方法。

21. 逆查法，又称______，是按照______相反的处理程序，依次对表、账、证各个环节进行检查核对的一种方法。

22. 从______发展到______，是现代审计方法的一个重要发展。

23. 审计方法中的盘点法按其组织方式，分为______和______两种。

24. 审计抽样是指审计人员先对特定______抽取部分样本进行审查，然后以其______来推断该总体的正确性的一种方法。

25. 统计抽样是审计人员运用______，遵循______，从审计对象总体中抽取一部分有效样本进行审查，然后以样本的审查结果推断总体的抽样方法。

26. 抽样技术在审计工作中的具体应用，主要有______和______。

27. 在属性抽样中，______越大，即差错容许界限越大，抽查的______越少。

28. 可靠程度，又称______，是测定抽样可靠性的______。

29. 抽取样本的分层抽样法，可以理解为______与______的综合运用。

30. 审计程序是审计人员在______从开始到结束的整个过程中所采取的______。

2.2.2 判断题（正确的划"√"，错误的划"×"）

1. 审计的发展史表明，古今中外都有适合当时社会和时代特点的审计形式。（ ）

2. 基本分类中的审计类别，分别从不同角度说明审计的内容和目的。（ ）

3. 政府审计与国家审计是两个完全不同的概念，决不能混淆。（ ）

4. 内部审计的主要目的是纠错防弊，改善经营管理，提高经济效益。（ ）

5. 财政财务审计通常称为预防性审计。（ ）

6. 全部审计的优点是审查详细彻底，缺点是工作量太大，花费时间太多。（ ）

7. 对企业进行的现金审计、银行存款审计、利税审计等，都属于专项审计。（ ）

8. 事前审计和不定期审计是两个相同的概念。（ ）

9. 一般来说，对被审计单位存在的贪污、受贿案件而进行的财经法纪审计等，属于不定期审计。（ ）

10. 报送审计主要适用于政府审计机关对大型企业的审计。（ ）

11. 一般进行财务审计和经济效益审计时，多采用突击审计的方式。（ ）

12. 预告审计方式，主要用于对贪污盗窃和违法乱纪行为进行的财经法纪审计。（ ）

13. 审计的基本方法是指运用马克思辩证唯物论和历史唯物论作为指导的工作方法。（ ）

14. 不同的审计方式，所需审计证据不同，可以取证的途径不同，就要采取不同的审计方法。（ ）

15. 对被审计单位进行报送财务审计时，同样应采用盘点法、观察法。（ ）

16. 审阅法和核对法在经济效益审计中运用最为广泛。（ ）

17. 在核对法的常用符号中，"√"表示已核对过一次。（ ）

18. 在核对法的常用符号中，"!"表示所核对的资料可能有问题，待查。（ ）

19. 函询是通过向有关单位发函了解情况取得证据的方法，这种方法一般用于往来款项的查证。（ ）

20. 顺查法一般适用于规模较大、业务较多的大中型企业和凭证较多的行政事业单位。 （ ）

21. 详查法的主要缺点是工作量太大，消耗人力和时间过多，审查成本高，故难以普遍采用。 （ ）

22. 顺查法就是详查法。 （ ）

23. 对于容易出现舞弊行为的现金、银行存款和贵重的原材料，应采用监督盘点。 （ ）

24. 鉴定法的鉴定结论必须是具体的、客观的、准确的，并作为一种独立的审计证据，详细地记入审计工作底稿。 （ ）

25. 统计抽样有很多优点，并且解决了判断抽样难以解决的问题，因此统计抽样的产生意味着判断抽样的消亡。 （ ）

26. 在95%的可靠程度下，精确度为±1%的含义是：总体特征的真实发生率在样本发生率±1%范围内的概率为95%。 （ ）

27. 从5 000张凭证中抽取500张凭证审查，则抽样间隔数为5。 （ ）

28. 在实际审计工作中，可以把判断抽样和统计抽样结合起来加以运用。 （ ）

29. 无论是政府审计还是民间审计、内部审计，在审计开始前，审计机构都要与被审计单位签订审计约定书。 （ ）

2.2.3 单项选择题

1. 审计按其主体分类，是审计的（ ）。

A. 基本分类　　B. 其他分类
C. 技术分类　　D. 综合分类

2. 民间审计在我国亦称（ ）。

A. 查账　　B. 财务大检查
C. 验资　　D. 社会审计

3. 对被审计单位一定期间的财务收支及有关经济活动的各个方面及资料都进行审计，这种审计种类称为（ ）。

A. 财务审计　　B. 全部审计
C. 内部审计　　D. 专项审计

4. 对某一特定项目所进行的审计，称为（ ）。

A. 局部审计　　B. 财经法纪审计
C. 专项审计　　D. 民间审计

5. 按照预先规定的时间进行的审计，称为（ ）。

A. 事前审计　　B. 事中审计
C. 事后审计　　D. 定期审计

6. 可以深入实际，调查研究，易于全面了解和掌握被审计单位的实际情况的审计方式是（　　）。

A. 内部审计　　　　B. 就地审计

C. 财务审计　　　　D. 事后审计

7. 一般民间审计接受委托人的委托，按照委托人的要求对其进行的财务审计或经济效益审计，属于（　　）。

A. 自愿审计　　　　B. 强制审计

C. 专项审计　　　　D. 突击审计

8. 一般进行财务审计和经济效益审计时，事前向被审计单位下达审计通知书和签订约定书，这种审计方式是（　　）。

A. 事后审计　　　　B. 内部审计

C. 预告审计　　　　D. 报送审计

9. 现代审计方法发展到广泛运用审计调查、审计分析、内部控制系统评审及抽样审计等技术方法，已经超越传统的（　　）。

A. 事后查账技术　　　　B. 事中的分析比较

C. 财务报表的逆查技术　　　　D. 计划预算的事前审核

10. 不管是过去还是现在，不管是国内还是国外，最基本的审计方法是（　　）。

A. 辩证唯物主义　　　　B. 历史唯物主义

C. 审查书面资料　　　　D. 评审内部控制系统

11. 在实际工作中，与审阅法结合起来运用的方法是（　　）。

A. 观察法　　　　B. 鉴定法

C. 比较法　　　　D. 核对法

12. 在核对法中，表示已核对三次的常用符号是（　　）。

A. √//　　　　B. √///

C. √/　　　　D. √

13. 函询是通过向有关单位发函了解情况取得证据的一种方法，这种方法一般用于（　　）。

A. 无形资产查证　　　　B. 固定资产查证

C. 往来款项查证　　　　D. 流动资产查证

14. 现代审计的一个重要特征，就是在评审被审计单位内部控制系统的基础上实行（　　）。

A. 抽样审计　　　　B. 逆查法

C. 详查法　　　　D. 审阅法

15. 审计人员亲自到现场盘点实物，证实书面资料与有关财产物资是否相符的方法是（　　）。

A. 监督盘点　　B. 观察法
C. 调节法　　D. 直接盘点

16. 在审查某个项目时，通过调整有关数据，从而求得需要证实的数据的方法是（　　）。
A. 鉴定法　　B. 调节法
C. 盘存法　　D. 抽样法

17. 由于任意抽样是任意地抽取样本，其审查结果缺乏科学性和可靠性，替代这一方法的是（　　）。
A. 统计抽样法　　B. 概率抽样法
C. 判断抽样法　　D. 总体抽样法

18. 在精确度界限和可靠程度一定的条件下，为了测定总体特征的发生频率而采用的方法是（　　）。
A. 属性抽样　　B. 变量抽样
C. 任意抽样　　D. 判断抽样

19. 假设样本结果预计差错发生率为3%，精确度为±1%，则精确度的上限为（　　）。
A. 3%　　B. 2%
C. 1%　　D. 4%

20. 与抽取样本的多少成反比例关系的是（　　）。
A. 可靠程度高低　　B. 精确度高低
C. 预计差错高低　　D. 抽样误差高低

21. 如果样本的可靠程度为95%，则样本的风险度为（　　）。
A. 95%　　B. 100%
C. 5%　　D. 90%

22. 样本的可靠程度主要取决于被审计单位的内部控制系统，当内部控制系统较健全有效时，一般可选择的可靠程度为（　　）。
A. 90%　　B. 95%
C. 99%　　D. 100%

23. 从8 000张现金支出凭证中抽取400张进行审计，采用系统抽样法，则抽样间隔数为（　　）。
A. 10　　B. 20
C. 30　　D. 40

24. 利用审查样本所获得的样本平均差错额，去推断总体差错额或正确额的一种统计抽样方法是（　　）。
A. 平均值估计　　B. 差异估计
C. 比率估计　　D. 定率估计

25. 民间审计组织在接受被审计单位委托的审计项目之前提交给被审计单位的正式文件是（　　）。

A. 审计通知书　　B. 审计报告
C. 审计建议书　　D. 审计约定书

2.2.4 多项选择题

1. 按审计主体分类，可分为（　　）。

A. 政府审计　　B. 民间审计
C. 内部审计　　D. 全部审计
E. 财务审计

2. 我国审计按其内容和目的分类，可分为（　　）。

A. 政府审计　　B. 财政财务审计
C. 经济效益审计　　D. 财经法纪审计
E. 内部审计

3. 审计按其范围分类，可以分为（　　）。

A. 民间审计　　B. 内部审计
C. 全部审计　　D. 局部审计
E. 专项审计

4. 按照实施审计的时间分类，审计可分为（　　）。

A. 事前审计　　B. 定期审计
C. 事中审计　　D. 不定期审计
E. 事后审计

5. 审计按其执行地点分类，可以分为（　　）。

A. 内部审计　　B. 报送审计
C. 专项审计　　D. 就地审计
E. 民间审计

6. 审计按照就地审计方式不同，又可分为（　　）。

A. 驻在审计　　B. 专程审计
C. 强制审计　　D. 自愿审计
E. 巡回审计

7. 审查书面资料的方法的审查对象主要是（　　）。

A. 经营方针　　B. 会计凭证
C. 经济政策　　D. 会计账簿
E. 财务报表

8. 审查书面资料的方法按审查书面资料的技术可分为（　　）。

A. 审阅法　　B. 核对法

C. 询证法　　D. 比较法

E. 分析法

9. 审阅法在财务审计中运用最为广泛，主要审阅（　　）。

A. 审计工作底稿　　B. 会计凭证

C. 会计账簿　　D. 审计约定书

E. 财务报表

10. 核对法是指对会计凭证、会计账簿和财务报表等书面资料之间的有关数据进行相互对照检查，借以查明（　　）。

A. 证证相符　　B. 账证相符

C. 账账相符　　D. 账表相符

E. 表表相符

11. 审查书面资料的方法，按审查书面资料的顺序可分为（　　）。

A. 详查法　　B. 抽查法

C. 顺查法　　D. 审阅法

E. 逆查法

12. 审查书面资料的方法，按审查书面资料所涉及的数量，可分为（　　）。

A. 顺查法　　B. 详查法

C. 抽查法　　D. 逆查法

E. 分析法

13. 证实客观事物的方法，主要包括（　　）。

A. 核对法　　B. 盘点法

C. 调节法　　D. 观察法

E. 鉴定法

14. 在审计历史上，审计抽样先后出现过（　　）。

A. 任意抽样　　B. 判断抽样

C. 统计抽样　　D. 概率抽样

E. 随机抽样

15. 在审计工作中运用的随机抽样方法，主要有（　　）。

A. 随机数表法　　B. 随机数图法

C. 系统抽样法　　D. 分层抽样法

E. 整群抽样法

16. 变量抽样的主要形式有（　　）。

A. 可靠性估计　　B. 精确度估计

C. 平均值估计　　D. 差异估计

E. 比率估计

17. 审计程序一般包括（　　）。

A. 准备阶段　　B. 计划阶段
C. 实施阶段　　D. 完成审计工作阶段
E. 报告阶段

18. 民间审计的准备阶段是整个审计过程的起点，其工作主要包括（　　）。
A. 了解被审计单位的基本情况
B. 初步评价被审计单位的内部控制系统
C. 分析审计风险
D. 签订审计业务约定书
E. 编制审计计划

19. 民间审计的实施阶段是审计全过程的中心环节，其主要工作是（　　）。
A. 发出审计通知书
B. 进驻被审计单位
C. 检查和评价内部控制系统
D. 审查财务报表及其所反映的经济活动
E. 收集审计证据

20. 完成审计工作阶段是实质性的项目审计工作的结束，其主要工作有（　　）。
A. 整理、评价审计证据　　B. 复核审计工作底稿
C. 编写审计报告　　D. 提出审计收费清单
E. 作出审计处理决定

2.2.5 计算与分析题

【资料】审计人员在审查宏利康股份有限公司 2022 年 12 月 31 日的产成品账时，发现产成品账面余额为 925 000 元，由 500 个明细账户组成。确定的可靠性程度为 95%，精确度为 45 000 元，使用随机数表从 500 种产成品明细账中抽出 30 种产成品明细账作为初始样本，在审查初始样本时发现如下 5 个错误项目：

项目号	审定额（元）	记录额（元）
6	1 433.60	1 177.60
12	2 451.00	2 641.00
16	1 737.50	1 837.50
22	1 459.50	2 849.50
28	1 442.00	1 339.00

【要求】对宏利康股份有限公司 2022 年 12 月 31 日的产成品进行差异估计。

2.2.6 论述题

1. 试论审计方法的选用。
2. 试论现代审计广泛采用统计抽样的理论依据。

2.3 练习题参考答案

2.3.1 填空题

1. 基本分类　其他分类
2. 审计本质　主体
3. 部门内部审计　单位内部审计
4. 政府审计机关　内部审计机构　民间审计组织
5. 国家审计　政府审计机关
6. 会计处理上的技术差错　被审计单位受托经济责任的履行情况
7. 全面审计　较广泛
8. 部分审计　遗漏问题
9. 专题审计　某一特定项目
10. 事后审计　事前审计
11. 定期审计　不定期审计
12. 强制审计　自愿审计
13. 预告审计　突击审计
14. 审计证据　审计依据
15. 基本方法　技术方法
16. 书面资料　客观事物
17. 财务报表　查账法
18. 面询　函询
19. 指标绝对数比较　指标相对数比较
20. 正查法　会计核算
21. 倒查法　会计核算
22. 详查法　抽查法
23. 直接盘点　监督盘点
24. 审计对象总体　审查结果
25. 概率论原理　随机原则
26. 属性抽样　变量抽样

27. 精确度　样本数量
28. 置信度　尺度
29. 判断抽样　统计抽样
30. 审计项目　系统性工作步骤

2.3.2　判断题

1. √	2. ×	3. ×	4. √	5. ×
6. √	7. ×	8. ×	9. √	10. ×
11. ×	12. ×	13. √	14. √	15. ×
16. ×	17. ×	18. ×	19. √	20. ×
21. √	22. ×	23. ×	24. √	25. ×
26. √	27. ×	28. √	29. ×	

2.3.3　单项选择题

1. A	2. D	3. B	4. C	5. D
6. B	7. A	8. C	9. A	10. C
11. D	12. A	13. C	14. A	15. D
16. B	17. C	18. A	19. D	20. B
21. C	22. A	23. B	24. B	25. D

2.3.4　多项选择题

1. ABC	2. BCD	3. CDE	4. ACE	5. BD
6. ABE	7. BDE	8. ABCDE	9. BCE	10. ABCDE
11. CE	12. BC	13. BCDE	14. ABC	15. ACDE
16. CDE	17. ACD	18. ABCDE	19. BCDE	20. ABC

2.3.5　计算与分析题

【解答】根据所给资料计算如下：

项目号	审定额（元）	记录额（元）	差错额（d）（元）	d^2
6	1 433.60	1 177.60	256.00	65 536
12	2 451.00	2 641.00	−190.00	36 100
16	1 737.50	1 837.50	−100.00	10 000
22	1 459.50	2 849.50	−1 390.00	1 932 100
28	1 442.00	1 339.00	103.00	10 609
合计	8 523.60	9 844.60	−1 321.00	2 054 345

根据初始样本审查结果，可计算出初始样本的标准差：

$$\bar{d}=\frac{-1\,321.00}{30}=-44.03(元)$$

$$S=\sqrt{\frac{2\,054\,345-30\times(-44.03)^2}{30-1}}=262.36(元)$$

因为已审查 30 个样本项目，所以只需再抽取 1 个样本。假设再抽的 1 个样本项目经审查没有发现差错，重新计算 31 个项目的样本平均差错额和样本标准差。

$$\bar{d}=\frac{-1\,321.00}{31}=-42.61(元)$$

$$S=\sqrt{\frac{2\,054\,345-30\times(-42.61)^2}{31-1}}=258.19(元)$$

$$D=\bar{d}\cdot N=(-42.61)\times 500=-21\,305(元)$$

$$T=925\,000+(-21\,305)=903\,695(元)$$

$$\Delta=1.96\times\frac{258.07}{\sqrt{31}}\times 500\times\sqrt{1-\frac{31}{500}}=43\,991(元)$$

最后可作出如下审计结论：以 95%的把握确信宏利康股份有限公司 2022 年 12 月 31 日的产成品正确额在 903 695 元±43 991 元之间，即在 859 704 元～947 686 元之间。

2.3.6 论述题

1. **【解答】**在审计过程中，选用合理的审计方法，能提高审计工作的效率，收到事半功倍的效果；相反，如果采用的审计方法不合理，不但不能以一定的人力、物力取得必要的审计证据，而且可能误入歧途，导致错误的审计意见和结论。因此，审计方法的选用应当符合以下要求：

（1）审计方法的选用要适应审计目的。审计方法是达到审计目的的手段，达到不同的审计目的，要用不同的审计方法。例如，在财经法纪审计中，可根据有关线索，对有关方面进行详细审查；在财政财务审计中，则在评价被审计单位内部控制系统的基础上，决定进行详查还是抽查等。

（2）审计方法的选用要适合审计方式。不同的审计方式所需审计证据不同，可以取证的途径不同，故要采取不同的审计方法。例如，对被审计单位进行财务审计采用报送审计的方式时，就无法采用盘点法、观察法，而在采取实地审计方式时，这些方法却可以选用。

（3）审计方法的选用要联系被审计单位的实际。被审计单位经营管理良好，内部控制健全有效，就可选用抽查的方法；相反，被审计单位经营管理较差，内部控制不完善，财会工作混乱，则应选用详查的方法。所以，科学合理地选用审计方法，对做好审计工作、提高审计工作质量具有重要意义。

2.【解答】现代审计广泛采用统计抽样有其合理的理论依据。

（1）有充分的数学依据。统计抽样法要利用高等数学方法。抽查时，如果选择样本适当，那么根据审查样本的结果，运用概率论的原理，可以通过样本显示出与总体性质近似的现象，即可以通过抽取的样本推断总体。

（2）有健全的内部控制系统依据。企业具有健全的内部控制系统，则会计上发生错误和弊端的可能性必然降低，即使发生了错误和弊端也能迅速发现。所以，运用抽查法必须以企业有健全的内部控制系统为前提。

（3）有合理的经济依据。现代企业机构庞大，业务频繁，在这种情况下，如采用详查法，既费时间又耗精力，同时还要支出大量的审计费用，为节约审计资源，也需要以抽查法代替详查法。

2.4 教材习题参考答案

2.4.1 思考题

1.【解答】研究审计种类的意义在于从不同的角度加深对审计的认识，以便有效地组织和运用各种类型的审计，充分发挥审计的职能作用，不断探索和开拓新的审计领域，建立和完善我国审计理论、组织和工作体系。

2.【解答】抽样技术已运用于政治、经济、科学文化及社会生活的各个领域，并发挥着重要作用。抽样技术运用于审计工作是审计理论和实践的重大突破，实现了审计从详查到抽查的历史性飞跃。现代审计广泛采用抽样技术有其合理的理论依据：一是有充分的数学依据；二是有健全的内部控制系统依据；三是有合理的经济依据。

3.【解答】信息技术对审计工作的影响主要有：信息技术对审计过程的影响，信息技术对确定审计范围的影响，信息技术对内部控制评价的影响，计算机辅助审计技术和电子表格的运用。

4.【解答】总体审计程序一般都包括准备、实施和完成三个阶段，每个阶段又包括若干具体工作内容。

审计的准备阶段是整个审计过程的起点，其工作主要包括了解被审计单位的基本情况、初步评价被审计单位的内部控制系统、评价审计风险、与被审计单位签订审计业务约定书、编制审计计划等。

审计的实施阶段是审计全过程的中心环节，其主要工作是按照审计计划的要求，对被审计单位内部控制系统的建立及其遵守情况进行检查，对财务报表项目的数据实施重点、细致的检查，收集审计证据，主要包括：进驻被审计单位、检查和评价内部控制系统、审查财务报表及其所反映的经济活动、收集审计证据。

完成审计工作阶段是实质性审计工作的结束。其主要工作是整理、评价审计过程中收集的审计证据，复核审计工作底稿，编写审计报告和后续跟踪。

5. **【解答】**管理层认定与审计程序密切联系，审计的基本职责就是确定被审计单位管理层对其财务报表的认定的合法性和公允性。审计人员了解了管理层认定，就很容易确定每个项目的审计程序，详细运用管理层认定来设计和确定进一步的审计程序。

2.4.2 计算分析题

1. **【解答】**根据2022年1月15日的实际盘点结果，用调节法核实的2021年12月31日结存数如下：

品种	一等品	二等品	三等品
男式	540	260	50
女式	820	280	100
童式	440	120	30

从上面数字可知，该公司2021年12月31日产成品明细账的数字是不真实和不正确的，有的混淆了等级，有的发生了短缺。

2. **【解答】**

（1）0417　3404　2038　2305　0222

（2）005　015　025　035　0045

3. **【解答】**（1）刘林确定据此计算的样本规模应为80。

（2）内部控制存在性属性的误差率上限为7%。根据计算结果，该公司内部控制不可以接受。若可以接受，下一步应计划和实施实质性程序或细节测试审计程序。如果误差率上限超过可容忍误差率，则须扩大样本规模，重复前面的抽样和审查程序，看新的样本中有多少错误项目，再确定可容忍误差上限。扩大样本规模，甚至再次扩大样本规模后仍然达不到令人满意的水平，注册会计师可以考虑放弃依赖被审计单位的内部控制，并据此设计进一步的实质性程序或细节测试程序。

$$n'=(1.96\times150\times5\,000\div65\,000)^2=511$$

$$n=\frac{511}{1+\frac{511}{5\,000}}=464$$

所需的样本规模为 464 个。

每一项目的平均金额＝835 200÷464＝1 800（元）

（3）假设经计算样本标准差为 120，计算如下：

$$E=1\ 800\times 5\ 000=9\ 000\ 000(\text{元})$$

$$P=1.96\times\frac{120}{\sqrt{464}}\times 5\ 000\times\sqrt{1-\frac{464}{5\ 000}}=52\ 011(\text{元})$$

$$I=9\ 000\ 000\pm 52\ 011(\text{元})$$

这 5 000 张发票总体值应落入的区间是 8 947 989 元～9 052 011 元。

4.【解答】

管理层认定	财务报表项目	审计程序
存在	存货确实存在	实施存货监盘程序
权利和义务	应收账款归属于公司	以应收账款明细账为起点，检查销售合同，确定是否已贴现、出售或质押
完整性	销售收入均已入账	检查发运凭证、销售发票，并追查至销售收入明细账
计价和分摊	其他应收款的金额记录于财务报表中，计价或分摊正确	检查期后已收回其他应收款情况 分析其他应收款账龄，确定坏账准备计提是否恰当
截止	销售收入记录在恰当的期间	比较上一年度最后几天和下一年度最初几天的发运凭证与记账日

第3章

我国审计的组织形式

学习目的和要求

通过本章的学习，充分理解以人民为中心的发展观，深入理解审计监督体系的协同作用，增强审计科学发展观，培育审计的法治思想。

通过本章的学习，应掌握我国审计的三种组织形式（即政府审计、内部审计和民间审计）的性质、内容和特点以及适用条件和范围，并掌握我国注册会计师的职业道德和法律责任。

在本章的学习中，应了解政府审计机关及其人员、政府审计机关的职责权限、政府审计是高层次的经济监督、最高审计机关国际组织；内部审计机构及其特征、内部审计机构的职责权限、国际内部审计机构；民间审计组织及人员、民间审计的业务范围和职权、西方国家民间审计组织；理解和掌握注册会计师的职业道德和注册会计师的法律责任。

3.1 复习提要

3.1.1 政府审计机关

1. 政府审计机关及其人员

政府审计机关是代表政府依法行使审计监督权的行政机关，它具有宪法赋予的独立性和权威性。

国家实行审计监督制度，坚持中国共产党对审计工作的领导，构建集中统一、全面覆盖、权威高效的审计监督体系。

政府审计机关实行统一领导、分级负责的原则。国务院设审计署，在总理的领导下，负责组织领导全国的审计工作，对国务院负责并报告工作。

县级以上各级人民政府设立审计机关。地方各级审计机关分别在省长、自治区主席、市长、州长、县长、区长和上一级审计机关的领导下，组织领导本行政区的审计工作，负责领导本级审计机关审计范围的审计事项，对上一级审计机关和本级人民政府负责并报告工作。

审计机关根据工作需要，经本级人民政府批准，可以在其审计管辖范围内设立派出机构，进行审计监督。

审计机关还可按工作内容和范围分设财政、金融、外贸外资、资源环境、基本建设、科教卫生等职能审计部门，开展对行政机关、企业、事业、团体、军队等部门的各种专业性审计工作。

审计署对地方各级审计机关实行业务上的领导。

审计人员依法执行职务，受法律保护。

2. 政府审计机关的职责权限

政府审计机关是依照宪法和审计条例规定建立的，实行的是法定审计，承担着繁重的审计任务。为此，在《审计法》中，明确规定了其职责和权限。

（1）政府审计机关的主要职责。政府审计机关应按有关法律法规规定的审计客体的范围，对各单位的有关事项进行审计监督。

（2）政府审计机关的权限。政府审计机关在审计过程中，有规定的监督检查权；对违反财经法规的被审计单位，可按有关规定进行处理。

（3）政府审计机关审计监督活动的原则。政府审计机关进行审计监督活动的原则是：1）合法性原则；2）独立性原则；3）强制性原则。

3. 我国政府审计的特征

中央审计委员会的成立是推进国家治理体系和治理能力现代化的一场深刻变革，是推进审计管理体制改革的伟大创举，是我国审计改革和发展的里程碑。我国政府审计的特征主要有：

（1）中国共产党对审计工作的领导；

（2）政府审计的广度和深度不断拓展；

（3）审计监督体系的合力逐渐形成；

（4）政府审计人员的政治站位不断提高；

（5）加强对国有企业、国有资本的审计；

（6）扎实推进国家重大风险防控审计；

（7）实施国家经济信息安全审计。

4. 政府审计是高层次的经济监督

在经济监督体系中，与财政、税务、金融、工商行政管理等经济监督相比，政府审计是高层次的经济监督。这是因为：

（1）政府审计的对象决定了其是高层次的经济监督。

（2）政府审计的地位和性质也决定了其是高层次的经济监督。

（3）政府审计实施了对国民经济的全面经济监督。

4. 最高审计机关国际组织

目前，世界上已有210多个国家和地区设置了适应各自国情的政府审计机关。绝大多数国家和地区的政府审计机关都加入了国际性的审计组织——最高审计机关国际组织（INTOSAI）。

最高审计机关国际组织是联合国经济和社会理事会下属的一个由联合国成员国的最高审计机关组成的永久性国际审计组织，联合国组织及其任何一个专门机构中的所有成员国的最高审计机关均可参加，但各国政府对国际审计组织不承担任何义务。该组织的宗旨是互相介绍情况，交流经验，推动和促进各国最高审计机关更好地完成该国的审计工作。

最高审计机关国际组织设有代表大会、理事会、秘书处等机构。总部秘书处设在奥地利首都维也纳。该组织的机关刊物是《国际政府审计杂志》。

3.1.2 内部审计机构

1. 内部审计机构及其特征

内部审计是指由部门或单位内部相对独立的审计机构和审计人员对本部门或本单位的财政财务收支、经营管理活动及其经济效益进行审核和评价，查明其真实性、正确性、合法性、合规性和有效性，提出意见和建议的一种专门活动。

（1）内部审计机构。我国的内部审计机构是根据审计法规和其他财经法规的规定设置的，主要包括部门内部审计机构和单位内部审计机构。

不管是部门内部审计机构还是单位内部审计机构，都有其专职业务，其性质与会计检查并不相同，因此必须单独设立，并由本部门或本单位董事会下设的审计委员会或主要负责人直接领导。

（2）内部审计的特征。我国内部审计的特征，有些是与西方企业的内部审计基本相似的，有些则是中国特色社会主义市场经济体制下所特有的。我国内部审计一般有如下特征：

1）服务的内向性。

2）审查范围的广泛性。

3）作用的稳定性。

4）微观监督与宏观监督的统一性。

2. 内部审计机构的职责权限

我国的部门和单位内部审计机构是依据审计法规和其他财经法规而建立的，为了便于其行使审计监督权，在法规中对其职责权限也作了明确规定。

（1）内部审计机构的职责。内部审计机构或者审计工作人员对本单位及本单位下属单位的规定事项进行审计监督。

（2）内部审计机构的职权。内部审计机构在审计过程中，有规定的职权。此外还规定：内部审计机构所在单位可以在管理权限范围内，授予内部审计机构经济处理、处罚的权限。

（3）对被审计单位和内部审计机构的责任追究。被审计单位有5种情形之一的，由单位党委会、董事会（或者主要负责人）责令改正，并对直接负责的主管人员和其他直接责任人员进行处理。

3. 我国内部审计的发展

应加强对内部审计工作的指导和监督，调动内部审计的力量，更好地发挥内部审计的作用。可以说，我国内部审计正处于最好的发展时期。

（1）提高内部审计人员的政治站位；

（2）加大对党和国家重大政策落实情况的审计；

（3）加大对公司发展规划的审计力度；

（4）实施公司信息系统安全的审计；

（5）实行非现场联网审计的新技术；

（6）更新内部审计人员的理念和思维。

4. 国际内部审计机构

西方国家很多部门和企业都设有内部审计机构。西方国家内部审计机构的隶属关系一般有以下几种类型：

（1）受本单位主计长领导。

（2）受本单位总裁或总经理领导。

（3）受本单位董事会下属的审计委员会领导。

（4）受本单位董事会下设的审计委员会和主计长双重领导。

1941年，美国内部审计师协会在纽约正式成立，标志着内部审计工作开始向现代内部审计发展。1947年该协会制定了《内部审计师职责条例》，规定了内部审计人员的职责和工作范围。20世纪50年代以后，内部审计师协会逐步发展成为一个国际性组织。

目前，内部审计师协会已发展为拥有200多个分会和20万多名会员的国际性学术团体，每年定期召开一次国际会议，讨论内部审计的学术问题。1987年，内部审计师协会在美国纽约举行了理事会，批准中国内部审计协会以国家分会形式加入该组织。

3.1.3 会计师事务所

1. 会计师事务所及其人员

民间审计是商品经济发展到一定阶段的必然产物。只要公司中存在两权分离，存在不同利益的集团和阶层，民间审计就有存在和发展的必要。

（1）会计师事务所。会计师事务所是指经国家批准注册登记，依法独立承办审计业务和会计咨询业务的负有限责任的组织。会计师事务所由注册会计师组成，是其承办法定业务的工作机构。会计师事务所实行自收自支，独立核算，依法纳税，具有法人资格。合伙设立和特殊普通合伙设立的会计师事务所不具有法人资格。

（2）中国注册会计师协会。中国注册会计师协会是在财政部党组领导下，开展行业管理和服务的法定组织，成立于1988年。一方面，它对会计师事务所和注册会计师进行自我教育和自我管理；另一方面，它又是联系政府机关和注册会计师的桥梁和纽带。中国注册会计师协会对外作为一个独立的社会团体，发展与外国和国际会计职业组织之间的相互交往，为我国注册会计师步入国际舞台发挥作用；对内协助财政机关拟订会计师事务所管理制度和注册会计师专业标准、组织注册会计师业务培训和考试考核等方面的工作。

（3）注册会计师。目前，注册会计师资格考试分为两个阶段：第一阶段为专业考试，考试科目有会计、审计、财务成本管理、经济法、税法、公司战略与风险管理；第二阶段为综合考试。专业考试和综合考试每年进行一次。专业考试部分科目合格者取得由全国注册会计师考试委员会统一印制的单科合格证明，其合格成绩在取得单科成绩合格凭证后的5年内有效。专业考试全科合格者可以参加综合考试。综合考试合格者取得由全国注册会计师考试委员会统一印制的全科合格证书。取得全科合格证书者，可申请成为中国注册会计师协会非执业会员；具有两年以上实际工作经验，可申请注册成为执业注册会计师。

2. 注册会计师的业务范围

注册会计师的业务范围十分广泛，具体包括：

（1）鉴证业务。

（2）管理咨询业务。

（3）税务服务业务。

（4）会计服务业务。

（5）其他服务业务。

3. 会计师事务所的组织形式

会计师事务所主要有独资、普通合伙、有限责任公司、有限责任合伙等组织形式。

我国的特殊普通合伙会计师事务所在性质上相当于西方国家的有限责任合伙会计师事务所。

此外，国家之间资本的相互流动带动了民间审计跨国界发展。为服务于分设在不同国家和地区的跨国公司，一些国家的会计师事务所联合组成大规模的国际会计师事务所，或者是跨国公司母国的会计师事务所在投资国分设机构，形成国际会计师事务所（公司）。目前，主要有普华永道、安永、毕马威、德勤四大国际会计公司。

3.1.4 注册会计师的职业道德和法律责任

1. 注册会计师的职业道德

注册会计师的职业道德是指对注册会计师的职业品德、执业纪律、业务能力、工作规则及所负的责任等思想方式和行为方式所作的基本规定和要求。

（1）注册会计师职业道德的基本要求。注册会计师职业道德的基本要求是对注册会计师应当具备的职业道德所作的原则性要求，也是整个职业道德中最重要的要求。具体包括：

1）诚信。

2）客观和公正。

3）独立性。

4）专业胜任能力和勤勉尽职。

5）保密。

（2）专业服务委托中的职业道德要求。注册会计师要向社会公众提供高质量的专业服务，除了必须具备良好的职业品质外，还应具备较强的业务能力，遵守专业服务委托中的职业道德要求。业务能力和技术守则要求是注册会计师职业道德中的另一项重要内容。

1）客户关系和业务承接。注册会计师职业道德在强调注册会计师对社会公众负责的同时，也规定了其对委托单位所负的特殊责任。

2）专业服务委托的变更。能否争取到业务、拥有较多的委托单位，关系会计师事务所的生存和发展，因而在业务承接和变更中最易发生败坏职业声誉的行为。因此，各会计师事务所在业务承接和变更中应遵守职业道德。

2. 注册会计师的法律责任

明确我国注册会计师的法律责任，对于促进我国注册会计师遵循审计准则和职业道德守则，保证审计结论的客观性和公正性，都具有重要的意义。

（1）注册会计师应承担的法律责任。会计师事务所负责人对形成的审计结论和整个会计师事务所的工作成果负有直接责任；会计师事务所的主要工作人员对确定审计项目、制定审计工作计划、确定审计工作程序和形成审计报告负有直接责任；所有现场审计工作人员都对自己负责的审计项目或审计区域的工作质量负有直接责任。

（2）不断加重的注册会计师法律责任。

1）注册会计师法律责任不断加重的原因。

2）注册会计师法律责任不断加重的表现。

（3）注册会计师法律责任的认定。

1）违约。

2）过失。所谓过失，是指没有保持应有的职业谨慎，出具了不恰当的审计报告。

3）欺诈责任。欺诈是一种以欺骗或坑害他人为目的的故意的错误行为。

（4）注册会计师法律责任的种类。

（5）我国注册会计师任的法律责任。

（6）注册会计师法律责任的预防。注册会计师法律责任预防的具体措施有：

1）遵循审计准则和职业道德守则要求。

2）谨慎选择委托单位。

3）招收合格的助理人员。

4）严格签订审计业务约定书。

5）深入了解委托单位的业务。

6）聘请懂行的律师。

3.2 练习题

3.2.1 填空题

1. 政府审计机关是依法行使审计监督权的行政机关，它具有宪法赋予的______和______。

2. 政府审计机关实行______的原则，国务院设审计署，在______领导下，负责组织领导全国的审计工作。

3. 审计长由国务院总理提名，______决定，______任命。

4. 审计署对地方各级审计机关实行______，______由各级人民政府负责。

5. 各级政府审计机关根据______，按被审计单位的财政、财务隶属关系，确定______。

6. 最高审计机关国际组织的总部设在______，该组织的机关刊物是______。

7. 我国内部审计机构主要包括______和______。

8. 单位内部审计机构业务上受______的指导，在本单位______领导下开展审计工作。

9. 部门内部审计机构业务上受______的指导，在本部门______的领导下开展审计工作。

10. ______与______的统一，是我国内部审计特有的重要特征。

11. 1941 年，______在美国正式成立，标志着内部审计工作开始向现代内部审计发展，这一年也称为内部审计的______。

12. 民间审计是______发展到一定阶段的必然产物，只要存在______，民间审计就有存在和发展的必要。

13. ______是指经国家批准注册登记，依法独立承办审计业务和会计咨询业务的组织。

14. 在我国，取得注册会计师资格主要通过______途径。

15. 现代西方的民间审计组织以______最为发达。

16. 在英国的会计师组织中，______是最大的组织，该协会还制定了______和道德规范。

17. 注册会计师执行的各项业务，均应由______统一接受委托，不得以______承接业务。

18. 所有现场审计人员都对自己负责的______或审计区域的______负有直接责任。

19. 我国注册会计师的法律责任主要包括______和______两种。

20. 我国注册会计师的过失责任按其过失程度可分为______和______。

3.2.2 判断题（正确的划“√”，错误的划“×”）

1. 政府审计机关根据工作需要，可以在重点地区、部门设立派出机构，进行审计监督。 （ ）

2. 政府审计机关是依照宪法和审计条例规定建立的，实行的是自愿审计，承担着繁重的审计任务。 （ ）

3. 政府审计机关无权审查财政预算的执行和财政决算。 （ ）

4. 对阻挠、破坏审计工作的被审计单位，政府审计机关可以采取封存有关账册、资产等临时性措施。 （ ）

5. 在经济监督体系中，政府审计是高层次的经济监督。 （ ）

6. 目前，世界上只有极少数国家的政府审计机关加入了国际性的审计组织。 （ ）

7. 内部审计机构的性质和会计检查机构基本相同，因此不必分设。 （ ）

8. 与外部审计相比，业务范围的广泛性是国内外内部审计的共同特征。 （ ）

9. 内部审计可以接受所在单位领导人交办的审计机关委托的其他审计事项。 （ ）

10. 内部审计对工作中的重大事项，属于部门的只能向本部门主要负责人反映。 （ ）

11. 西方国家内部审计机构全部由本单位总裁或总经理领导。 （ ）

12. 我国民间审计的振兴始于1980年注册会计师制度的恢复和重建。 （ ）

13. 在我国，注册会计师考试合格者立即准予注册成为执业注册会计师。（　）

14. 注册会计师可以接受委托，代办申请注册，协助拟订合同、章程和其他经济文件。（　）

15. 注册会计师对在执行业务中取得和了解的资料、情况，应向社会公众公开。（　）

16. 和医师、律师发生过失造成的损失相比，民间审计发生过失造成的损失更大。（　）

17. 注册会计师只有与委托单位保持形式上的独立，才能够以客观、公正的心态发表意见。（　）

18. 会计师事务所不得以降低收费的方式招揽业务。（　）

19. 过失责任的追究，只要没有造成重大损失，一般仅处以罚款或行政处分。（　）

20. 会计师事务所即使发现委托单位缺乏正直的品格，也不得拒绝接受委托。（　）

3.2.3 单项选择题

1. 对国务院各部门和地方各级政府的财政收支，对国家的财政金融机构和企事业组织的财务收支，进行审计监督的审计机关隶属于（　）。

A. 全国人大常委会　　B. 财政部
C. 全国财经委员会　　D. 国务院

2. 被审计单位拒不缴纳应缴的违法款项、罚款的，政府审计机关可通知的扣缴单位为（　）。

A. 上级主管部门　　B. 银行
C. 财政部门　　D. 税务部门

3. 被审计单位的直接责任人员构成犯罪的，政府审计机关应提请依法追究刑事责任的单位为（　）。

A. 司法机关　　B. 刑法机关
C. 主管部门　　D. 本级财政部门

4. 政府审计机关的审计活动被审计单位必须积极配合，属于（　）。

A. 高层次监督　　B. 强制性监督
C. 独立性监督　　D. 权威性监督

5. 不以本部门的收益为目标，目标是维护政府和全体人民的利益的审计是（　）。

A. 内部审计　　B. 民间审计
C. 政府审计　　D. 国际审计

6. 1968年，一些国家的政府审计机关在东京举行大会，通过了《东京宣言》，正式宣布成立（　　）。

A. 内部审计师协会　　B. 国际会计师联合会
C. 最高审计机关国际组织　　D. 审计实务委员会

7. 审计业务少的单位和小型企事业组织，可不设独立的内部审计机构，但应设置专职的（　　）。

A. 监察人员　　B. 内部审计人员
C. 会计检查人员　　D. 纪律检查委员

8. 内部审计机构所在单位可以在管理权限范围内，授予内部审计机构的权限有（　　）。

A. 经济处理、处罚　　B. 经济决策
C. 经济管理　　D. 经济预测

9. 发表最早的一本关于内部审计的单行本《内部审计——它的性质、职能、程序和方法》的是（　　）。

A. 蒙哥马利　　B. 司奈安
C. 卢卡·巴却里　　D. B.Z. 布林克

10. 会计师事务所不具有法人资格的组织形式是（　　）。

A. 独立核算　　B. 注册登记
C. 自收自支　　D. 合伙

11. 黄张陈会计师事务所属于（　　）。

A. 地方会计师事务所　　B. 合作会计师事务所
C. 合伙会计师事务所　　D. 合资会计师事务所

12. 对会计师事务所和注册会计师进行自我教育和自我管理的单位是（　　）。

A. 财政部会计司　　B. 审计署指导司
C. 中国注册会计师协会　　D. 中国会计学会

13. 注册会计师领取财政部统一制发的注册会计师证书的条件是（　　）。

A. 考试合格　　B. 政审合格
C. 批准注册　　D. 批准考试

14. 注册会计师在执行业务中，发现有弄虚作假等不法行为的，应当在（　　）。

A. 出具的报告书中指明　　B. 审计协定书中指明
C. 审计工作底稿中指明　　D. 管理建议书中指明

15. 注册会计师在执行业务中，委托人示意作不实或者不当的证明，应当（　　）。

A. 向主管部门报告　　B. 拒绝
C. 向法院起诉　　D. 向董事会报告

16. 注册会计师在第三者面前呈现出一种独立于委托单位的身份，在他人看来注册会计师是独立的，这种独立称为（　　）。

A. 经济独立　　B. 思想独立

C. 实质上的独立　　D. 形式上的独立

17. 会计师事务所与委托单位之间的业务委托关系，应实行（　　）。

A. 公平原则　　B. 客观原则

C. 双向自愿选择原则　　D. 有关单位规定原则

18. 注册会计师未能遵循审计准则的要求执行审计业务属于（　　）。

A. 错误　　B. 责任

C. 欺诈　　D. 过失

19. 以欺骗或坑害他人为目的的一种故意的错误属于（　　）。

A. 玩忽职守　　B. 过失

C. 诈骗　　D. 欺诈

20. 注册会计师不发生过失的前提是严格遵守各项审计准则和（　　）。

A. 审计约定　　B. 审计计划

C. 职业道德　　D. 审计程序

3.2.4 多项选择题

1. 我国组建的审计组织形式，主要有（　　）。

A. 政府审计机关　　B. 内部审计机构

C. 民间审计组织　　D. 审计特派员办事处

E. 财务咨询公司

2. 政府审计机关审计监督活动的原则是（　　）。

A. 权威性原则　　B. 客观性原则

C. 合法性原则　　D. 独立性原则

E. 强制性原则

3. 最高审计机关国际组织的刊物《国际政府审计杂志》，出版发行的文字有（　　）。

A. 英语　　B. 法语

C. 西班牙语　　D. 德语

E. 阿拉伯语

4. 最高审计机关国际组织现已成立的区域性的分支组织有（　　）。

A. 欧洲组织　　B. 亚洲组织

C. 非洲组织　　D. 阿拉伯组织

E. 拉美组织

5. 我国内部审计的主要特征有（　　）。

A. 服务的内向性　　B. 审查范围的广泛性
C. 审查目的的效益性　　D. 作用的稳定性
E. 微观监督与宏观监督的统一性

6. 西方国家内部审计机构的隶属关系，一般类型有（　　）。
A. 受本单位主计长领导
B. 受本单位总裁或总经理领导
C. 受本单位董事会领导
D. 受本单位董事会下属的审计委员会领导
E. 受A，D双重领导

7. 我国会计师事务所的大致类型有（　　）。
A. 独资会计师事务所　　B. 特殊普通合伙会计师事务所
C. 有限责任会计师事务所　　D. 中外合作会计师事务所
E. 合伙会计师事务所

8. 注册会计师专业资格考试的科目，目前有（　　）。
A. 会计　　B. 审计
C. 经济法和税法　　D. 财务成本管理
E. 公司战略与风险管理

9. 会计师事务所的业务范围具体包括（　　）。
A. 司法业务　　B. 审计业务
C. 审计培训业务　　D. 会计咨询业务
E. 会计服务业务

10. 会计师事务所的审计业务具体包括（　　）。
A. 审查会计账目、财务报表和其他财务资料并出具审计报告
B. 验证企业的投入资本并出具验资报告
C. 参与办理企业解散、破产的清算事项
D. 参与调解经济纠纷并协助案件证据鉴别
E. 其他会计审计事项

11. 会计师事务所的会计咨询业务具体包括（　　）。
A. 设计财务制度　　B. 代理纳税申报
C. 代办申请注册登记　　D. 培训财会人员
E. 其他会计咨询业务

12. 注册会计师违反工作规则造成不良后果的，由主管机关分别情况给予的处分有（　　）。
A. 留用察看　　B. 警告
C. 罚款　　D. 暂停执行业务
E. 吊销注册会计师证书

13. 注册会计师职业道德的基本原则包括（　　）。

A. 独立原则　　B. 权威原则

C. 客观原则　　D. 公正原则

E. 廉洁原则

14. 注册会计师对委托单位的责任包括（　　）。

A. 相互尊重的责任

B. 团结协作的责任

C. 按时按质完成委托业务的责任

D. 保密的责任

E. 按标准收费的责任

15. 注册会计师法律责任的预防，具体措施有（　　）。

A. 遵循专业标准和职业道德要求

B. 谨慎选择委托单位和聘请懂行的律师

C. 招收合格的注册会计师助理人员

D. 严格签订审计约定书

E. 深入了解委托单位的业务

3.2.5 简答题

1. 西方国家内部审计机构的隶属关系有哪几种类型？

2. 注册会计师的业务能力要求有哪些？

3.2.6 分析说明题

ABC工程技术研究院是一家研究机构，主要业务是接受各部委的委托从事高科技项目研发，其收入主要来源于各部委下拨的研究经费，只有对外服务部的部分收入来自自己承接的业务。该研究院设有内部审计处，且每年都要接受会计师事务所审计，没有发现异常情况。

2022年下半年该研究院员工向主管部门举报，对外服务部的主任有舞弊行为。主管部门经调查发现，该研究院对外服务部将自己承接业务发生的成本大部分计入接受各部委委托的科技项目中，致使自己承接项目的利润很高。据进一步调查，此行为是经研究院院长批准，并同意将利润提高多提取的奖金分发给相关人员。

【要求】（1）请分析上述事件是员工舞弊还是管理舞弊，并说明理由。

（2）请指出注册会计师与内部审计人员对该事件的责任，并说明注册会计师与内部审计人员所扮演的角色及责任有何不同。

3.3 练习题参考答案

3.3.1 填空题

1. 独立性　权威性
2. 统一领导、分级负责　总理
3. 全国人民代表大会　国家主席
4. 业务上的领导　行政上的领导
5. 国家财政体制　审计范围
6. 奥地利首都维也纳　《国际政府审计杂志》
7. 部门内部审计机构　单位内部审计机构
8. 上一级主管部门审计机构　主要负责人
9. 同级政府审计机关　主要负责人
10. 微观监督　宏观监督
11. 内部审计师协会　奠基年
12. 商品经济　两权分离
13. 会计师事务所
14. 考试
15. 美国
16. 英格兰和威尔士特许会计师协会　《标准会计实务说明》
17. 会计师事务所　个人名义
18. 审计项目　审计质量
19. 过失责任　欺诈责任
20. 普通过失　重大过失

3.3.2 判断题

1. √	2. ×	3. ×	4. √	5. √
6. ×	7. ×	8. √	9. √	10. ×
11. ×	12. √	13. ×	14. ×	15. ×
16. √	17. ×	18. √	19. √	20. ×

3.3.3 单项选择题

1. D	2. B	3. A	4. B	5. C
6. C	7. B	8. A	9. D	10. D

11. C	12. C	13. C	14. A	15. B
16. D	17. C	18. D	19. D	20. C

3.3.4 多项选择题

1. ABC	2. CDE	3. ABCDE	4. BCDE	5. ABDE
6. ABCDE	7. BCDE	8. ABCDE	9. BDE	10. ABCDE
11. ABCDE	12. BCDE	13. ACD	14. CDE	15. ABCDE

3.3.5 简答题

1. **【解答】**西方国家内部审计机构的隶属关系，一般有以下几种类型：

(1) 受本单位主计长（相当于我国企业的总会计师，一般由主管财务的副总裁兼任）领导。

(2) 受本单位总裁或总经理领导。

(3) 受本单位董事会下属的审计委员会领导。

(4) 受本单位董事会下设的审计委员会和主计长双重领导。

2. **【解答】**注册会计师业务能力要求包括：

(1) 注册会计师必须具备民间审计有关法规规定的专业教育水平和专业工作经历。

(2) 注册会计师应按照注册会计师教育要求和培训制度的规定，不断接受继续教育，保持和更新专业知识，充实和发展专业技能。

(3) 注册会计师应避免承担和从事不能胜任或不能按时完成的业务。对于需要其他专业人员协助才能胜任的业务，注册会计师应考虑所委派专业人员的业务能力。

(4) 注册会计师的助理人员在执行业务之前，须经过专门培训。注册会计师对于委派给助理人员的工作，必须切实予以指导、监督和检查，并对其工作的结果负责。

3.3.6 分析说明题

【解答】(1) 上述事件是管理舞弊，因为对外服务部将自己承接业务发生的成本大部分计入接受各部委委托的科技项目中，此行为是经研究院院长批准的。

(2) 注册会计师作为财务报表的外部监控者，应承担财务报表存在重大错报的责任。

内部审计人员作为内部控制和财务报表的内部监控者，应承担内部控制失效和财务报表存在重大错报的责任。

3.4 教材习题参考答案

3.4.1 思考题

1.【解答】政府审计之所以是高层次的经济监督，是因为：

（1）政府审计的对象决定了其是高层次的经济监督；

（2）政府审计的地位和性质也决定了其是高层次的经济监督；

（3）政府审计实施了对国民经济的全面经济监督。

2.【解答】国际内部审计呈现三大发展趋势：一是开拓风险管理新领域；二是深度介入内部控制评价；三是推动更有效的公司治理。

3.【解答】会计师事务所主要有独资、普通合伙、有限责任公司、有限责任合伙和特殊普通合伙等组织形式，各种组织形式都具有自身的优缺点。

4.【解答】注册会计师职业道德的基本要求是对注册会计师应当具备的职业道德所作的原则性要求，也是整个职业道德中最重要的要求。具体包括：（1）诚信；（2）独立；（3）客观和公正；（4）专业胜任能力和勤勉尽职；（5）保密。

5.【解答】注册会计师法律责任预防的具体措施有：

（1）遵循审计准则和职业道德守则要求；

（2）谨慎选择委托单位；

（3）招收合格的助理人员；

（4）严格签订审计业务约定书；

（5）深入了解委托单位的业务；

（6）聘请懂行的律师。

3.4.2 案例分析题

1.【解答】（1）该案件中的过错方显然是公司管理层，公司管理层应承担法律责任和赔偿由于财务报表错报给有关方面造成的损失。

（2）应对会计师事务所提起的诉讼，赵明和王华可以证明无过失行为。会计师事务所要举证证明审计是按公认审计准则实施的，证明实施的审计程序和方法是恰当的。注册会计师的审计意见旨在提高财务报表的可信性，但是，它不应被视为对财务报表不存在重大错报提供担保。

2.【解答】（1）不符合。会计师事务所不得为获得客户而支付业务介绍费，否则对客观和公正原则以及专业胜任能力都将产生非常严重和无法防范的不利影响。

（2）不符合。双方约定的收费方法和基础以审计工作结果为条件，属于或有收费。除非法律或法规允许，会计师事务所不得实行或有收费。

（3）不符合。会计师事务所可以聘请专家协助会计与审计以外的其他领域工作。在不具备会计与审计方面专业胜任能力的情况下，厚信会计师事务所不能承接业务。

（4）不符合。在客户属于公众利益实体的情况下，会计师事务所不得提供与财务会计系统等相关的内部审计服务。

（5）不符合。会计师事务所不得向属于公众利益实体的审计客户提供对财务报表有重大影响的评估服务。

（6）不符合。如果审计项目组成员接受审计客户的礼品，将产生非常严重的不利影响，导致没有防范措施能够将其降到可接受的水平。

第 4 章

审计准则和审计依据

学习目的和要求

通过本章的学习，培养学生树立实事求是、依法依规审计的思想作风，敬畏审计准则、审计依据，增强审计法治理念，培育坚持准则、不做假账的作风。

通过本章的学习，应掌握审计准则和审计依据的基本理论，并了解美国审计准则和国际审计准则的内容和结构，为实际审计工作提供规范和指导。

在本章的学习中，要弄清弄懂审计准则的含义和作用、审计准则的结构内容、中国注册会计师执业准则；掌握审计依据的含义、种类、特点等内容；理解审计准则和审计依据的内在要求和客观规律。

4.1 复习提要

4.1.1 审计准则

审计准则是审计理论的重要组成部分，它反映了审计工作的客观规律和基本要求，是人们在长期的审计实践中摸索、总结出来的，它既是一个经济范畴，又是一个历史范畴。

1. 审计准则的含义和作用

（1）审计准则的含义。审计准则是审计人员在实施审计工作时必须恪守的最高行为准则，它是审计工作质量的权威性判断标准。

审计准则有如下含义：审计准则是制约审计人员的行为准则；审计准则既对审计人员的素质提出要求，也对社会提供审计工作质量保证；审计准则是通过审计人员执行审计程序表现出来的；审计准则是审计人员签署最终审计意见时的客观保证。

在西方国家，审计准则是20世纪40年代才开始出现的。美国1947年开始研究和制定审计准则；日本1964年也制定了审计准则；国际会计师联合会的国际审计实务委员会于1980年颁布了《国际审计准则》；澳大利亚、加拿大、德国等国已经颁布和实施了审计准则。我国于1996年1月1日起实施《中国注册会计师独立审计准则》。

（2）审计准则的作用。审计准则的实施使审计人员在从事审计工作时有了规范和指南，便于考核审计工作质量，推动了审计职业的发展。

审计准则的主要作用有：实施审计准则可以赢得社会公众的信任；实施审计准则可以提高审计工作质量；实施审计准则可以维护审计组织和人员的合法权益；实施审计准则可以促进国际审计经验交流。

2. 审计准则的结构内容

从现行世界各国的审计准则来看，其内容大体上包括一般准则、工作准则和报告准则三个部分。有些国家和国际组织制定的审计准则虽章节和标题不一，但主要内容仍不外乎上述三大部分。

西方国家的审计准则大多是以美国审计准则为蓝本加以补充、修正而成的；国际组织制定的审计准则以国际会计师联合会的国际审计实务委员会制定的《国际审计准则》最具权威性。

（1）美国的民间审计准则。美国的民间审计准则称为《一般公认审计准则》，主要适用于民间审计所从事的财务报表审计。

该准则自1948年发布实施后，1954年又作了修订补充，形成了三部分，共10条。这10条一般公认审计准则一直沿用至今。审计准则的第一部分为一般准则，共3条，主要对人提出要求；第二部分为工作准则，共3条，主要是指出实施审计行为的准则；第三部分为报告准则，共4条，主要对审计报告提出要求。

（2）国际审计准则。《国际审计准则》由国际会计师联合会颁布。自1980年6月至今，已先后颁布数十项国际审计准则文件。这数十项文件可分为一般准则、工作准则和报告准则三部分。

国际审计准则任何时候都可以应用于民间审计的审计进程中。在适当的情况下，国际审计准则也可应用于审计人员的其他有关活动。

3. 中国注册会计师审计准则

我国注册会计师执业准则的框架由以下两部分组成：

（1）审计、审阅与其他鉴证业务准则。

（2）中国注册会计师相关服务准则。

中国注册会计师审计准则的制定始于1991年，2006年修订和发布了与国际审计与鉴证准则趋同的48项审计准则，自2007年1月1日起施行。中国注册会计师协会2009年开始着手研究并启动中国审计准则的修订工作。2010年11月

1日由财政部发布修订后的38项中国注册会计师审计准则，并自2012年1月1日起施行。2016年财政部又发布了12项新审计准则。

4. 中国政府审计准则

中国政府审计准则的研究和制定始于20世纪90年代。1996年审计署发布了38项审计规范，2000年审计署修订、发布了《中华人民共和国国家审计基本准则》和一系列通用审计准则、专业审计准则，2004年审计署颁布了《审计机关审计项目质量控制办法（试行）》。

2010年9月，审计署公布新修订的《中华人民共和国国家审计准则》。修订后的《中华人民共和国国家审计准则》包括总则、审计机关和审计人员、审计计划、审计实施、审计报告、审计质量控制和责任、附则，共七章。修订后的国家审计准则于2011年1月1日起施行。

5. 中国内部审计准则

中国内部审计协会自2003年起开始制定内部审计准则。2013年8月中国内部审计协会发布了新的《中国内部审计准则》体系，自2014年1月1日起施行。2016年以后，中国内部审计协会先后修订了多项内部审计准则。

4.1.2　审计依据

审计依据是提出审计意见、作出审计结论的衡量尺度。

1. 审计依据含义

所谓审计依据，就是对所查明的事实与现行的各种规定进行比较、分析、判断和评价，据以提出审计意见和建议，作出审计结论的标准。

审计依据与审计准则是两个既有联系又有区别的概念。

2. 审计依据种类

审计的目标不同，各种审计类型所遵循的审计依据也不相同。

审计依据可以按不同标志进行分类。按其来源，可分为被审计单位自己制定的审计依据和外部各单位制定的审计依据；按其性质、内容，可分为宪法、法律、法规、政策，规章制度，预算、计划、经济合同，业务规范、技术经济标准，会计制度和会计准则等。但从实践看，审计依据主要是按审计目的进行分类，可以分为评价经济活动合法性的审计依据、评价经营管理活动效益性的审计依据、评价内部控制系统、有效性的审计依据。

（1）评价经济活动合法性的审计依据。这类审计依据主要包括：

1）国家颁布的法律和各种财经法规。

2）地方和主管部门颁布的财经法规。

3）规章制度。

（2）评价经营管理活动效益性的审计依据。这类审计依据主要包括：

1）可比较的历史数据。

2）计划、预算和经济合同。

3）业务规范、技术经济标准。

（3）评价内部控制系统有效性的审计依据。这类审计依据主要包括：

1）内部管理制度。

2）财务报告内部控制制度。

3）内部审计制度。

3. 审计依据特点

审计依据既不是捉摸不定的，也不是固定不变的。掌握审计依据的特点，有利于更好地开展审计工作。审计依据的特点主要有：

（1）层次性。根据适用范围、效力大小、制定单位管辖区域的大小，审计依据具有不同的层次。

（2）相关性。审计依据的相关性，是指审计依据要与审计结论相关联，审计人员可以利用审计依据提出审计意见和建议，并作出审计结论。

（3）时效性。各种审计依据都有一定的时效性，不是任何时期和任何条件下都能适用。

（4）地域性。从空间上看，许多审计依据还要受到地域的限制。

4. 运用审计依据的原则

审计人员选用审计依据时，除应注意审计依据的层次性、相关性、时效性和地域性等特点外，还应注意掌握下列各项原则。

（1）具体问题具体分析的原则。具体地说，就是有法依法、无法可依从理，以及地方法规与国家法规发生矛盾时要慎重处理。

（2）辩证分析问题的原则。

（3）利益兼顾原则。具体地说，就是国家、企业和个人利益兼顾，眼前利益与长远利益兼顾，企业效益与社会效益兼顾。

（4）真实可靠原则。

总之，合理地运用审计依据，对于作出客观公正的评价和正确的结论、促进审计质量的提高都有重要的意义。

4.2 练习题

4.2.1 填空题

1. 审计准则是人们在长期的审计实践中摸索、总结出来的，它既是一个______，又是一个______。

2. 审计准则是专业审计人员在实施审计工作时必须恪守的最高______，它是______的权威性判断标准。

3. 审计准则既对______提出要求，也对社会提供______保证。

4. 在西方国家，审计准则是20世纪______才开始出现的，美国在______开始研究和制定审计准则。

5. 西方国家的审计准则大多是以______为蓝本加以补充、修正而成的；国际组织制定的审计准则以国际会计师联合会的______最具代表性。

6. 美国的民间审计准则称为______，它主要适用于民间审计所从事的______。

7. 国际性组织制定的国际审计准则，目前已取得的主要成果有______和______。

8. 中国注册会计师执业准则是由______颁发，并适用于______。

9. 我国注册会计师执业准则建设过程主要包括______、______、______和______。

10. 我国注册会计师执业准则主要有______和______。

11. 审计依据是______、______的衡量尺度。

12. ______解决如何进行审计的问题，是审计人员行动的指南和规范；______则解决审计人员根据什么标准提出这样或那样的审计意见。

13. 审计依据按其来源分类，可分为______制定的审计依据和______制定的审计依据。

14. 从法规和规章制度的制定过程来看，______的法规、制度不能违反______的法规、制度。

15. 运用审计依据的具体问题具体分析的原则时，应坚持______、______以及地方法规与国家法规发生矛盾时要慎重处理等原则。

4.2.2 判断题（正确的划“√”，错误的划“×”）

1. 审计准则是审计理论的重要组成部分，但对审计人员并无制约作用。 （ ）

2. 审计准则是通过审计人员执行审计程序体现出来的。 （ ）

3. 民间审计人员有了会计准则，对其审计工作提供了方便，因而就不需要审计准则了。 （ ）

4. 审计准则的实施使审计人员在从事审计工作时有了规范和指南，便于考核审计工作质量，推动了审计职业的发展。 （ ）

5. 实施审计准则可以维护审计组织和人员的合法权益。 （ ）

6. 从世界各国现行的审计准则来看，其内容相差很大，缺乏可比性。 （ ）

7. 美国的民间审计准则，除为美国民间审计所遵循外，对民间审计领域以

外的各种审计，对其他国家乃至国际审计准则的建立，都产生了巨大的影响。（　　）

8. 在国际审计准则中，有关一般准则的说明和解释占了相当大的比例。（　　）

9. 国际审计准则只适用于各国的政府审计，不适用于各国的民间审计。（　　）

10. 我国注册会计师审计准则的有关规则是由财政部会计事务管理司负责拟订并颁发的。（　　）

11. 在我国，注册会计师审计准则的逐步完善及整体结构的逐步充实，将促进中国审计准则的国际化。（　　）

12. 修订后的中国审计准则在内容上，充分采用了国际审计准则所有的基本原则和核心程序。（　　）

13. 新修订的《中华人民共和国国家审计准则》，形成一个完整的国家审计准则。（　　）

14. 目前，我国财务审计的审计依据比较明确，而经济效益审计的审计依据则在探索中。（　　）

15. 从审计实践看，审计依据主要按审计性质进行分类。（　　）

16. 内部审计制度也成为评价内部控制系统有效性的依据。（　　）

4.2.3 单项选择题

1. 审计准则是审计工作质量的权威性判断标准，又称为（　　）。

A. 审计依据　　B. 专业标准

C. 审计假设　　D. 审计条例

2. 一般审计准则中，视为审计工作的灵魂的是（　　）。

A. 独立性　　B. 客观性

C. 权威性　　D. 真实性

3. 实施审计准则，可以赢得对审计工作信任的利益相关者有（　　）。

A. 审计人员　　B. 委托审计者

C. 被审计单位　　D. 社会公众

4. 早在1947年10月，美国注册会计师协会就提出了（　　）。

A. 《一般公认审计准则》　　B. 《公认会计原则》

C. 《审计准则试行方案》　　D. 《国际审计准则》

5. 美国民间审计准则的一般准则的第三条指出："在执行审计工作和撰拟审计报告时，应保持职业人员应有的（　　）。"

A. 严谨态度　　B. 独立态度

C. 坚强的意志　　D. 中立态度

6. 美国民间审计准则中的报告准则第一条指出："审计报告应说明本期财务报表是否按照一般（　　）。"

A. 公认的审计准则编制　　B. 已颁布的审计依据编制

C. 已验证的审计证据编制　　D. 公认的会计准则编制

7. 国际会计师联合会下设国际审计实务委员会，代表联合会的理事会负责拟订并颁布（　　）。

A.《审计规则指南》　　B.《国际审计准则》

C.《利马宣言》　　D.《东京宣言》

8. 我国的注册会计师审计准则规定注册会计师执行（　　）。

A. 咨询业务　　B. 会计业务

C. 审计业务　　D. 管理业务

9. 审计人员提出审计意见，作出审计结论，要令人信服，取信于社会公众，必须有（　　）。

A. 审计目标　　B. 审计依据

C. 审计准则　　D. 审计任务

10. 审计人员在进行审计时，首先要审查和评价被审计单位的（　　）。

A. 内部管理系统　　B. 内部会计系统

C. 内部控制系统　　D. 内部审计系统

11. 审计过程中，如遇低层次的规定与高层次的规定相抵触时，则应以（　　）。

A. 高层次规定为准　　B. 低层次规定为准

C. 审计制度规定为准　　D. 会计制度规定为准

12. 审计依据不是任何时期都能适用的，这种特性称为（　　）。

A. 局限性　　B. 地域性

C. 层次性　　D. 时效性

13. 在空间上，很多审计证据还要受到的限制是（　　）。

A. 相关性　　B. 地域性

C. 层次性　　D. 时效性

14. 审计人员选用审计依据时，必须从实际出发（　　）。

A. 辩证分析问题　　B. 兼顾各方利益

C. 具体问题具体分析　　D. 宏观与微观相结合

15. 选用审计依据，不能只考虑眼前利益，还要考虑（　　）。

A. 国家利益　　B. 企业效益

C. 社会效益　　D. 长远利益

4.2.4　多项选择题

1. 审计准则的含义有（　　）。

A. 是制约审计人员的行为准则
B. 对审计人员素质提出要求
C. 对社会提供审计工作质量保证
D. 是通过审计人员执行审计程序体现出来的
E. 是审计人员签署审计最终意见时的客观保证

2. 审计准则的主要作用有（　　）。
A. 可以提高审计人员地位
B. 可以赢得社会公众的信任
C. 可以提高审计工作质量
D. 可以维护审计组织和人员的合法权益
E. 可以促进国际审计经验交流

3. 从世界各国现行的审计准则来看，其内容大体上包括（　　）。
A. 一般准则　　B. 具体准则
C. 工作准则　　D. 计划准则
E. 报告准则

4. 我国注册会计师审计准则主要有（　　）。
A. 审计准则　　B. 审阅准则
C. 独立审计实务公告　　D. 其他鉴证业务准则
E. 相关服务准则

5. 中国注册会计师审计准则的制定过程主要有（　　）。
A. 制定审计规则　　B. 与美国审计准则趋同
C. 建立审计准则体系　　D. 遵循国际审计准则
E. 与国际审计准则全面趋同

6. 审计依据按审计目的进行分类，可以分为（　　）。
A. 评价会计资料真实性的审计依据
B. 评价经济活动合法性的审计依据
C. 评价审计结论可靠性的审计依据
D. 评价经营管理活动效益性的审计依据
E. 评价内部控制系统有效性的审计依据

7. 评价经营管理活动效益性的审计依据主要有（　　）。
A. 可比较的历史数据　　B. 计划、预算和经济合同
C. 业务规范和技术经济标准　　D. 党和国家的财经纪律
E. 规章制度

8. 评价内部控制系统有效性的审计依据主要有（　　）。
A. 规章制度　　B. 内部管理控制制度
C. 内部会计控制制度　　D. 内部审计制度

E. 业务规范和技术经济标准

9. 审计依据的特点主要有（　　）。

A. 层次性　　B. 可比性

C. 相关性　　D. 时效性

E. 地域性

10. 审计人员运用审计依据时，应掌握的原则有（　　）。

A. 谨慎原则　　B. 具体问题具体分析原则

C. 辩证分析问题的原则　　D. 利益兼顾原则

E. 真实可靠原则

4.2.5　简答题

1. 简述审计准则的含义。
2. 审计准则的作用有哪些?
3. 简述美国民间审计的主要内容。
4. 简述修订后的中国审计准则体系的特点。
5. 简述审计依据与审计准则的区别。
6. 简述审计依据的分类。

4.3　练习题参考答案

4.3.1　填空题

1. 经济范畴　历史范畴
2. 行为准则　审计工作质量
3. 审计人员素质　审计工作质量
4. 40年代　1947年
5. 美国的审计准则　国际审计实务委员会制定的《国际审计准则》
6. 《一般公认审计准则》　财务报表审计
7. 《国际审计准则》　《利马宣言——审计规则指南》
8. 财政部　注册会计师审计
9. 制定执业规则阶段　建立审计准则体系阶段　与国际审计准则趋同阶段　与国际审计准则全面趋同阶段
10. 审计、审阅与其他鉴证业务准则　相关服务准则
11. 提出审计意见　作出审计结论
12. 审计准则　审计依据

13. 被审计单位自己　外部各单位
14. 低层次　高层次
15. 有法依法　无法可依从理

4.3.2　判断题

1. ×	2. √	3. ×	4. √	5. √
6. ×	7. √	8. ×	9. ×	10. ×
11. √	12. √	13. √	14. √	15. ×
16. √				

4.3.3　单项选择题

1. B	2. A	3. D	4. C	5. A
6. D	7. B	8. C	9. B	10. C
11. A	12. D	13. B	14. C	15. D

4.3.4　多项选择题

1. ABCDE	2. BCDE	3. ACE	4. ABDE	5. ACE
6. BDE	7. ABC	8. BCD	9. ACDE	10. BCDE

4.3.5　简答题

1. **【解答】**审计准则的含义主要有：

(1) 审计准则是制约审计人员的行为准则。审计人员在工作过程中，围绕审计任务，在选择和确定工作时，应明确哪些是可以做的，哪些是不能做的；哪些是应该加强和深入去做的，哪些是可以只作了解的。审计准则正是起到衡量标准的作用。

(2) 审计准则既对审计人员的素质提出要求，同时也对社会提供审计工作质量保证。一般审计准则无不对审计人员的业务技能和品德操行提出一个高的标准，而且把独立性视为审计工作的灵魂。这对树立审计人员在社会上的公正、正直、客观形象有重要作用。

(3) 审计准则是通过审计人员执行审计程序体现出来的。所以，在一般审计准则中，都对审计人员的素质、业务能力、工作行为和态度提出严格要求。

(4) 审计准则是审计人员签署最终审计意见时的客观保证。一般来说，审计人员在形成审计意见之后，会主动与被审计单位交换意见，然后才签发自己的报告，其目的是希望尽快解决问题。但是，如果双方发生意见分歧，审计准则就为审计人员的意见提供了客观上的保证。

2.【解答】审计准则的作用主要有：

（1）实施审计准则可以赢得社会公众的信任。民间审计人员在财务报表审计报告中，一般均要写明“审计程序、方法系根据审计准则要求进行的”，这也就是向委托单位的股东、债权人、未来投资者以及银行等有关方面表明，审计工作达到了规定的质量标准，审计结论是可以充分信赖的，以取信于社会。

（2）实施审计准则可以提高审计工作质量。审计准则中一般都规定有审计人员的任职条件及其在工作中应保持的态度、审计工作的基本程序和方法以及审计报告的撰写方式和要求等，这就可以促使审计人员谨慎工作，依法办事，有助于提高审计工作质量。

（3）实施审计准则可以维护审计组织和人员的合法权益。审计准则中规定了审计人员的工作范围，审计人员只要能按照审计准则的要求办理，就算是尽到了职责。当审计委托人与审计人员对审计意见发生纠纷，审计人员受到不公正的指责和控告时，即可用审计准则维护自己的合法权益。

（4）实施审计准则可以促进国际审计经验交流。审计准则是审计实践经验的总结和升华，已成为审计理论的一个重要部分。审计准则的实施和发展促进了审计理论水平的提高。通过各国审计准则的协调，便于开展国际审计经验交流。特别是国际审计准则的制定和协调工作，对世界审计经验和学术交流都起到了重要的推动作用。

3.【解答】美国民间审计的主要内容有：

第一，一般准则。它包括：

（1）审计应由经过充分技术训练并精通审计实务的人员担任。

（2）审计人员在执行工作时，必须保持独立的意志和态度。

（3）在执行审计工作和撰拟审计报告时，应保持职业人员应有的严谨态度。

第二，工作准则。它包括：

（1）审计工作必须妥善地进行计划安排，如有辅助人员，必须加以监督和指导。

（2）应适当地研究和评价现行的内部控制系统，以确定可资信赖的程度，并以此作为决定审计程序和测试范围的依据。

（3）运用检视、观察、查询、函证等方法，以获取充分而确切的证据，作为对所审核的财务报表发表意见的合理根据。

第三，报告准则。它包括：

（1）审计报告应说明财务报表是否按照一般公认的会计准则编制。

（2）审计报告应说明本期所使用的会计准则是否与上期一致。

（3）除报告中另有说明外，财务报表中所提供的资料，应被视为合理和充分的。

（4）审计报告应就整个财务报表发表意见，或无法表示意见。如属后者，应说明理由。在任何情况下，财务报表一经审计人员签署，即应在报告中明确表示审核的性质与其所负责任的程度。

4. **【解答】**修订后的中国审计准则体系具有以下特点：

（1）提高准则理解和执行的一致性。本次修订充分借鉴了国际审计与鉴证理事会明晰项目的成果，除对16项准则的内容进行实质性修订外，还对全部38项审计准则按照新的体例结构进行了改写。

（2）全面体现风险导向审计。本次修订进一步强化了风险导向审计的思想，除修订核心风险审计准则外，对其他审计准则也作出修改，将风险导向审计理念全面贯彻到整套审计准则中。

（3）增强识别舞弊风险的有效性。对关联方、会计估计和公允价值、集团会计等舞弊高发领域，本次修订既进一步明确了工作要求，又细化了对注册会计师的指导，要求注册会计师合理运用职业判断，按照风险导向审计的要求，识别、评估和应对这些领域的舞弊风险。

（4）加强与治理层有效的沟通。本次修订审计准则，一方面规范了治理层在监督财务报告方面的职责和作用，对管理层与治理层在财务报告方面的职责作出明确区分；另一方面，要求注册会计师就审计工作中遇到的重大困难、对被审计单位会计处理质量的看法、审计过程中发现的错报、违反法律法规行为、舞弊等及时与治理层沟通。

（5）增强对小型企业审计的相关性。本次修订的审计准则取消了原有的《中国注册会计师审计准则第1621号——对小型被审计单位审计的特殊考虑》，代之以在每项应用指南中增加“对小型被审计单位的特殊考虑”部分。

5. **【解答】**审计依据与审计准则是两个既有联系又有区别的概念。审计准则解决如何进行审计的问题，是审计人员行动的指南和规范；审计依据则解决审计人员根据什么标准提出这样或那样的审计意见，作出这样或那样的审计结论，是辨别是非，衡量优劣，判断合法或非法，并据以作出审计结论、提出审计意见和建议的根据。

6. **【解答】**审计依据可以按不同标志进行分类。如按其来源，可分为被审计单位自己制定的审计依据和外部各单位制定的审计依据；按其性质、内容，可分为宪法、法律、法规、政策，规章制度，预算、计划、经济合同，业务规范、技术经济标准，会计制度和会计准则等。但是，从审计实践看，审计依据主要是按审计目的进行分类，可以分为评价经济活动合法性的审计依据、评价经营管理活动效益性的审计依据、评价内部控制系统有效性的审计依据。

4.4 教材习题参考答案

4.4.1 思考题

1. **【解答】**审计准则是制约审计人员的行为准则；审计准则既对审计人员素质提出要求，也对社会提供审计工作质量保证；审计准则是通过审计人员执行审计程序表现出来的；审计准则是审计人员签署最终审计意见时的客观保证。

审计准则的主要作用有：实施审计准则可以赢得社会公众的信任；实施审计准则可以提高审计工作质量；实施审计准则可以维护审计组织和人员的合法权益；实施审计准则可以促进国际审计经验交流。

2. **【解答】**从现行的世界各国的审计准则来看，其内容大体上包括一般准则、工作准则和报告准则三个部分。有些国家和国际组织制定的审计准则虽章节和标题不一，但主要内容仍不外乎上述三大部分。

民间审计准则与政府审计准则和内部审计准则，由于对象、要求不同，因而审计准则各具特色。

3. **【解答】**审计依据既不是捉摸不定的，也不是固定不变的。因此，掌握审计依据的特点，有利于更好地开展审计工作。审计依据的特点主要有：

（1）层次性。根据适用范围、效力大小、制定单位管辖区域的大小，审计依据具有不同的层次。

（2）相关性。审计依据的相关性，是指审计依据要与审计结论相关联，审计人员可以利用审计依据提出审计意见和建议，并作出审计结论。

（3）时效性。各种审计依据都有一定的时效性，不是任何时期和任何条件下都能适用。

（4）地域性。从空间上看，许多审计依据还要受到地域的限制。

4. **【解答】**审计人员选用审计依据时，除应注意审计依据的层次性、相关性、时效性和地域性等特点外，还应注意掌握下列各项原则：

（1）具体问题具体分析的原则。具体地说，就是有法依法、无法可依从理，以及地方法规与国家法规发生矛盾时要慎重处理。

（2）辩证分析问题的原则。

（3）利益兼顾原则。具体地说，就是国家、企业和个人利益兼顾，眼前利益与长远利益兼顾，企业效益与社会效益兼顾。

（4）真实可靠原则。

4.4.2 案例分析题

【解答】（1）违反了报告准则。因为注册会计师必须在实施审计程序的基础上，才能出具审计报告。

（2）违反了一般准则。因为审计应由经过充分技术培训并精通审计实务的人员担任。

（3）违反了一般准则。因为审计人员在执行工作时，必须保持独立的意志和态度，不得兼任其他职务。

（4）违反了一般准则。因为审计应由经过充分技术培训并精通审计实务的人员担任。

（5）违反一般准则和工作准则。因为审计人员在执行工作时，必须保持独立的意志和态度，其他人不得兼任；审计工作必须妥善地进行计划安排，如有助理人员，必须加以监督和指导。

第 5 章

审计证据和审计工作底稿

学习目的和要求

通过本章的学习，培养学生树立以事实为根据、以法律为准绳的实事求是思想，敬畏客观真实的证据，增强一切工作都应坚持有凭有据的理念，培育脚踏实地的严谨工作作风。

通过本章的学习，应掌握审计证据和审计工作底稿的含义、特性及分类、收集和整理的基本方法和技能，为指导审计工作过程打下理论基础。

在本章的学习中，应了解审计证据的含义和特性、审计证据的分类，掌握审计证据收集和审计证据鉴定的基本理论和基本方法；理解审计工作底稿的含义、作用、内容和格式，掌握审计工作底稿的编制原则、要求和基本方法，以及审计工作底稿复核和保管的理论和方法。

5.1 复习提要

5.1.1 审计证据

1. 审计证据含义和特性

（1）审计证据含义。审计证据是审计人员在审计过程中采用各种方法获取的真实凭据，用于证实或否定被审计单位财务报表所反映的财务状况和经营成果的公允性的一切资料。

审计证据是审计理论的一个重要组成部分，它是指审计人员在审计过程中取得的，可为自己对被审计单位的评价和审计结论提供证明的一系列事实凭据和资料。

（2）审计证据的特性。为了正确评价被审计单位的财务报表及其反映的经济活动，审计人员必须高度重视审计证据，这既是审计人员法律地位的要求，又是审计人员的重要职责。能够作为审计证据的，必须具有以下特性：

1）审计证据的客观性。审计证据的客观性是指审计证据是客观事实的真实反映，不能是臆断、推断、猜测、估计、虚构的主观产物。

2）审计证据的相关性。审计证据的相关性是指用作审计证据的事实凭据和资料必须与审计目标和应证事项之间存在一定的逻辑关系。

3）审计证据的合法性。审计证据的合法性是指审计人员必须依照审计准则和有关法规规定的审计程序收集审计证据。

2. 审计证据分类

审计证据分类的目的在于找出更合理、更有效、更具有证明力的证据，以达到理想的证明效果，从而有利于审计工作的顺利完成。审计证据按照不同的标准，可以进行多种分类。

（1）按审计证据的表现形态分类。按审计证据的表现形态，可以分为实物证据、书面证据、口头证据和环境证据。

1）实物证据。实物证据是指以实物的外部特征和内含性能来证明事物真相的各种财产物资。

2）书面证据。书面证据是以文字记载的内容来证明被审计事项的各种书面资料。

3）口头证据。口头证据是指以视听资料、证人证词、有关人员的陈述、意见、说明和答复等形式存在的审计证据。

4）环境证据。环境证据是指对审计事项产生影响的各种环境事实。

（2）按审计证据的相关程度分类。按审计证据的相关程度，可以分为直接证据和间接证据。

1）直接证据。直接证据是指对审计事项具有直接证明力，能单独、直接地证明审计事项真相的资料和事实。

2）间接证据。间接证据又称旁证，是指对审计事项只起间接证明作用，需要与其他证据结合起来，经过分析、判断、核实才能证明审计事项真相的资料和事实。

（3）按获取审计证据的来源分类。按获取审计证据的来源，可以分为自然证据和加工证据。

1）自然证据。自然证据是指审计人员在其审计过程中获得的不需要加工的资料和事实。

2）加工证据。加工证据是指审计人员在审计过程中亲自对书面证据、实物证据等进行分析、整理、归类和制作所形成的较系统和明晰的资料。

（4）按审计证据的重要性分类。按审计证据的重要性，可以分为基本证据、辅助证据和矛盾证据。

1）基本证据。基本证据是指对审计人员形成审计意见、作出审计结论具有直接影响作用的审计证据。

2）辅助证据。辅助证据是作为基本证据的一种必要补充，补充说明基本证据的证据。

3）矛盾证据。矛盾证据是指证明的方向与基本证据相反，或证明的内容与基本证据不一致的证据。

3. 收集审计证据

收集审计证据是审计工作的核心，也是考核审计工作质量的重要环节，关系到审计工作的成败。收集审计证据的方法很多，常见的有：

（1）检查。检查是指审计人员通过对被审计单位的书面资料和有形资产的审阅和复核，获得审计证据的途径。

（2）监盘。监盘是指审计人员通过实地监督盘点取得审计证据。

（3）观察。观察是指审计人员亲赴现场，对被审计单位的环境状况和实施状况进行实际观察，从而取得审计证据。

（4）询问。询问是指审计人员以书面或口头方式，向被审计单位内部或外部的知情人员获取财务信息和非财务信息，并对答复进行评价的过程。

（5）函证。函证是指审计人员向被审计单位以外的单位发函取证。

（6）重新计算。重新计算是指审计人员对被审计单位的原始凭证及会计记录中的数据进行的验算或另行计算。

（7）重新执行。重新执行是指审计人员以人工方式或使用计算机辅助审计技术，重新独立执行作为被审计单位内部控制组成部分的程序或流程。

（8）分析程序。分析程序是指审计人员对财务报表和其他会计资料中的重要比率或金额及其变动趋势进行分析、研究，并对发现的异常项目及异常变动进行调查，以获取审计证据。

4. 鉴定审计证据

审计证据的鉴定就是对审计证据的强弱作出鉴定。衡量审计证据强弱的标准主要有：

（1）审计证据的真实性。审计证据的真实性主要是指审计证据所反映的内容是对客观存在的经济活动及其变化的真实反映。

（2）审计证据的重要性。审计证据的重要性是鉴定审计证据质量的一个重要标准。

（3）审计证据的可信性。审计证据的可信性包括两个方面的内容：一是审计证据的来源必须可靠；二是审计证据本身是确实可靠的。

（4）审计证据的充分性、适当性。审计证据的数量要达到能“胜过合理的怀疑”，这时可认为审计证据是充分、适当的。

（5）审计证据的证明力。

（6）审计证据的经济性。

5.1.2 审计工作底稿

1. 审计工作底稿含义

审计工作底稿是审计人员将在审计工作过程中所采用的方法、步骤和收集的用来证明审计事项真实情况的经济事实和资料，按照一定格式编制的档案性原始文件。

审计工作底稿是审计证据的汇集，可作为审计过程和结果的书面证明，也是形成审计结论的依据。

2. 审计工作底稿作用

（1）有利于组织协调审计工作。

（2）有利于控制审计工作质量。

（3）有利于考核审计工作业绩。

（4）便于编制、佐证和解释审计报告。

（5）便于制定以后各期的审计计划。

3. 审计工作底稿的内容和格式

（1）审计工作底稿的内容。审计工作底稿包括审计人员记录、编制和收集的与审计事项相关的资料和文件等。对于具体的审计事项，由于性质、目的、要求以及采取的方法不同，与之相应的审计工作底稿也不尽相同。

每一审计工作底稿的具体内容与审计工作底稿的不同种类有着密切关系。

（2）审计工作底稿的格式。审计工作底稿的格式和繁简程度是审计工作详简程度的具体表现，合理确定其格式和繁简程度是保证审计工作质量不可忽视的方面。在确定审计工作底稿格式和内容的繁简程度时，应根据实际工作需要，针对不同情况，采用多种格式。

4. 审计工作底稿编制

（1）审计工作底稿编制原则。根据审计业务编制符合要求的审计工作底稿，必须遵循如下原则：

1）完整性原则。

2）重要性原则。

3）真实性与相关性原则。

4）明确责任原则。

（2）审计工作底稿编制要求。一份较完整的审计工作底稿应该字迹清楚，标题完整，一切资料来源均有说明；所列事项都经过复核，而且有条理、有顺序、注意细节；重要事项和非重要事项有明确的区分。

5. 审计工作底稿复核和保管

审计工作小组对审计工作底稿务必十分重视，进行层层复核，通过对审计工作底稿的复核，考核具体审计工作的质量。

审计组织必须妥善保管审计工作底稿，其保管分为当期档案和永久性档案两种。

5.2 练习题

5.2.1 填空题

1. 审计的整个过程，就是根据审计证据形成______和______的过程。

2. 审计工作底稿是______和结果的书面证明，也是______的汇集和编制审计报告的依据。

3. 审计人员实施审计工作的最终目的是根据一定的______对被审计单位的______发表意见。

4. 间接证据，又称旁证，是指对审计事项只起______，需要与______结合起来应用。

5. 收集______是审计工作的核心，也是考核______的重要环节，关系到审计工作的成败。

6. 函证是指审计人员向被审计单位或其他单位______并要求______。

7. 鉴定审计证据的重要性程度往往以______作为评价的依据，重要的审计证据能影响审计人员作出______。

8. 审计证据的可信性包括审计证据的______和审计证据______。

9. 一般来说，被审计单位对审计证据的______越小，其______就越强。

10. 审计人员不得不考虑审计证据的效用与收集、鉴定这些审计证据的______之间的关系，这就是审计证据______的概念。

11. 审计工作底稿是______的汇集，也是形成______的依据。

12. 审计工作底稿的作用之一是便于编制、______和______审计报告。

13. 审计工作底稿按其内容的稳定性和使用期限划分，可以分为______和______。

14. 审计工作底稿的______与______直接影响审计结论的可信性和审计工作的成败。

15. 审计工作底稿由______填制后，______必须进行复核。

5.2.2 判断题（正确的划“√”，错误的划“×”）

1. 在审计的整个过程中，收集、鉴定和综合审计证据，是审计工作的核心。（ ）

2. 审计人员运用适当的审计程序，采取所有的审计手续无非都是围绕着发挥审计作用这一目的。（ ）

3. 能够胜任审计证据的先决条件是审计证据的相关性。（ ）

4. 实物证据的存在本身就具有很大的可靠性，所以实物证据具有较强的证明力。（ ）

5. 环境证据是指对审计事项产生影响的各种环境事实，一般属于主要的审计证据。（ ）

6. 凭证对于财务报表是间接证据，而对于账簿则是直接证据。（ ）

7. 审计人员在审计过程中编制的现金盘点表，是审计证据的自然证据。（ ）

8. 如果离开了矛盾证据，审计人员就无法提出审计意见和审计结论。（ ）

9. 审计人员对10万元银行存款进行审查时，发现有50元被出纳贪污，则通常认为，这种情况是微不足道的。（ ）

10. 为了证实审计结论，审计人员取得的相关审计证据越多越好。（ ）

11. 如何在分工的基础上协调统一，提高审计工作小组的效率，圆满地完成审计任务，关键在于编好审计工作底稿。（ ）

12. 审计工作底稿的基本内容经常变动，只供当期审计使用和下期审计参考的资料，不列入审计档案。（ ）

13. 审计工作底稿必须由审计人员、制表人签名盖章，并由审计项目负责人审批核实，以明确各自的责任。（ ）

14. 审计工作底稿收集有被审计单位一些尚不宜公之于众的信息和要求，这就要求审计人员对审计工作底稿必须妥善保管，防止泄密。（ ）

15. 审计工作底稿的保管期限，一般都属于永久性保管。（ ）

5.2.3 单项选择题

1. 合理提出审计报告，达到审计目标的重要条件是要有充分、适当的（ ）。

A. 审计证据　　B. 审计资料

C. 审计建议书　　D. 审计约定书

2. 用作审计证据的事实凭据和资料必须与审计目标和应证事项之间存在一定的逻辑关系，这称为审计证据的（ ）。

A. 客观性　　B. 相关性

C. 合法性　　D. 经济性

3. 以实物的外部特征和内含性能来证明事物真相的各种财产物资是（　　）。

A. 环境证据　　B. 加工证据

C. 书面证据　　D. 实物证据

4. 以文字记载的内容来证明被审计事项的各种书面资料是（　　）。

A. 实物证据　　B. 加工证据

C. 书面证据　　D. 辅助证据

5. 对审计事项具有直接证明力，能单独、直接地证明审计事项真相的资料和事实是（　　）。

A. 实物证据　　B. 自然证据

C. 基本证据　　D. 直接证据

6. 对审计事项只起间接证明作用，需要与其他证据结合起来，经过分析、判断、核实才能证明审计事项真相的资料和事实是（　　）。

A. 口头证据　　B. 加工证据

C. 间接证据　　D. 辅助证据

7. 审计人员在其审计过程中随时可以获得的、不需要加工的资料和事实是（　　）。

A. 实物证据　　B. 自然证据

C. 直接证据　　D. 基本证据

8. 下列审计证据中，属于加工证据的是（　　）。

A. 现金监盘表　　B. 会计凭证

C. 会计账簿　　D. 财务报表

9. 被审计单位财务报表上的“存货”是10亿元，而会计账簿上的“存货”只有9亿元，那么“存货”有关的会计账簿是财务报表的（　　）。

A. 书面证据　　B. 矛盾证据

C. 自然证据　　D. 基本证据

10. 审计证据的数量要达到能“胜过合理的怀疑”这样一种程度，这就是（　　）。

A. 审计证据的真实性　　B. 审计证据的重要性

C. 审计证据的充分性和适当性　　D. 审计证据的可信性

11. 有时审计人员不得不放弃“理想的审计证据”而代之以质量较差但仍可使用的证据，这是（　　）。

A. 审计证据的重要性　　B. 审计证据的充分性

C. 审计证据的可信性　　D. 审计证据的经济性

12. 开展审计工作都应该正确地编制（　　）。

A. 审计证据　　B. 审计报告

C. 审计建议书　　D. 审计工作底稿

13. 保证审计证据的完整无缺的是（　　）。

A. 重要性原则　　B. 相关性原则

C. 完整性原则　　D. 全面性原则

14. 编制审计工作底稿时，为列明尚待解决的问题，应编制一份（　　）。

A. 审计计划　　B. 工作备忘录

C. 审计程序　　D. 审计报告

15. 应对审计工作底稿进行最终复核的是会计师事务所的（　　）。

A. 主任会计师　　B. 项目负责人

C. 注册会计师　　D. 审计助理人员

5.2.4 多项选择题

1. 审计证据的特性主要是指审计证据的（　　）。

A. 客观性　　B. 相关性

C. 合法性　　D. 经济性

E. 可信性

2. 审计证据按表现形态分类，可以分为（　　）。

A. 自然证据　　B. 实物证据

C. 书面证据　　D. 口头证据

E. 环境证据

3. 审计证据按相关程度分类，可以分为（　　）。

A. 直接证据　　B. 自然证据

C. 加工证据　　D. 实物证据

E. 间接证据

4. 按获取审计证据的来源分类，审计证据可以分为（　　）。

A. 直接证据　　B. 实物证据

C. 自然证据　　D. 口头证据

E. 加工证据

5. 按审计证据的重要性进行分类，审计证据可以分为（　　）。

A. 基本证据　　B. 直接证据

C. 间接证据　　D. 辅助证据

E. 矛盾证据

6. 收集审计证据的途径很多，常见的有（　　）。

A. 监盘　　B. 观察

C. 询问　　D. 检查

E. 分析程序

7. 衡量审计证据强弱的标准主要有审计证据的（　　）。

A. 重要性　　B. 真实性和可信性

C. 充分性　　D. 证明力

E. 经济性

8. 审计工作底稿的主要作用有（　　）。

A. 有利于组织协调审计工作

B. 有利于控制审计工作质量

C. 有利于考核审计人员工作业绩

D. 便于编制、佐证和解释审计报告

E. 便于制定以后各期的审计计划

9. 审计工作底稿的编制原则有（　　）。

A. 完整性原则　　B. 重要性原则

C. 真实性原则　　D. 相关性原则

E. 明确责任原则

10. 会计师事务所对审计工作底稿的复核，可以分为会计师事务所的（　　）。

A. 主管合伙人复核　　B. 项目负责人复核

C. 辅助人员复核　　D. 高级审计师复核

E. 注册会计师复核

5.2.5 简答题

1. 简述审计证据的鉴定过程与审计工作过程的关系。

2. 简述审计工作底稿的基本内容。

3. 简述审计工作底稿的复核。

4. 简述审计工作底稿的保管。

5.3 练习题参考答案

5.3.1 填空题

1. 审计结论　审计意见

2. 审计过程　审计证据

3. 审计证据　受托经济责任

4. 间接证明作用　其他证据

5. 审计证据　审计工作质量

6. 发函　回函

7. 价值　审计结论
8. 来源必须可靠　本身确实可靠
9. 支配力　证明力
10. 成本　经济性
11. 审计证据　审计结论
12. 佐证　解释
13. 当期档案　永久性档案
14. 真实性　相关性
15. 执行审计工作的人员　负责人员

5.3.2　判断题

1. √	2. ×	3. ×	4. √	5. ×
6. √	7. ×	8. ×	9. ×	10. ×
11. √	12. ×	13. √	14. √	15. ×

5.3.3　单项选择题

1. A	2. B	3. D	4. C	5. D
6. C	7. B	8. A	9. B	10. C
11. D	12. D	13. C	14. B	15. A

5.3.4　多项选择题

1. ABC	2. BCDE	3. AE	4. CE	5. ADE
6. ABCDE	7. ABCDE	8. ABCDE	9. ABCDE	10. ABE

5.3.5　简答题

1. **【解答】**审计证据的鉴定贯穿审计工作的始终，从制定审计计划开始到提出审计报告、作出审计结论都有一个审计证据的鉴定问题。在制定审计计划时，审计人员首先应该了解审计目标，明确需要证明哪些事项、要证明这些事项需要什么类型的审计证据、需要多少审计证据，这样才能决定为收集这些审计证据应办理哪些审计手续，采取哪些审计程序。这种鉴定虽然是事前的，但仍然是必不可少的。审计的实施过程就是审计证据的收集和鉴定过程。当审计人员实施一定的审计程序并收集到关于审计事项的所有审计证据后，就应从真实性、重要性、充分性、证明力、可信性和经济性等各方面作出鉴定。鉴定的结果如果未达到上述标准，则应采取补充的审计程序和更改审计技术或扩大审计范围，直到取得具有足够证明力来支持审计结论的审计证据为止。在审计的报告阶段，在对审计证据进行鉴定的基础上，进一步对已收集的所有审计证据进行综合性的鉴定，通过综合鉴定，取得对被审计单位财务报表评价的客观依据。

2.【解答】审计工作底稿的内容包括：有关被审计单位基本情况的调查记录和资料；重要的法律文件、协议和会计记录的摘录和副本；有关被审计单位现行会计制度、财务管理制度等遵守情况的调查记录和分析评价意见；审计工作组织中组织、计划管理和控制情况的记录和资料；同其他审计人员、专家和其他第三者沟通的有关资料副本；向被审计单位提供，或与被审计单位有关人员商讨有关审计事务的信件或记录的副本；审计人员关于重要审计问题得出的结论；形成审计报告所参照的会计资料和审计报告的副本；其他与审计项目相关的记录和资料。

3.【解答】会计师事务所对审计工作底稿的复核，可以分为会计师事务所的主管合伙人或主任会计师、项目负责人和注册会计师三个层次的复核。注册会计师对审计工作底稿的复核，属于技术性复核，通常在每一份审计工作底稿完成后进行。复核的内容包括核实每一重要程序、步骤、数字，了解助理人员是否按规定的程序、步骤进行审计，审计的方法是否正确，作出的判断是否正确，结论表达是否清楚等。项目负责人的复核一般在审计业务接近尾声时实施。复核的内容不仅包括对各个注册会计师编制的审计工作底稿进行综合分析，还要对注册会计师在审计中是否遵守了国家有关规定进行检查。会计师事务所的主管合伙人或主任会计师应对审计工作底稿进行最终复核。复核的内容主要是检查注册会计师是否遵循了会计师事务所内部管理制度，审计过程中是否存在重大遗漏，审计证据与审计结论是否存在不一致等。

4.【解答】审计工作底稿收集有被审计单位一些尚不宜公之于众的信息和机密，这就要求会计师事务所和注册会计师对审计工作底稿必须妥善保管，防止泄密。审计工作底稿的保管分为当期档案和永久性档案两种。前者仅保管与本年度审计有关的文件，后者则要求保管被审计单位的组织机构、人员编制、会计核算程序、内部控制系统、生产经营情况和特点、财务状况等方面的资料。这些资料对以后的审计工作均具有参考价值。审计工作底稿的保管期限应按规定和实际需要而定。

5.4　教材习题参考答案

5.4.1　思考题

1.【解答】收集审计证据的途径有很多，常见的有：(1) 检查；(2) 监盘；(3) 观察；(4) 询问；(5) 函证；(6) 重新计算；(7) 重新执行；(8) 分析程序。

2.【解答】衡量审计证据强弱的标准主要有：(1) 审计证据的真实性；(2) 审计证据的重要性；(3) 审计证据的可信性；(4) 审计证据的充分性、适当性；(5) 审计证据的证明力；(6) 审计证据的经济性。

3.【解答】审计工作底稿的作用有：(1) 有利于组织协调审计工作；(2) 有利于控制审计工作质量；(3) 有利于考核审计工作业绩；(4) 便于编制、佐证和解释审计报告；(5) 便于制定以后各期的审计计划。

4.【解答】会计师事务所对审计工作底稿的复核，可以分为会计师事务所的主任会计师或主管合伙人、项目负责人和注册会计师三个层次的复核。注册会计师对审计工作底稿的复核属于技术性复核，通常在每一份审计工作底稿完成后进行。项目负责人的复核一般在审计业务接近尾声时实施。会计师事务所的主任会计师或主管合伙人应对审计工作底稿进行最终复核。

5.4.2 案例分析题

1.【解答】(1) 购货发票比收料单可靠。这是因为购货发票来自公司以外的机构或人员，而收料单是公司自行编制的。

(2) 销货发票副本比产品出库单可靠。这是因为销货发票是供外部流转的，并获得公司以外的机构或个人的承认，而产品出库单只在公司内部流转。

(3) 领料单比材料成本计算表可靠。这是因为领料单预先连续编号，并且经过公司不同部门人员的审核，而材料成本计算表只在公司的会计部门内部流转。

(4) 工资发放单比工资计算单可靠。这是因为工资发放单需经会计部门以外的工资领取人签字确认，而工资计算单只在会计部门内部流转。

(5) 存货监盘记录比存货盘点表可靠。这是因为存货监盘记录是注册会计师自行编制的，而存货盘点表是公司提供的。

(6) 银行函证回函比银行对账单可靠。这是因为银行函证回函是注册会计师直接获取的，未经公司有关职员之手，而银行对账单经过公司有关职员之手，存在伪造、涂改的可能性。

2.【解答】宏大会计师事务所审计工作底稿复核中存在的问题有：一是审计工作底稿复核的时间不对，一般的复核应在审计的实施阶段。二是复核的人员不对，刘海作为审计人员，自己要收集审计证据、编制审计工作底稿，因而不能作为审计工作底稿的复核人员。三是宏大会计师事务所缺乏三级复核制度。

宏大会计师事务所应建立审计工作底稿的三级复核制度，陈涛应在每一份审计工作底稿完成后进行复核，黄明的复核应在审计业务接近尾声时实施，会计师事务所的主任会计师或主管合伙人还应在出具审计报告前对审计工作底稿进行最终复核。

第 6 章

审计计划、重要性与审计风险

学习目的和要求

通过本章的学习，培养学生树立凡事预则立、抓住主要矛盾、规避风险等理念，坚定统筹发展与风险防控的思想，增强科学发展意识，培育大无畏奋斗精神。

通过本章的学习，应掌握审计计划、重要性和审计风险的基本理论，了解审计计划、重要性和审计风险的内容，为实际审计工作提供指导和依据。

在本章的学习中，要理解审计计划的作用、内容及编制、审核；掌握重要性的定义及适用范围、重要性运用、编制审计计划时对重要性的评估和评价审计结果时对重要性的考虑；要弄清弄懂审计风险的组成要素及其相互关系、评估固有风险应考虑的因素、控制风险的初步评估和检查风险的评估基础等问题。

6.1 复习提要

6.1.1 审计计划

审计人员执行审计业务，应当编制审计计划，对审计工作作出合理安排。

1. 审计计划的作用

(1) 通过制定和实施审计计划，可使审计人员根据具体情况收集充分、适当的审计证据。

(2) 通过制定审计计划，可以保持合理的审计成本，提高审计工作的效率和质量。

(3) 通过制定审计计划，可以避免与被审计单位之间发生误解。

2. 审计计划的内容及编制

(1) 审计计划的内容。审计计划通常分为总体审计策略和具体审计计划两部分。

总体审计策略的基本内容应当包括：

1）确定被审计业务的特征。

2）明确审计业务的报告目标。

3）重要会计问题及重点审计领域。

4）审计工作进度及时间、费用预算。

5）审计小组组成人员及分工。

6）审计重要性的确定及审计风险的评估。

7）对专家、内部审计人员及其他审计人员工作的利用。

8）其他有关内容。

具体审计计划应当包括各具体项目的以下内容：

1）审计目标。

2）审计步骤。

3）执行人及执行时间。

4）审计工作底稿的索引号。

5）其他有关内容。

（2）审计计划的编制。审计计划应由审计项目负责人编制。审计计划应形成书面文件，并在工作底稿中加以记录。

在编制总体审计策略中，时间预算是一项十分重要的内容。

对于具体审计计划，在实际工作中，一般是通过编制审计程序表的方式体现的。

（3）审计计划的审核。编制完成的审计计划应当经会计师事务所的有关业务负责人审核和批准。

对在审核中发现的问题，应及时进行相应的修改、补充、完善，并在工作底稿中加以记载和说明。

（4）审计计划的记录。审计人员应当记录总体审计策略和具体审计计划。

6.1.2 重要性

1. 重要性的定义及适用范围

（1）重要性的定义。重要性取决于在具体环境下对错报金额和性质的判断。如果一项错报单独或连同其他错报可能影响财务报表使用者依据财务报表作出的经济决策，则该项错报是重要的。

（2）重要性的适用范围。审计人员在执行财务报表审计时，应当运用重要性原则。

审计人员在执行其他审计业务时，应当参照重要性原则办理。

2. 重要性的运用

(1) 运用重要性原则的一般要求。

1) 对重要性的评估需要运用专业判断。

2) 审计人员在审计过程中应当运用重要性原则。

3) 审计人员应当合理运用重要性原则。

4) 在审计过程中需要运用重要性原则的情形有两种。

(2) 金额和性质的考虑。审计人员在运用重要性原则时，应当考虑错报的金额和性质。也就是说，重要性具有数量和质量两个方面的特征。

(3) 两个层次重要性的考虑。审计人员在审计过程中必须从两个层次来考虑重要性。

1) 财务报表整体重要性。

2) 账户和交易或披露重要性。

(4) 重要性与审计风险之间的关系。审计人员应当考虑重要性与审计风险之间存在的反向关系。重要性水平越高，审计风险越低；重要性水平越低，审计风险越高。

3. 确定重要性水平

(1) 对重要性评估的总体性要求。包括：

1) 编制审计计划时必须对重要性水平作出初步判断。

2) 初步判断的目的是确定所需审计证据的数量。

3) 重要性水平与审计证据之间呈反向关系。

(2) 对重要性水平作出初步判断时应考虑的因素。包括：

1) 以往的审计经验。

2) 被审计单位的经营规模及业务性质。

3) 内部控制与审计风险评估结果。

4) 财务报表各项目性质及其相互关系。

5) 财务报表各项目的金额及其波动幅度。

(3) 确定财务报表层次重要性水平。确定财务报表层次重要性水平的内容包括：

1) 判断基础和计算方法。

2) 选取财务报表层次重要性水平。

3) 确定财务报表尚未编制完成时的重要性水平。

(4) 确定账户、交易或披露层次重要性水平。账户或交易层次重要性水平的确定方法有：

1) 分配的方法。

2) 不分配的方法。

4. 错报与重要性水平

（1）错报的定义。

（2）累积识别出的错报。

（3）对审计过程识别出错报的考虑。

（4）错报的沟通和更正。

（5）评价未更正错报对重要性的影响。

5. 评价审计结果时对重要性的考虑

（1）评价审计结果时应用的重要性水平。审计人员评价审计结果时应用的重要性水平，可能与编制审计计划时所确定的重要性水平初步判断数不同，如前者大大低于后者，审计人员应当重新评估所执行的审计程序是否充分。

（2）错报的汇总。

（3）汇总数超过重要性水平时的处理。

（4）汇总数接近重要性水平时的处理。

6.1.3 审计风险

所谓审计风险，是指财务报表存在重大错报，而审计人员审计后发表不恰当审计意见的可能性。

1. 审计风险的组成要素及其相互关系

审计风险包括重大错报风险和检查风险。从定量的角度看，审计风险两要素的关系为：

审计风险＝重大错报风险×检查风险

从定性的角度看，重大错报风险与检查风险之间存在反比关系。

2. 评估重大错报风险

评估重大错报风险时，审计人员应着重考虑以下因素：

（1）识别和评估两个层次的重大错报风险。

（2）需要特别考虑的重大错报风险。

（3）仅通过实质性程序无法应对重大错报风险处理的。

（4）对重大错报风险评估的修正。

3. 检查风险的评估基础

审计人员应当对重大错报风险进行综合评估，并据以作为检查风险的评估基础。

4. 检查风险对确定实质性程序性质、时间安排和范围的影响

审计人员实施的实质性程序的性质、时间安排和范围，最终取决于根据重大错报风险水平所确定的可接受的检查风险。

5. 检查风险与审计意见的类型

如果实施有关实质性程序后，审计人员仍认为与某一重要账户或交易类别

的认定有关的检查风险不能降至可接受的水平，那么应当发表保留意见或无法表示意见。

6.2 练习题

6.2.1 填空题

1. 审计计划是审计人员为了完成各项审计业务，达到预期的______，在具体执行______之前编制的工作计划。

2. 审计计划通常可分为______和______。

3. 审计计划应由______编制，经______审核和批准。

4. 时间预算既是合理确定______的依据，又是衡量______、判断审计人员工作效率的依据。

5. 在审计过程中运用重要性原则，一是为了______；二是为了______。

6. 审计人员在运用重要性原则时，应当考虑错报或漏报的______和______。

7. 审计人员应当考虑______和______两个层次的重要性。

8. 重要性水平的计算方法有______和______两种。

9. 在审计风险中，______与被审计单位是否存在错误与舞弊有关，审计人员对此无能为力。

10. 如审计人员认为与某一重要账户或交易类别的认定有关的检查风险不能降至可接受的水平，则应发表______或______。

6.2.2 判断题（正确的划“√”，错误的划“×”）

1. 审计计划制定后，审计人员不得对审计计划进行修订和补充。（ ）

2. 对任何一个审计项目、任何一家会计师事务所而言，不论其业务繁简，也不论其规模大小，审计人员都应制定审计计划。（ ）

3. 审计人员可以与被审计单位有关人员就审计计划进行讨论和协调，共同编制审计计划。（ ）

4. 账户层次的重要性水平就是实质性程序的可容忍误差。（ ）

5. 一般来说，金额大的错报或漏报比金额小的错报或漏报更重要。（ ）

6. 审计人员应当选择各财务报表中最高的重要性水平作为财务报表层次的重要性水平。（ ）

7. 对于出现错报或漏报可能性较大的账户或交易，可以将重要性水平确定得高一些，以节省审计成本。（ ）

8. 审计人员如果想要使发表的审计意见有98%的把握，那么审计风险便为2%。（　　）

9. 重大错报风险的水平越高，审计人员可接受的检查风险水平越高。（　　）

10. 初步评估的重大错报风险水平越低，审计人员就应获取越少的关于内部控制设计和运行有效的证据。（　　）

6.2.3 单项选择题

1. 审计计划通常由审计项目负责人在（　　）。
A. 签订业务约定书之前起草　　B. 外勤审计工作之前起草
C. 了解被审计单位之前起草　　D. 接受客户委托之前起草

2. 编制审计计划，应由（　　）负责。
A. 主任会计师　　B. 会计师事务所所长
C. 审计项目负责人　　D. 会计师事务所业务负责人

3. 编制完成的审计计划应当经会计师事务所的（　　）审核和批准。
A. 部门经理　　B. 所长
C. 审计项目负责人　　D. 主管合伙人

4. 审计人员在运用重要性原则时，应当考虑（　　）的金额和性质。
A. 财务报表　　B. 错报或漏报
C. 账户或交易　　D. 审计收费

5. 如果审计人员确定的重要性水平较低，则（　　）。
A. 审计风险就会增加　　B. 审计风险就会减少
C. 固有风险就会增加　　D. 控制风险就会减少

6. 在审计风险的组成要素中，审计人员能够控制的是（　　）。
A. 重大错报风险　　B. 控制风险
C. 检查风险　　D. 抽样风险

7. 审计人员可接受的审计风险为5%，评估被审计单位的重大错报风险为40%，则检查风险为（　　）。
A. 20%　　B. 70%
C. 95%　　D. 12.5%

8. 不论重大错报风险的评估结果如何，审计人员都应对各重要账户或交易类别进行（　　）。
A. 详细审计　　B. 抽样审计
C. 实质性程序　　D. 控制测试

6.2.4 多项选择题

1. 审计人员编制审计计划的内容包括（　　）。

A. 总体审计策略
B. 审计职能
C. 审计对象
D. 审计作用
E. 具体审计计划

2. 具体审计计划应当包括各具体项目的（　　）。
A. 审计目标
B. 审计对象
C. 审计步骤
D. 执行人及执行时间
E. 审计工作底稿的索引号

3. 在审计过程中，需要运用重要性原则的情形有（　　）。
A. 签订审计业务约定书
B. 商定审计收费
C. 确定审计程序的性质、时间安排和范围
D. 安排审计人员
E. 评价审计结果

4. 审计人员在审计过程中考虑的重要性，包括（　　）。
A. 财务报表层次
B. 凭证层次
C. 账户和交易层次
D. 业务经营层次
E. 财务管理层次

5. 审计人员对重要性水平作出初步判断时，应当考虑（　　）。
A. 有关法规对财务会计的要求
B. 被审计单位的经营规模及业务性质
C. 内部控制与审计风险的评估结果
D. 财务报表各项目性质及相互关系
E. 财务报表各项目的金额及其波动幅度

6. 审计人员应当合理选用重要性水平的判断依据，包括（　　）。
A. 资产总额
B. 净资产
C. 营业收入
D. 净利润
E. 净负债

7. 审计风险的组成要素包括（　　）。
A. 经营风险
B. 重大错报风险
C. 控制风险
D. 检查风险
E. 财务风险

8. 评估被审计单位的重大错报风险时，审计人员应着重考虑（　　）。
A. 行业环境发生变化
B. 重大的关联方交易
C. 会计计量过程复杂
D. 内部控制薄弱
E. 存在未决诉讼和或有负债

6.2.5 简答题

运用重要性原则的一般要求有哪些？

6.3 练习题参考答案

6.3.1 填空题

1. 审计目标　审计程序
2. 总体审计策略　具体审计计划
3. 审计项目负责人　会计师事务所主管合伙人
4. 审计收费　审计工作进度
5. 提高审计效率　保证审计质量
6. 金额　性质
7. 财务报表　账户和交易或披露
8. 固定比率　变动比率
9. 重大错报风险
10. 保留意见　无法表示意见

6.3.2 判断题

1. ×	2. √	3. ×	4. √	5. √
6. ×	7. √	8. √	9. ×	10. ×

6.3.3 单项选择题

1. B	2. C	3. D	4. B	5. A
6. C	7. D	8. C		

6.3.4 多项选择题

1. AE	2. ACDE	3. CE	4. AC	5. ABCDE
6. ABCD	7. BD	8. ABCDE		

6.3.5 简答题

【解答】审计人员运用重要性原则的一般要求有：

（1）对重要性的评估需要运用重要性原则。

（2）审计人员在审计过程中应当运用重要性原则。

（3）审计人员应当合理运用重要性原则。

（4）审计过程中，需要在确定审计程序的性质、时间安排和范围时以及评价审计结论时运用重要性原则。

6.4 教材习题参考答案

6.4.1 思考题

1.【解答】审计计划的作用有：

（1）通过制定和实施审计计划，可使审计人员根据具体情况收集充分、适当的证据；

（2）通过制定审计计划，可以保持合理的审计成本，提高审计工作的效率和质量；

（3）通过制定审计计划，可以避免与被审计单位之间发生误解。

2.【解答】我国审计准则对重要性的定义是："重要性取决于在具体环境下对错报金额和性质的判断。如果一项错报单独或连同其他错报可能影响财务报表使用者依据财务报表作出的经济决策，则该项错报是重要的。"理解这一定义，必须注意以下几点：

（1）重要性概念是针对财务报表而言的；

（2）重要性概念必须从财务报表使用者的角度来考虑；

（3）重要性的判断离不开特定的环境。

3.【解答】重要性与审计风险之间存在反向关系。审计人员应当考虑重要性水平与审计风险之间存在的反向关系：重要性水平越高，审计风险越低；重要性水平越低，审计风险越高。审计人员应当保持应有的职业谨慎，合理确定重要性水平。这可以从三个方面来理解：

（1）审计人员应当考虑重要性与审计风险之间的关系；

（2）重要性水平与审计风险之间呈反向关系；

（3）审计人员应当保持应有的职业谨慎，合理确定重要性水平。

4.【解答】在经营风险导向审计时代，审计风险取决于重大错报风险和检查风险。它们之间的关系可用下列公式表示：

审计风险＝重大错报风险×检查风险

审计人员应当实施审计程序，评估重大错报风险，并根据评估结果设计和实施进一步审计程序，以控制检查风险。

审计人员应当考虑已识别但未更正的单独或累计的错报是否对财务报表整体产生重大影响。在设计审计程序以确定财务报表整体是否存在重大错报时，审计人员应当从财务报表层次以及各类交易、账户余额、列报、认定层次考虑重大错报风险。

检查风险取决于审计程序设计的合理性以及执行的有效性。审计人员应当合理设计审计程序的性质、时间安排和范围，并有效执行审计程序，以控制检查风险。

6.4.2 案例分析题

1. **【解答】**(1) 不恰当。王晶、马英必须了解被审计单位及其环境，同时必须了解被审计单位对诚信道德和价值观念的沟通和落实。

(2) 不恰当。重大错报风险是客观存在的，并不能够降低，王晶、马英应当通过修改计划实施的实质性程序的性质、时间安排和范围，降低检查风险，注册会计师无法降低重大错报风险。

(3) 不恰当。了解被审计单位相关控制设计的合理性并确定其是否已得到执行，是王晶、马英必须实施的程序。

(4) 不恰当。王晶、马英应当向被审计单位在本期存过款的银行发函，包括零账户和已结清的账户。

(5) 不恰当。除非有充分证据表明应收账款对财务报表不重要或王晶、马英认为函证很可能无效的情况，否则注册会计师应当对应收账款实施函证，注册会计师不能由于时间、成本等原因，减少必要的审计程序。

2. **【解答】**张强、赵敏确定的财务报表层次的重要性水平为：

根据营业收入确定的重要性水平＝50 000×1%＝500(万元)

根据总资产确定的重要性水平＝120 000×0.5%＝600(万元)

取两者中较低者作为财务报表层次重要性水平，即500万元。

第 7 章

内部控制及其评价与审计

学习目的和要求

通过本章的学习，培养学生树立“没有规矩，不成方圆”的信念，养成懂规矩、守规矩的职业习惯，形成守规矩、知进退的意识，增强爱岗敬业、诚实守信的责任感，培育懂规矩、守规矩的合格审计人才。

通过本章的学习，应掌握内部控制系统及其内容、内部控制系统的描述以及内部控制系统评价与审计的基本理论和基本方法，为具体审计实务打好基础。

在学习本章的过程中，应理解内部控制系统的含义、内部控制系统的种类和内部控制系统的内容等基本理论；了解和掌握内部控制系统描述的文字表述法、调查表法、流程图法等基本方法；理解并掌握评审内部控制系统的内容和方法；了解和掌握内部控制系统评价的内容、程序和方法；了解和掌握内部控制系统审计的内容、程序和内部控制审计报告及其类型。

7.1 复习提要

7.1.1 内部控制系统

1. 内部控制的发展

内部控制是由企业董事会、监事会、管理层和全体员工实施的，旨在实现控制目标的过程。具体地说，内部控制系统是指一个单位的董事会、监事会、管理层，为了实现其发展战略，提高经营活动效率，确保信息正确可靠，保护财产安全完整，遵循相关法律法规，利用单位内部因分工而产生的相互制约、相互联系的关系，形成一系列具有控制职能的方法、措施、程序，并予以规范化、系统化，使之组成一个严密的较为完整的体系。内部控制系统是为适应生产经营管理的需要而产生的，是现代企业内部管理制度的一个重要组成部分。它经历了六个发展阶段：

（1）内部牵制阶段。

（2）内部控制阶段。

（3）会计控制和管理控制阶段。

（4）内部控制结构阶段。

（5）内部控制整合框架阶段。

（6）内部控制整合框架——风险管理阶段。

（7）内部控制整合框架的发展——新风险管理阶段。

2. 建立内部控制的必要性

建立适当而有效的内部控制不仅是企业科学管理的要求，也是法律法规的要求，更是企业为应对所面临的风险而权衡成本与效益后的选择结果。

（1）科学管理要求。

（2）法律法规要求。

（3）成本-效益原则要求。

3. 内部控制目标和要素

（1）内部控制目标。1949年，美国注册会计师协会审计程序委员会公布的内部控制权威定义中，提出了四大内部控制目标：保护企业财产安全；检查会计信息的准确性与可靠性；提高经营效率；促进企业遵循既定的管理政策。

1992年COSO报告在得到各界普遍认可的内部控制概念中提出的目标有三大类：一是营运目标，与企业资源使用的效率和效果有关，包括绩效和获利目标，以及保障资产的安全，使其免受损失。二是财务报告目标，与编制对外公布的财务报告的可靠性有关，包括防止对外公布的财务报告不实。三是遵循目标，与企业遵循相关法律法规有关，它们受外界因素，如环境保护法等影响。

2008年中国财政部、证监会、审计署、银监会、保监会联合发布了《企业内部控制基本规范》，提出内部控制的目标主要包括：

1）确保企业战略实现。

2）提高运营效果和效率。

3）确保财务报告的可靠性。

4）保护资产的安全、完整。

5）符合相关的法律和法规。

（2）内部控制要素。2008年中国财政部、证监会、审计署、银监会、保监会联合发布了《企业内部控制基本规范》，提出内部控制要素有五大类：

1）内部环境。

2）风险评估。

3）控制活动。

4）信息和沟通。

5）内部监督。

4. 内部控制系统的种类

企业内部控制系统涉及生产经营的各个环节和各个部门，各个环节和部门均可根据自身业务特点和工作范围建立内部控制系统。这些不同的内部控制系统可以按照不同的标准进行科学分类，以有利于加深对内部控制系统的认识。

（1）内部控制系统按要素分类。内部控制系统按要素分类，可以分为控制环境、风险评估、控制活动、信息与沟通以及监控。

（2）内部控制系统按工作范围分类。内部控制系统按工作范围分类，可以分为内部管理控制系统和内部会计控制系统。

1）内部管理控制系统。内部管理控制系统是以提高经营效率、工作效率为目的，用于行政和业务管理方面的方法、措施和程序。

2）内部会计控制系统。内部会计控制系统是以保护财产物资和确保会计资料可靠性为目的，用于会计业务和与之相关的其他业务管理方面的方法、措施和程序。

（3）内部控制系统按建立的目的分类。内部控制系统按建立的目的分类，可以分为保护财产物资的内部控制系统、保证会计资料可靠性和正确性的内部控制系统，以及保证经济活动合法性和效益性的内部控制系统。

1）保护财产物资的内部控制系统。保护财产物资的内部控制系统是以流动资产、固定资产和其他资产为对象，规定购入、验收、入库、保管、使用、维修、计量等职责和权限、手续和程序。

2）保证会计资料可靠性和正确性的内部控制系统。保证会计资料可靠性和正确性的内部控制系统是以会计凭证、会计账簿和财务报表为对象，规定了会计核算的组织形式、方法和程序，保证会计资料及其他信息资料的可靠性和正确性。

3）保证经济活动合法性和效益性的内部控制系统。保证经济活动合法性和效益性的内部控制系统是以经济活动为对象，规定了经济活动必须遵守的规范和程序以及控制经济活动的方法、措施。

（4）内部控制系统按控制方式分类。内部控制系统按控制方式分类，可分为预防性内部控制系统与察觉性内部控制系统。

1）预防性内部控制系统。预防性内部控制系统是指那些目的在于防止差错和舞弊行为的发生而设置的措施和程序。

2）察觉性内部控制系统。察觉性内部控制系统在错弊行为发生后，能够立即自动发出信号，并及时采取纠正或补救的方法、措施和程序。

5. 内部控制内容

（1）合规、合法性控制。建立健全企业内部控制系统必须符合国家法律、财经政策和财经制度的规定，每一项经济业务活动必须控制在合规、合法的范围内。

（2）授权、分权控制。现代企事业单位规模不断扩大，环节日益增多，业务纷繁，企事业单位领导不可能事必躬亲，包揽一切事务。因此，必须将事、权进行合理划分，对下级授权、分权，规定各级人员处理某些事务的权力。在授权、分权范围内，授权者或分权者有权处理有关事务；未经批准和授权，不得处理有关经济业务。

（3）不相容职务控制。建立内部控制系统，必须对某些不相容职务进行分离，分别由两人以上担任，以便相互核对、相互牵制，防止舞弊。所谓不相容职务，指集中于一人办理时，发生差错或舞弊的可能性就会增加的两项或几项职务。

（4）业务程序标准化控制。为了提高工作效率，实行科学管理，现代企业一般将每一项业务活动划分为六个步骤：授权、主办、核准、执行、记录和复核。这种按客观要求建立的标准化业务处理程序，不仅有利于实际业务活动按照事先规定的轨道进行，而且对实际业务活动做到了事前、事中和事后的控制。

（5）复查核对控制。为了保证会计信息的可靠性，规定各项经济业务必须经过复查核对，以免发生差错和舞弊。

（6）人员素质控制。要使内部控制系统的功能按预定的目标正常运行，必须配备与承担的职务相适应的高素质人员。人员素质的控制，除了对人员本身的素质提出较高要求外，还应对人员的选择、使用和培训采取一定的措施和方法，以控制内部控制系统执行人员的素质。

7.1.2 财务报告内部控制

1. 内部控制对财务报告的影响

建立内部控制系统的目标之一就是保证财务报告的可靠性，但保证财务报告的可靠性并不是内部控制系统的全部。一方面，有效的内部控制系统只能合理保证财务报告的可靠性；另一方面，没有内部控制系统的企业财务报告不一定不可靠。一旦财务报告不可靠，企业的内部控制系统就必定失效。

2. 财务报告内部控制含义

根据SEC 2003年6月正式发布的最终规则中的定义，财务报告内部控制是指由公司的首席执行官、首席财务官或者公司行使类似职权的人员设计或监管的，受到公司的董事会、管理层和其他人员影响的，为财务报告的可靠性和满足外部使用者的财务报告编制符合一般公认会计原则提供合理保证的控制程序，具体包括以下控制政策和程序：

(1) 保持详细程度合理的会计记录，准确公允地反映资产的交易和处置情况。

(2) 为下列事项提供合理的保证：公司对发生的交易进行必要的记录，从而使财务报告的编制满足公认会计原则的要求；公司所有的收支活动经过管理层和董事会的合理授权。

(3) 为防止或及时发现公司资产未经授权的取得、使用和处置提供合理保证，这种未经授权的取得、使用和处置资产的行为可能对财务报告产生重要影响。

3. 内部控制要素与财务报告认定的关系

特定的内部控制要素与财务报告认定的关系主要有：

(1) 内部环境与财务报告认定的关系。

(2) 风险评估与财务报告认定的关系。

(3) 控制活动与财务报告认定的关系。

(4) 信息和沟通与财务报告认定的关系。

(5) 内部监督与财务报告认定的关系。

7.1.3 内部控制描述

为了评价被审计单位的内部控制，必须对其内部控制进行了解和描述。内部控制描述的方法通常有三种：文字表述法、调查表法和流程图法。

1. 文字表述法

文字表述法是指审计人员对被审计单位内部控制设计有效性和执行有效性所做的文字叙述。这种文字叙述一般是按不同的循环环节，分别写明各个职务所完成的各种工作、办理业务时所经历的各种手续等，还应阐明各项工作的负责人、经办人员以及由他们编写和记录的文件凭证等。

2. 调查表法

调查表法是将那些与保证会计记录的正确性和可靠性以及与保证财产物资的完整性有密切关系的事项列为调查对象，由审计人员设计成标准化的调查表，并利用表格形式，通过询问来了解内部控制的强弱程度。

采用调查表法，审计人员应根据内部控制的基本原则及其应达到的目的和要求，就企业各经营环节的关键控制点及其主要问题，预先编制一套标准格式的调查表。在调查表中，为每个问题分设“是”“否”“不适用”“备注”四栏。其中，“是”表示肯定；“否”表示否定，还可在“否”一栏中根据内部控制存在问题的轻重程度，再细分“较轻”和“较重”两栏；“不适用”表示该问题不适合被审计单位；“备注”栏用于记录回答问题的资料来源以及对有关问题的说明。

3. 流程图法

流程图法是指用特定的符号和图形，将内部控制中的各种业务处理手续，以及各种文件或凭证的传递流程，用图解的形式直观地表现内部控制设计和运行的实际情况。

流程图一般有纵向流程图和横向流程图两种。

7.1.4 内部控制评价

内部控制评价是指企业董事会或类似权力机构对内部控制的有效性进行全面评价、形成评价结论、出具评价报告的过程。

1. 内部控制评价原则

企业实施内部控制评价应当遵循下列原则：

（1）全面性原则。评价工作应当包括内部控制的设计与运行，涵盖企业及其所属单位的各种业务和事项。

（2）重要性原则。评价工作应当在全面评价的基础上，关注重要业务单位、重大业务事项和高风险领域。

（3）客观性原则。评价工作应当准确地揭示经营管理的风险状况，如实反映内部控制设计与运行的有效性。

企业应当根据《企业内部控制评价指引》，结合内部控制设计与运行的实际情况，制定具体的内部控制评价办法，规定评价的原则、内容、程序、方法和报告形式等，明确相关机构或岗位的职责权限，落实责任制，按照规定的办法、程序和要求，有序开展内部控制评价工作。

2. 内部控制评价内容

企业应当根据《企业内部控制基本规范》、应用指引以及本企业的内部控制制度，围绕内部环境、风险评估、控制活动、信息和沟通、内部监督等要素，确定内部控制评价的具体内容，对内部控制设计与运行情况进行全面评价。

3. 内部控制评价程序

企业内部控制评价程序一般包括：制定评价工作方案、组成评价工作组、实施现场测试、认定控制缺陷、汇总评价结果、编报评价报告等环节。

企业可以授权内部审计部门或专门机构负责内部控制评价的具体组织实施工作。

7.1.5 内部控制审计

企业内部控制审计，是指会计师事务所接受委托，对特定基准日内部控制设计与运行的有效性进行审计。

建立健全和有效实施内部控制，评价内部控制的有效性是企业董事会的责任。按照《企业内部控制审计指引》的要求，在实施审计工作的基础上对内部控制的有效性发表审计意见，是注册会计师的责任。

注册会计师应当对财务报告内部控制的有效性发表审计意见，并对内部控制审计过程中注意到的非财务报告内部控制的重大缺陷，在内部控制审计报告中增加“非财务报告内部控制重大缺陷描述段”予以披露。

1. 内部控制审计程序

注册会计师既可以单独进行内部控制审计，也可将内部控制审计与财务报表审计整合进行，即“整合审计”。在整合审计中，注册会计师应当对内部控制设计与运行的有效性进行测试，以同时实现下列目标：（1）获取充分、适当的证据，支持其在内部控制审计中对内部控制有效性发表的意见。（2）获取充分、适当的证据，支持其在财务报表审计中对控制风险的评估结果。

内部控制审计程序主要包括：

（1）计划审计工作。注册会计师应当恰当地计划内部控制审计工作，配备具有专业胜任能力的项目组，并对助理人员进行适当的督导。

（2）实施审计工作。注册会计师应当按照自上而下的方法实施审计工作。自上而下的方法是注册会计师识别风险、选择拟测试控制的基本思路。注册会计师在实施审计工作时，可以将企业层面控制和业务层面控制的测试结合进行。

（3）评价控制缺陷。内部控制缺陷按其成因分为设计缺陷和运行缺陷，按其影响程度分为重大缺陷、重要缺陷和一般缺陷。

注册会计师应当评价其识别的各项内部控制缺陷的严重程度，以确定这些缺陷单独或组合起来，是否构成重大缺陷。

在确定一项内部控制缺陷或多项内部控制缺陷的组合是否构成重大缺陷时，注册会计师应当评价补偿性控制（替代性控制）的影响。企业执行的补偿性控制应当具有同样的效果。

（4）完成审计工作。注册会计师完成审计工作后，应当取得经企业董事会签署的对内部控制的书面声明。企业如果拒绝提供或以其他不当理由回避书面声明，注册会计师应当将其视为审计范围受到限制，解除业务约定或出具无法表示意见的内部控制审计报告。

注册会计师认为审计委员会和内部审计机构对内部控制的监督无效的，应当就此以书面形式直接与董事会和管理层沟通。书面沟通应当在注册会计师出具内部控制审计报告之前进行。

（5）出具审计报告。注册会计师在完成内部控制审计工作后，应当出具内部控制审计报告。

（6）关注期后事项。对于企业内部控制自我评价基准日并不存在，但在该基准日之后至审计报告日之前内部控制可能发生变化，或出现其他可能对内部控制产生重要影响的因素，注册会计师应当询问是否存在这类变化或影响因素，并获取企业关于这些情况的书面声明。

注册会计师知悉对企业内部控制自我评价基准日内部控制有效性有重大负面影响的期后事项的，应当对财务报告内部控制发表否定意见。

注册会计师不能确定期后事项对内部控制有效性的影响程度的，应当出具无法表示意见的内部控制审计报告。

(7) 记录审计工作。注册会计师应当编制内部控制审计工作底稿，完整记录内部控制审计工作情况。

2. 内部控制审计报告

注册会计师应当对获取的审计证据进行评价，形成对内部控制有效性的意见。注册会计师在完成内部控制审计工作后，应当出具内部控制审计报告。

注册会计师应根据对内部控制有效性的审计结论，出具下列内部控制审计意见之一的审计报告：

(1) 无保留意见。

(2) 带强调事项段的无保留意见。

(3) 否定意见。

(4) 无法表示意见。

在内部控制审计意见中没有保留意见，主要是保留意见的信息含量较低，且与否定意见的区分度不清晰，所以在国际上都没有保留意见的内部控制审计报告。

(1) 无保留意见的内部控制审计报告。符合下列所有条件的，注册会计师应当对财务报告内部控制出具无保留意见的内部控制审计报告：

1) 企业按照《企业内部控制基本规范》《企业内部控制应用指引》《企业内部控制评价指引》以及企业自身内部控制制度的要求，在所有重大方面保持了有效的内部控制。

2) 注册会计师已经按照《企业内部控制审计指引》的要求计划和实施审计工作，在审计过程中未受到限制。

(2) 带强调事项段的无保留意见内部控制审计报告。注册会计师认为财务报告内部控制虽不存在重大缺陷，但仍有一项或者多项重大事项需要提请内部控制审计报告使用者注意的，应当在内部控制审计报告中增加强调事项段予以说明。

注册会计师应当在强调事项段中指明，该段内容仅用于提醒内部控制审计报告使用者关注，并不影响对财务报告内部控制发表的审计意见。

(3) 否定意见内部控制审计报告。注册会计师认为财务报告内部控制存在一项或多项重大缺陷的，除非审计范围受到限制，应当对财务报告内部控制发表否定意见。

(4) 无法表示意见内部控制审计报告。注册会计师审计范围受到限制的，应当解除业务约定或出具无法表示意见的内部控制审计报告，并就审计范围受到限制的情况，以书面形式与董事会进行沟通。

注册会计师在出具无法表示意见的内部控制审计报告时，应当在内部控制审计报告中指明审计范围受到限制，无法对内部控制的有效性发表意见。

7.2 练习题

7.2.1 填空题

1. 内部控制系统的产生和发展，促使审计工作从______发展成为以测试为基础的______。

2. 审计人员进行审计时，首先要审查和评价被审计单位的______，这是______的重要特征。

3. 内部控制系统的健全程度和遵守情况，是审计人员确定其审计工作方法、______、______和程序的依据，构成外部审计所依赖的工作基础。

4. 建立内部控制系统，必须对某些______进行分离，应分别由两人以上担任，便于相互核对、______，防止舞弊。

5. 对人员素质的控制，包括对人员的职务进行______，以增加对某项职务的全面复核，从而达到______。

6. 流程图法是指用特定的符号和图形，将内部控制系统中的各种______，以及各种文件或凭证的______，用图解的形式直观地表现内部控制系统的实际情况。

7. 绘制流程图一般有两种方法：一种是______；另一种是______。

8. 审计人员评审内部控制系统的最终目的在于确定其有效性和风险水平，从而决定对它的______，确定采用抽查还是详查、______的规模和数量。

9. 内部控制的最初目标主要在于防止______和______的发生。

10. 所谓关键控制点，是指未加控制就容易产生______的______。

11. 评审内部控制系统的有效性，可以通过______和______来进行。

12. 对人员素质的控制应包括对人员的职务进行______，以增加对某项职务的______，从而达到控制的目的。

13. 财务报告的产生依赖于______、______的运行，并受到企业内部控制环境的影响。

14. 内部审计负责检查评价内部控制系统______和______的有效性。

15. 内部控制与财务报告可靠性的关系，具体体现在内部控制______与财务报告的______之间的关系。

16. 内部控制评价，是指企业______或类似______对内部控制的有效性进行全面评价、形成评价结论、出具评价报告的过程。

17. 企业可以授权______或______负责内部控制评价的具体组织实施工作。

18. 企业应当以______作为年度内部控制评价报告的基准日，内部控制评价报告应于基准日后______报出。

19. 企业内部控制审计是指______接受委托，对特定基准日内部控制设计与运行的______进行审计。

20. 注册会计师在实施内部控制审计工作时，可以将______控制和______控制的测试结合进行。

7.2.2 判断题（正确的划“√”，错误的划“×”）

1. 现代审计与内部控制系统之间存在密切的联系。（ ）

2. 在企业管理工作中，内部控制系统是一种单独的制度形式，它与各种规章制度并存。（ ）

3. 为了提高工作效率，减少工作环节，会计与出纳应由一人承担。（ ）

4. 定期进行结账、对账，定期进行财产清查、核对账实，定期交换人员工作等，都属于察觉性内部控制系统。（ ）

5. 建立内部控制系统，必须对某些不相容职务进行分离，分别由两人以上担任，以便相互核对、相互牵制，防止舞弊。（ ）

6. 文字表述法几乎适用于任何类型、任何规模的单位，特别适用于内部控制系统不甚健全、内部控制程序比较简单和比较容易描述的小企业。（ ）

7. 在调查表中，“否”表示该项内部控制系统较强。（ ）

8. 在调查表中，“不适用”表示否定该项内部控制系统。（ ）

9. 描述内部控制系统的三种方法是相互排斥的，不能在同一单位使用这三种方法。（ ）

10. 没有内部控制系统的企业财务报告不一定不可靠，但财务报告一旦不可靠，企业的内部控制系统就必定无效。（ ）

11. 企业应当结合内部监督情况，定期对内部控制的有效性进行自我评价，出具内部控制自我评价报告。（ ）

12. 企业内部审计部门应当对内部控制评价报告的真实性负责。（ ）

13. 为企业提供内部控制审计服务的会计师事务所，不得同时为同一企业提供内部控制评价服务。（ ）

14. 企业内部控制审计报告应当与内部控制评价报告同时对外披露或报送。（ ）

15. 注册会计师既可以单独进行内部控制审计，也可将内部控制审计与财务报表审计整合进行，即“整合审计”。（ ）

16. 注册会计师对内部控制审计应当按照自下而上的方法实施审计工作。
（　　）

7.2.3　单项选择题

1. 以内部控制系统评审为基础，属于（　　）。

A. 现代审计　　B. 系统导向审计

C. 内部审计　　D. 管理现代化

2. 当错弊行为发生后，能够立即自动发出信号，并及时采取纠正或补救的方法、措施和程序的，称为内部控制的（　　）。

A. 内部牵制　　B. 预防性

C. 察觉性　　D. 控制性

3. 下列各项业务中，属于不相容职务的是（　　）。

A. 经理和董事长　　B. 采购员与供销科长

C. 保管员与车间主任　　D. 记录日记账和总账的人员

4. 内部控制系统的实施是否有效，关键取决于实施内部控制系统的（　　）。

A. 人员素质　　B. 健全性

C. 经常性　　D. 合规、合法性

5. 针对内部控制系统是否严密、有效，综合考虑各方面的因素提出来的是（　　）。

A. 关键控制点　　B. 问题

C. 不相容职务　　D. 环节

6. 未加控制就容易产生错弊的环节，称为（　　）。

A. 不相容职务　　B. 内部牵制

C. 关键控制点　　D. 内部审计

7. 对被审计单位的内部控制系统进行控制测试，一般采用的是（　　）。

A. 统计抽样法　　B. 概率抽样法

C. 经验抽样法　　D. 判断抽样法

8. 在企业中，应当对内部控制评价报告的真实性负责的机构是（　　）。

A. 董事长　　B. 董事会

C. 总经理　　D. 股东大会

9. 注册会计师应当对财务报告内部控制发表审计意见的重点是（　　）。

A. 有效性　　B. 健全性

C. 可靠性　　D. 科学性

10. 注册会计师认为财务报告内部控制存在一项或多项重大缺陷的，除非审计范围受到限制，应当对财务报告内部控制发表（　　）。

A. 保留意见　　B. 无法表示意见

C. 否定意见　　D. 带强调事项段的无保留意见

7.2.4 多项选择题

1. 内部控制系统按工作范围分类，可以分为（　　）。

A. 内部管理控制系统　　B. 内部经营控制系统

C. 内部生产控制系统　　D. 内部销售控制系统

E. 内部会计控制系统

2. 内部控制系统按建立的目的分类，可以分为（　　）。

A. 保护财产物资的内部控制系统

B. 确保会计资料可靠性的内部控制系统

C. 确保会计资料正确性的内部控制系统

D. 保证经济活动合法性的内部控制系统

E. 保证经济活动效益性的内部控制系统

3. 内部控制系统按控制的方式分类，可以分为（　　）。

A. 干预性内部控制系统　　B. 预防性内部控制系统

C. 察觉性内部控制系统　　D. 实物盘存内部会计系统

E. 账目核对内部控制系统

4. 内部控制系统的内容主要包括（　　）。

A. 合规、合法性控制　　B. 授权、分权控制

C. 不相容职务控制　　D. 业务程序标准化控制

E. 复查核对和人员素质控制

5. 常见的内部控制系统描述方法有（　　）。

A. 观察法　　B. 规划法

C. 文字表述法　　D. 调查表法

E. 流程图法

6. 我国提出内部控制的目标主要包括（　　）。

A. 确保企业战略实现　　B. 提高运营效果和效率

C. 确保财务报告的可靠性　　D. 保护资产的安全、完整

E. 符合相关的法律和法规

7. 我国提出的内部控制要素有（　　）。

A. 内部环境　　B. 风险评估

C. 控制活动　　D. 信息和沟通

E. 内部监督

8. 企业实施内部控制评价，应当遵循的原则有（　　）。

A. 全面性原则　　B. 重要性原则

C. 客观性原则　　D. 真实性原则

E. 科学性原则

9. 对内部控制缺陷进行认定，可按其影响程度分为（　　）。

A. 重大缺陷　　B. 重要缺陷
C. 一般缺陷　　D. 严重缺陷
E. 正常缺陷

10. 注册会计师应根据对内部控制有效性的审计结论，发表的审计意见包括（　　）。

A. 无保留意见　　B. 带强调事项段的无保留意见
C. 保留意见　　D. 否定意见
E. 无法表示意见

7.2.5 简答题

1. 内部控制系统的作用有哪些？
2. 简述文字表述法的优缺点及适用范围。
3. 简述调查表法的优缺点。
4. 简述流程图法的优缺点。

7.3 练习题参考答案

7.3.1 填空题

1. 全面详细审计　系统导向审计
2. 内部控制系统　现代审计
3. 抽查重点　审计范围
4. 不相容职务　相互牵制
5. 定期轮换　控制的目的
6. 业务处理程序　传递流程
7. 横向流程图　纵向流程图
8. 信赖程度　抽取样本
9. 欺诈　舞弊
10. 错弊　业务环节
11. 控制测试　实质性程序
12. 定期轮换　全面复核
13. 会计核算系统　日常控制机制
14. 设计　执行

15. 五要素　五大认定
16. 董事会　权力机构
17. 内部审计部门　专门机构
18. 12月31日　4个月内
19. 会计师事务所　有效性
20. 企业层面　业务层面

7.3.2 判断题

1. √	2. ×	3. ×	4. √	5. √
6. √	7. ×	8. ×	9. ×	10. √
11. √	12. ×	13. √	14. √	15. √
16. ×				

7.3.3 单项选择题

1. B	2. C	3. D	4. A	5. B
6. C	7. A	8. B	9. A	10. C

7.3.4 多项选择题

1. AE	2. ABCDE	3. BC	4. ABCDE	5. CDE
6. ABCDE	7. ABCDE	8. ABC	9. ABC	10. ABDE

7.3.5 简答题

1. **【解答】**建立内部控制系统的作用在于保护企业各项财产物资等经济资源的安全完整，保证经济合理地利用经济资源，杜绝挪用、盗窃、毁损、浪费现象；保证及时地为企业经营管理工作和其他方面提供准确、可靠的经济信息，尤其是会计信息；保证企业内部各工作部门、各工作岗位之间紧密配合、相互促进，使企业的各项经济活动能高速、协调地进行，杜绝各种脱节、推诿、窝工现象；确保企业的各项经济活动始终遵循既定的经营方针，实现企业各个时期的经营目标。另外，内部控制系统的健全程度和遵守情况，是审计人员确定其工作方法、抽查重点、审计范围和程序的重要依据，构成外部审计所依赖的工作基础。

2. **【解答】**文字表述法的优点是比较灵活，可对被审计单位内部控制的各个环节作出比较深入和具体的描述，不受任何限制。但文字表述法也有其缺点：对内部控制系统的描述，有时很难用简明易懂的语言来详细说明各个细节，因而有时使文字表述显得比较冗赘，不利于为有效地进行内部控制评价提供直接的依据。文字表述法几乎适用于任何类型、任何规模的单位，特别适用于内部控制系统不够健全、内部控制程序比较简单和比较容易描述的小企业。

3.【解答】调查表法的最大优点：

（1）简便易行，即使没有较深入的专业知识和较高专业技能的人员也能操作。

（2）能对所调查的对象提供一个概括说明，有利于审计人员作进一步的分析评价。

（3）编制调查表省时省力，可在审计项目初期就较快地编制完成，减少审计人员的工作量。

（4）调查表"否"栏集中反映内部控制系统存在的问题，能引起审计人员的高度重视。

调查表法也存在一定的缺陷，表现在：对被审计单位某一环节的内部控制只能按所提问题分别考察，往往难以提供完整、系统、全面的分析评价；由于调查表格式固定，缺乏弹性，对于不同行业的被审计单位或是特殊情况，往往"不适用"栏填得太多，而使调查表法显得不太适用。此外，调查人员机械地照表提问，往往会使被调查人员漫不经心，流于形式，失去调查表的意义。

4.【解答】用流程图法描述内部控制系统，其主要优点有：流程图从整体的角度，以简明的形式描绘内部控制的实际情况，便于较快地检查出内部控制逻辑上的薄弱环节，也便于评价；流程图便于表达内部控制的特征，同时便于修改，在下次评价时，只要根据修改后的内部控制实际情况，稍微变动几根线条、几个符号，就能更新整个流程图。

流程图法也有其不足之处：编制流程图需具备较娴熟的技术和较丰富的工作经验，颇费时间；流程图法不能将内部控制中的控制缺陷明显地标示出来，故评价时往往需要与其他两种方法结合使用。

7.4 教材习题参考答案

7.4.1 思考题

1.【解答】2008年中国财政部、证监会、审计署、银监会、保监会联合发布了《企业内部控制基本规范》，提出内部控制的目标主要包括：

（1）确保企业战略实现。

（2）提高运营效果和效率。

（3）确保财务报告的可靠性。

（4）保护资产的安全、完整。

（5）符合相关的法律和法规。

2.**【解答】**2008年中国财政部、证监会、审计署、银监会、保监会联合发布了《企业内部控制基本规范》，提出内部控制要素有五大类：

（1）内部环境。

（2）风险评估。

（3）控制活动。

（4）信息和沟通。

（5）内部监督。

3.**【解答】**为了评价被审计单位的内部控制系统，必须对其内部控制系统进行了解和描述。内部控制系统的描述方法通常有三种：文字表述法、调查表法和流程图法。

4.**【解答】**企业内部控制的评价原则主要包括：

（1）全面性原则。评价工作应当包括内部控制的设计与运行，涵盖企业及其所属单位的各种业务和事项。

（2）重要性原则。评价工作应当在全面评价的基础上，关注重要业务单位、重大业务事项和高风险领域。

（3）客观性原则。评价工作应当准确地揭示经营管理的风险状况，如实反映内部控制设计与运行的有效性。

企业应当根据《企业内部控制评价指引》，结合内部控制设计与运行的实际情况，制定具体的内部控制评价办法，规定评价的原则、内容、程序、方法和报告形式等，明确相关机构或岗位的职责权限，落实责任制，按照规定的办法、程序和要求，有序开展内部控制评价工作。

5.**【解答】**内部控制审计程序主要包括：

（1）计划审计工作。注册会计师应当恰当地计划内部控制审计工作，配备具有专业胜任能力的项目组，并对助理人员进行适当的督导。

（2）实施审计工作。注册会计师应当按照自上而下的方法实施审计工作。注册会计师在实施审计工作时，可以将企业层面控制和业务层面控制的测试结合进行。

（3）评价控制缺陷。内部控制缺陷按其成因分为设计缺陷和运行缺陷，按其影响程度分为重大缺陷、重要缺陷和一般缺陷。在确定一项内部控制缺陷或多项内部控制缺陷的组合是否构成重大缺陷时，注册会计师应当评价补偿性控制（替代性控制）的影响。

（4）完成审计工作。注册会计师完成审计工作后，应当取得经企业董事会签署的对内部控制的书面声明。注册会计师认为审计委员会和内部审计机构对内部控制的监督无效的，应当就此以书面形式直接与董事会和管理层沟通。

（5）出具审计报告。注册会计师在完成内部控制审计工作后，应当出具内部控制审计报告。

（6）关注期后事项。对于企业内部控制自我评价基准日并不存在，但在该基准日之后至审计报告日之前内部控制可能发生变化，或出现其他可能对内部控制产生重要影响的因素，注册会计师应当询问是否存在这类变化或影响因素，并获取企业关于这些情况的书面声明。

（7）记录审计工作。注册会计师应当编制内部控制审计工作底稿，完整记录内部控制审计工作情况。

7.4.2 案例分析题

1.【解答】A：（1）（5）（6）；B：（2）（3）；C：（4）（7）。

2.【解答】E公司内部控制主要存在如下缺陷：

（1）对重大投资项目没有实行集体审议联签。

（2）对重大投资项目没有进行可行性研究。

（3）投资部门在没有经过必要的审批程序的情况下仍购入该信托产品，且财会部门在事先知道没有签订投资合同的情况下就支付购买款项，工作失职。

F公司内部控制主要存在如下缺陷：

（1）由同一个部门或个人办理销售与收款业务的全过程。

（2）疏于对境外公司销售收款的控制，致使销售收入不及时入账或不入账，形成账外账。

（3）没有严格实行定期与客户核对往来款项，造成价款非法转移。

G公司内部控制主要存在如下缺陷：

（1）人员任命没有履行必要的组织程序，人力资源政策存在漏洞，内部环境有待完善。

（2）重大对外投资尤其是境外筹资没有进行风险评估，也没有履行严格的报批程序和集体决策审批或联签程序。

（3）没有严格遵守工程项目质量控制制度。

（4）没有建立必要的危机公关制度。

东方红股份有限公司总经理蒋某的发言有如下不当之处：

（1）搞内部控制可以不惜成本的说法有不当之处，公司建立与实施内部控制应当坚持成本与效益原则。

（2）声明对公司建立与有效实施内部控制负责有不当之处，公司董事会应负责内部控制的建立健全与有效实施。

（3）公司内部控制属于风险管理的组成部分的观点有不当之处，公司内部控制与风险管理融为一体，不存在风险管理涵括内部控制的问题。

东方红股份有限公司总会计师李某的发言有如下不当之处：

（1）领导小组由总经理任组长有不当之处，应由董事长任组长。

（2）内部控制办公室设在财务部有不当之处，应单设并涵盖相关部门。

（3）财务部对内部控制设计的有效性负责、审计部对内部控制运行的有效性负责有不当之处，公司内部控制设计和运行的有效性由董事会负责。

3.【解答】

（1）董事长孙某：①“内部控制制度要绝对保证资产安全、经济效率提高、经营合法合规”的说法是不合理的。

理由：内部控制有其固有局限性，只能是合理保证上述目标，而不是绝对保证。

②“文化建设带不来明显的效益，所以不需要在这方面浪费人力物力”不恰当。

理由：企业文化控制属于内部控制制度建设的重要组成部分，可以增强员工对企业的信心和认同感，形成整体团队的向心力，促进企业长远发展。

（2）总经理张某：“销售环节的控制可以减少”不恰当。

理由：销售环节控制减少，可能导致后期的坏账增加，使企业遭受欺诈。

（3）总会计师陈某：“不应当考虑控制成本”不恰当。

理由：建立内部控制制度应当考虑成本效益原则。

（4）人力资源副总经理刘某：“低端人才可不进行培训”不恰当。

理由：企业应当建立完整的人力资源内部控制，明确人力资源的培训计划，促进全体员工的知识、技能持续创新，不得歧视低端人才。

（5）内部控制总监范某：①“总经理应当每年组织一次对内部控制有效性的评价”不恰当。

理由：应当是董事会或类似权力机构对内部控制的有效性进行评价。

②“评价报告主要是对内部控制设计的有效性进行评价”不恰当。

理由：评价报告是对内部控制有效性的评价，应当包括内部控制设计的有效性和内部控制运行的有效性。

③“内部控制评价不应当考虑全面性”不恰当。

理由：内部控制评价应当在遵循全面性原则的基础上，确定需要评价的重要业务单位、重大业务事项和高风险领域。

④“非财务报告内部控制缺陷不影响对内部控制是否有效的评价”不恰当。

理由：内部控制是否有效的评价，针对的是整个企业，包含财务报告的内部控制和非财务报告的内部控制。非财务报告内部控制缺陷达到了重要程度，同样不能认定该企业的内部控制是有效的。

⑤“评价报告经总经理最终审定后对外披露”不恰当。

理由：董事会或类似权力机构定期对内部控制有效性的评价，评价报告应当由董事会最终审定后对外披露或以其他形式加以合理利用。

⑥“年度内部控制评价报告以11月30日为基准日”不恰当。

理由：年度内部控制评价报告属于定期报告，应当以12月31日为基准日，不得推迟或提前。

⑦“评价工作组成员应当主要来自内部审计部门、管理层”不恰当。

理由：评价工作组成员应当吸收企业内部相关机构熟悉内部控制情况的业务骨干参加，且主要挑选具备独立性、业务胜任能力和职业道德素养的评价人员。

(6) 董事长孙某：“由董事会定期组织有经验的管理层人员对内部控制进行审计，并对内部控制的有效性发表审计意见”不恰当。

理由：内部控制审计是注册会计师接受委托实施的，对内部控制的有效性发表审计意见是注册会计师的责任。

4. **【解答】**大象糖业内部控制审计报告对大象糖业内部控制评价报告的影响有：大象糖业对内部控制评价的结论不应是设计与运行有效。可以描述为：公司已经根据基本规范、评价指引及其他相关法律法规的要求，对公司截至2022年12月31日的内部控制设计与运行的有效性进行了自我评价。结合日常监督和会计师事务所的审计情况，在内部控制评价过程中，发现公司存在成本核算不够准确的问题。该缺陷严重影响了2022年度财务报表的表达和披露。

大象糖业内部控制审计报告对大象糖业财务报告审计报告的影响有：正常情况下，会计师事务所对大象糖业财务报告审计报告不应发表无保留审计意见。因为大象糖业内部控制存在重大缺陷，特别是成本核算不规范，必然导致财务报告的重大错报。审计人员可以通过实施审计程序，要求大象糖业对财务报告进行调整，但这种调整是基于审计人员发现的重大错报，对于未发现的重大错报无法提出调整建议，因而难以确定大象糖业财务报告是合法、公允的。

第 8 章

了解被审计单位及其风险评估与应对

学习目的和要求

通过本章的学习，培养学生树立全面、系统分析问题和解决问题的思想，敬畏风险和谨慎应对风险，增强全面风险管理观念，培育积极应对和处理风险的主动作为意识。

通过本章的学习，应掌握风险识别与评估的基本理论，并掌握了解被审计单位及其环境、识别重大错报风险、应对重大错报风险的内容和方法，为实际审计工作提供指导和依据。

在本章的学习中，要理解风险评估的作用；掌握了解被审计单位及其环境的具体方法及重大错报风险识别的具体措施和审计程序、应对重大错报风险的具体方法和审计程序等问题。

8.1 复习提要

风险导向审计明确了审计工作以评估财务报表重大错报风险为起点和导向，将审计业务流程分为了解被审计单位及其环境（包括风险评估与应当程序）、评估重大错报风险和应对重大错报风险。

8.1.1 了解被审计单位及其环境

注册会计师应当从下列方面了解被审计单位及其环境：被审计单位相关行业状况及法律环境和监管环境，被审计单位的性质，被审计单位对会计政策的选择和运用，被审计单位的目标、战略以及可能导致重大错报风险的相关经营风险，对被审计单位财务业绩的衡量，以及评价被审计单位的内部控制。

1. 被审计单位行业状况及相关环境

（1）行业状况。了解行业状况有助于注册会计师识别与被审计单位所处行业有关的重大错报风险。注册会计师应当了解被审计单位的行业状况，主要包括：

1）所处行业的市场与竞争，包括市场需求、生产能力和价格竞争；

2）生产经营的季节性和周期性；

3）与被审计单位产品相关的生产技术；

4）能源供应与成本；

5）行业的关键指标和统计数据。

（2）法律环境与监管环境。了解法律环境与监管环境是因为某些法律法规或监管要求可能对被审计单位经营活动有重大影响，如不遵守将导致停业等严重后果；某些法律法规或监管要求（如环保法规等）规定了被审计单位某些方面的责任和义务；某些法律法规或监管要求决定了被审计单位需要遵循的行业惯例和核算要求。

（3）其他外部因素。注册会计师应当了解影响被审计单位经营的其他外部因素，主要包括总体经济情况、利率、融资的可获得性、通货膨胀水平或币值变动等。

2. 被审计单位的性质

（1）所有权结构。对被审计单位所有权结构的了解有助于注册会计师识别关联方关系并了解被审计单位的决策过程。注册会计师应当了解所有权结构以及所有者与其他人员或实体之间的关系，考虑关联方关系是否已经得到识别，以及关联方交易是否得到恰当核算。

（2）治理结构。良好的治理结构可以对被审计单位的经营和财务运作实施有效的监督，从而降低财务报表发生重大错报的风险。注册会计师应当了解被审计单位股东大会的运作情况；董事会的构成情况、董事会中是否有独立董事；治理结构中是否设有审计委员会或监事会及其运作情况。

（3）组织结构。复杂的组织结构可能导致某些特定的重大错报风险。注册会计师应当了解被审计单位的组织结构。复杂组织结构可能导致的重大错报风险包括财务报表合并、商誉减值以及长期股权投资核算等问题。

（4）经营活动。了解被审计单位经营活动有助于注册会计师识别预计在财务报表中反映的主要交易类别、重要账户余额和列报。注册会计师应当了解被审计单位的经营活动。

（5）投资活动。了解被审计单位投资活动有助于注册会计师关注被审计单位经营策略和方向的重大变化。注册会计师应当了解被审计单位的投资活动。

（6）筹资活动。了解被审计单位筹资活动有助于注册会计师评估被审计单位在融资方面的压力，并进一步考虑被审计单位在可预见未来的持续经营能力。

3. 被审计单位对会计政策的选择与运用

（1）重大和异常交易的会计处理方法。注册会计师应关注本期发生的企业合并的会计处理方法。注册会计师应当考虑对重大的和不经常发生的交易的会计处理方法是否适当。

（2）在缺乏权威性标准或共识、有争议的或新兴领域采用重要会计政策产生的影响。在缺乏权威性标准和共识的领域，注册会计师应当关注被审计单位选用了哪些会计政策，为什么选用这些会计政策，以及选用这些会计政策产生的影响。

（3）会计政策的变更。如果被审计单位变更了重要的会计政策，注册会计师应当考虑变更的原因及其适当性。

（4）新颁布的会计准则、法律法规。当新的企业会计准则颁布施行时，注册会计师需考虑被审计单位是否应采用新颁布的会计准则。如果采用，是否已按照新会计准则的要求做好衔接调整工作，并收集执行新会计准则需要的信息资料。

（5）财务报告。注册会计师应当考虑，被审计单位财务报告是否按照适用的会计准则和相关会计制度的规定恰当地进行了列报，并披露了重要事项。

4. 被审计单位的目标、战略以及相关经营风险

（1）目标、战略与经营风险。企业董事会和管理层一般会根据企业经营面临的外部环境和内部各种因素，制定合理可行的经营目标。战略是董事会为实现经营目标采用的方法，为了实现某一既定的经营目标，企业可能有多个可行战略。随着外部环境的变化，企业应对目标和战略作出相应的调整。

不能随环境的变化而作出相应的调整固然可能产生经营风险，但是调整的过程也可能导致经营风险。

（2）经营风险对重大错报风险的影响。经营风险与财务报表重大错报风险是既有联系又相互区别的两个概念。注册会计师了解被审计单位的经营风险有助于其识别财务报表重大错报风险。但并非所有的经营风险都与财务报表相关，注册会计师没有责任识别或评估对财务报表没有重大影响的经营风险。

5. 被审计单位财务业绩的衡量和评价

被审计单位董事会和管理层经常会衡量和评价关键业绩指标（包括财务的和非财务的）、预算及差异分析，分部信息和分支机构、部门或其他层次的业绩报告，以及与竞争对手的业绩比较。此外，外部机构也会衡量和评价审计单位的财务业绩。

（1）了解的主要业绩信息。在了解被审计单位财务业绩衡量和评价情况时，注册会计师应当关注下列信息：关键业绩指标（财务的或非财务的）、关键比

率、趋势和经营统计数据；同期财务业绩比较分析；预算、预测、差异分析，分部信息与分部、部门或其他不同层次的业绩报告；员工业绩考核与激励性报酬政策；被审计单位与竞争对手的业绩比较。

（2）关注内部财务业绩衡量的信息。内部财务业绩衡量可能显示未预期到的结果或趋势。注册会计师应当关注被审计单位内部财务业绩衡量所显示的未预期到的结果或趋势、董事会和管理层的调查结果与纠正措施，以及相关信息是否显示财务报表可能存在重大错报。

（3）考虑财务业绩衡量指标的可靠性。如果拟利用被审计单位内部信息系统生成的财务业绩衡量指标，注册会计师应当考虑相关信息是否可靠，以及利用这些信息是否足以实现审计目标。

8.1.2　评估重大错报风险

在风险导向审计模式下，注册会计师以重大错报风险的识别、评估和应对为审计工作的主线，最终将审计风险控制在可接受的水平。风险的评估是审计风险控制流程的起点，是注册会计师通过实施风险评估程序，评估财务报表层次和认定层次的重大错报风险。风险评估是对重大错报发生的可能性和后果严重程度进行的评估。

1. 风险评估的作用

注册会计师应当了解被审计单位及其环境，以充分识别和评估财务报表重大错报风险，设计和实施进一步审计程序。了解被审计单位及其环境是风险评估的必要程序。

风险评估为注册会计师在下列关键环节作出职业判断发挥作用：

（1）确定重要性水平，并随审计工作的进程评估对重要性水平的判断是否仍然适当；

（2）考虑会计政策的选择和运用是否恰当，以及财务报表的列报是否恰当；

（3）识别需要特别考虑的领域，包括关联方交易、管理层运用持续经营假设的合理性，或交易是否具有合理的商业目的等；

（4）确定在实施分析程序时所使用的预期值；

（5）设计和实施进一步审计程序，以将审计风险降至可接受的水平；

（6）评价所获取审计证据的充分性和适当性。

2. 评估重大错报风险的程序和内容

评估重大错报风险是风险评估阶段的最后一个步骤，将作为确定进一步审计程序的性质、时间安排和范围的基础，以应对识别的重大错报风险。

（1）评估重大错报风险的审计程序。

1）在了解被审计单位及其环境的整个过程中，结合对财务报表中各类交易、账户余额和披露的考虑，识别错报风险。

2）结合对拟测试的相关控制的考虑，将识别出的风险与认定层次可能发生错报的领域相联系。

3）评估识别出的错报风险，并评价其是否能更广泛地与财务报表整体相关，进而潜在地影响多项认定。

4）考虑发生错报的可能性（包括发生多项错报的可能性），以及潜在错报的重大程度是否足以导致重大错报。

（2）评估两个层次的重大错报风险。在对重大错报风险进行识别和评估后，注册会计师应当确定，识别的重大错报风险是与特定的某项交易、账户余额和披露的认定相关，还是与财务报表整体广泛相关，进而影响多项认定。

（3）控制环境对评估财务报表层次重大错报风险的影响。财务报表层次的重大错报风险很可能源于薄弱的控制环境。薄弱的控制环境带来的风险可能对财务报表产生广泛影响，难以仅限于某类交易、账户余额和披露。注册会计师应当采取总体应对措施。

（4）需要考虑的特别风险。特别风险是指注册会计师识别和评估的、根据判断认为需要特别考虑的重大错报风险。

（5）非常规交易和判断事项导致的特别风险。日常的、不复杂的、经正规处理的交易不太可能产生特别风险。特别风险通常与重大的非常规交易和判断事项有关。

（6）对风险评估的修正。注册会计师对认定层次重大错报风险的评估，可能随着审计过程中不断获取审计证据而作出相应的变化。

8.1.3 应对重大错报风险

注册会计师应当针对评估的重大错报风险实施审计程序，即针对评估的财务报表层次重大错报风险确定总体应对措施，针对评估的认定层次重大错报风险设计和实施进一步审计程序，以将审计风险降至可接受的水平。

1. 应对财务报表层次重大错报风险的措施

在财务报表重大错报风险的评估过程中，注册会计师应当确定识别的重大错报风险是与特定的某类交易、账户余额和披露的认定相关，还是与财务报表整体广泛相关，进而影响多项认定。如果是后者，则属于财务报表层次的重大错报风险。

注册会计师应当针对评估的财务报表层次重大错报风险，确定下列总体应对措施：

（1）向审计项目组强调保持职业怀疑的必要性；

（2）指派更有经验或具有特殊技能的审计人员，或利用专家的工作；

（3）提供更多的督导；

（4）在选择拟实施的进一步审计程序时融入更多的不可预见的因素。

2. 应对认定层次重大错报风险的措施

针对被审计单位认定层次重大错报风险，注册会计师应实施进一步审计程序。注册会计师应当针对评估的认定层次重大错报风险设计和实施进一步审计程序，包括审计程序的性质、时间安排和范围。注册会计师设计和实施的进一步审计程序的性质、时间安排和范围，应当与评估的认定层次重大错报风险具备明确的对应关系。

在设计进一步审计程序时，注册会计师应当考虑下列因素：

(1) 风险的重大性。风险的重大性是指风险造成的后果的严重程度。风险的后果越严重，越需要注册会计师关注和重视，越需要精心设计有针对性的进一步审计程序。

(2) 重大错报发生的可能性。重大错报发生的可能性越大，越需要注册会计师精心设计进一步审计程序。

(3) 涉及的各类交易、账户余额和披露的特征。不同的交易、账户余额和披露，产生的认定层次的重大错报风险也会存在差异，适用的审计程序也有差别，需要注册会计师区别对待，并设计有针对性的进一步审计程序予以应对。

(4) 被审计单位采用的特定控制的性质。不同性质的控制（人工控制或自动化控制）对注册会计师设计进一步审计程序具有重要影响。

(5) 注册会计师是否拟获取审计证据，以确定内部控制在防止或发现并纠正重大错报方面的有效性。

注册会计师应当根据对认定层次重大错报风险的评估结果，恰当选用实质性方案或综合性方案。通常情况下，注册会计师出于成本效益的考虑，可以采用综合性方案设计进一步审计程序，即将测试控制的有效性与实质性程序结合使用。

(1) 进一步审计程序的性质。进一步审计程序的性质是指进一步审计程序的目的和类型。其中，进一步审计程序的目的包括通过实施控制测试确定内部控制运行的有效性，通过实施实质性程序发现认定层次的重大错报；进一步审计程序的类型包括检查、观察、询问、函证、重新计算、重新执行和分析程序。

(2) 进一步审计程序的时间。进一步审计程序的时间是指注册会计师何时实施进一步审计程序，或审计证据适用的期间或时点。因此，当提及进一步审计程序的时间时，在某些情况下指的是审计程序的实施时间，在另一些情况下是指需要获取的审计证据适用的期间或时点。

(3) 进一步审计程序的范围。进一步审计程序的范围是指注册会计师实施进一步审计程序的数量，包括抽取的样本量、对某项控制活动的观察次数等。

8.2 练习题

8.2.1 填空题

1. 风险导向审计明确了审计工作以评估财务报表重大错报风险为______和______。

2. 注册会计师应当了解被审计单位所处的______环境与______环境。

3. 对被审计单位所有权结构的了解有助于注册会计师识别______并了解被审计单位的______。

4. 在风险导向审计模式下，注册会计师以重大错报风险的______、评估和______为审计工作的主线。

5. 了解被审计单位及其环境是______和______地收集、更新与分析信息的过程，贯穿于整个审计过程的始终。

6. 评估重大错报风险将作为确定进一步审计程序的______、______安排和范围的基础，以应对识别的重大错报风险。

7. 注册会计师应当确定识别的重大错报风险是与特定的某类交易、______和披露的认定相关，还是与______整体广泛相关。

8. 有效的控制环境，可以使注册会计师增强对______和被审计单位内部产生的证据的______。

9. 注册会计师应当根据对认定层次重大错报风险的评估结果，恰当选用______方案或______方案。

10. 进一步审计程序的时间是指注册会计师何时实施进一步审计程序，或审计证据适用的______或______。

8.2.2 判断题（正确的划“√”，错误的划“×”）

1. 了解行业状况有助于注册会计师识别与被审计单位所处行业有关的重大错报风险。 （ ）

2. 被审计单位复杂的组织结构可能导致某些特定的重大错报风险。 （ ）

3. 如果被审计单位变更了重要的会计政策，注册会计师应当考虑变更的原因及其适当性。 （ ）

4. 被审计单位随环境的变化而作出相应的战略调整不会产生经营风险。 （ ）

5. 经营风险与财务报表重大错报风险是既有联系又不相区别的两个概念。 （ ）

6. 风险评估是对重大错报发生的可能性和后果严重程度进行的评估。（　）

7. 注册会计师应当根据风险评价结果，确定实施进一步审计程序的性质、时间安排和范围。（　）

8. 注册会计师对认定层次重大错报风险的评估，可能随着审计过程中不断获取审计证据而作出相应的变化。（　）

9. 注册会计师应当针对评估的财务报表层次重大错报风险，确定总体应对措施。（　）

10. 注册会计师对认定层次重大错报风险的评估为确定进一步审计程序的具体审计方案奠定了基础。（　）

8.2.3　单项选择题

1. 中国注册会计师实施和国际审计与鉴证准则接轨的执业准则体系的时间是（　）。

A. 2007 年　　B. 1979 年

C. 2012 年　　D. 2016 年

2. 良好的治理结构可以对被审计单位的经营和财务运作实施（　）。

A. 有效的控制　　B. 有效的监督

C. 有效的管理　　D. 有效的指导

3. 了解被审计单位投资活动有助于注册会计师关注被审计单位经营策略和方向的（　）。

A. 正确性　　B. 合理性

C. 重大变化　　D. 审核和批准

4. 注册会计师应当了解被审计单位及其环境，以充分识别和评估财务报表重大错报风险，设计和实施（　）。

A. 控制测试　　B. 实质性程序

C. 账户或交易测试程序　　D. 进一步审计程序

5. 财务报表层次的重大错报风险很可能源于薄弱的（　）。

A. 控制环境　　B. 控制措施

C. 固有风险　　D. 控制方式

6. 控制环境存在缺陷通常会削弱其他控制要素的作用，导致注册会计师主要依赖实施实质性程序获取（　）。

A. 审计证据　　B. 错报金额

C. 控制措施　　D. 风险水平

7. 注册会计师对认定层次重大错报风险的评估确定了进一步审计程序的（　）。

A. 实质性程序方案　　B. 总体审计方案
C. 控制测试方案　　D. 具体审计方案

8. 重大错报风险越高，注册会计师应当考虑扩大（　　）。
A. 实质性程序范围　　B. 控制测试范围
C. 评估测试范围　　D. 审计程序的范围

8.2.4 多项选择题

1. 风险导向审计明确了审计工作以评估财务报表重大错报风险为起点和导向，将审计业务流程分为（　　）。
A. 风险评估及应对程序　　B. 控制测试
C. 实质性程序　　D. 内部控制评估
E. 账户余额测试

2. 风险评估是注册会计师通过实施风险评估程序，评估（　　）。
A. 认定层次重大错报风险　　B. 账户余额重大错报风险
C. 交易层次重大错报风险　　D. 财务报表层次重大错报风险
E. 披露层次

3. 注册会计师应当根据风险评价结果，确定实施进一步审计程序的（　　）。
A. 性质　　B. 时间安排
C. 人员　　D. 范围
E. 步骤

4. 薄弱的控制环境带来的风险可能对财务报表产生广泛影响，难以仅限于某类（　　）。
A. 报表项目　　B. 披露
C. 业务循环　　D. 账户余额
E. 交易

5. 注册会计师应当针对评估的重大错报风险实施应对措施，包括（　　）。
A. 财务报表层次　　B. 业务交易层次
C. 认定层次　　D. 账户余额层次
E. 披露层次

6. 注册会计师出于成本效益的考虑，可以采用综合性方案设计进一步审计程序，包括考虑进一步审计程序的（　　）。
A. 性质　　B. 数据
C. 时间安排　　D. 质量
E. 范围

8.2.5 简答题

1. 评估重大错报风险包括哪些内容？

2. 应对重大错报风险的程序有哪些?

8.3 练习题参考答案

8.3.1 填空题

1. 起点　导向
2. 法律　监管
3. 关联方关系　决策过程
4. 识别　应对
5. 连续　动态
6. 性质　时间
7. 账户余额　财务报表
8. 内部控制　信赖程度
9. 实质性　综合性
10. 期间　时点

8.3.2 判断题

1. √	2. √	3. √	4. ×	5. ×
6. √	7. √	8. √	9. √	10. ×

8.3.3 单项选择题

1. A	2. B	3. C	4. D	5. A
6. A	7. B	8. D		

8.3.4 多项选择题

1. ABC	2. AD	3. ABD	4. BDE	5. AC
6. ACE				

8.3.5 简答题

1. **【解答】**在风险导向审计模式下，注册会计师以重大错报风险的识别、评估和应对为审计工作的主线，最终将审计风险控制在可接受的水平。风险评估是审计风险控制流程的起点，是注册会计师通过实施风险评估程序，评估财务报表层次和认定层次的重大错报风险。风险评估是对重大错报发生的可能性和后果严重程度进行的评估。

2.【解答】注册会计师应当针对评估的重大错报风险实施程序，即针对评估的财务报表层次重大错报风险确定总体应对措施，针对评估的认定层次重大错报风险设计和实施进一步审计程序，以将审计风险降至可接受的水平。

8.4 教材习题参考答案

8.4.1 思考题

1.【解答】了解被审计单位及其环境应包括：被审计单位相关行业状况及法律环境和监管环境，被审计单位的性质，被审计单位对会计政策的选择和运用，被审计单位的目标战略以及可能导致重大错报风险的相关经营风险，被审计单位财务业绩的衡量，以及评价被审计单位的内部控制。

2.【解答】评估重大错报风险应遵循的程序有：

（1）在了解被审计单位及其环境的整个过程中，结合对财务报表中各类交易、账户余额和披露的考虑，识别错报风险。

（2）结合对拟测试的相关控制的考虑，将识别出的风险与认定层次可能发生错报的领域相联系。

（3）评估识别出的错报风险，并评价其是否能更广泛地与财务报表整体相关，进而潜在地影响多项认定。

（4）考虑发生错报的可能性（包括发生多项错报的可能性），以及潜在错报的重大程度是否足以导致重大错报。

3.【解答】在对重大错报风险进行识别和评估后，注册会计师应当确定，识别的重大错报风险是与特定的某项交易、账户余额和披露的认定相关，还是与财务报表整体广泛相关，进而影响多项认定。

4.【解答】注册会计师应当针对评估的财务报表层次重大错报风险，确定下列总体应对措施：

（1）向审计项目组强调保持职业怀疑的必要性。

（2）指派更有经验或具有特殊技能的审计人员，或利用专家的工作。

（3）提供更多的督导。

（4）在选择拟实施的进一步审计程序时融入更多的不可预见的因素。

5.【解答】针对被审计单位认定层次重大错报风险，注册会计师应实施进一步审计程序。注册会计师应当针对评估的认定层次重大错报风险设计和实施进一步审计程序，包括审计程序的性质、时间安排和范围。注册会计师设计和实施的进一步审计程序的性质、时间安排和范围，应当与评估的认定层次重大错报风险具备明确的对应关系。注册会计师实施的时间、范围应具有目的性和针对性，有的放矢地配置审计资源，有利于提高审计效率和效果。

8.4.2　案例分析题

【解答】核对票据时发现大量资金与财务记录不符，胜利路支行行长李宁卷款潜逃是认定层次的重大错报。YT银行的多个舞弊案件正式浮出水面，账目与财务报表严重背离是财务报表层次的重大错报。应对YT银行重大错报风险的措施有：

（1）实施更多的实质性程序。控制环境的缺陷通常会降低期中获得的审计证据的可信赖程度。

（2）通过实施实质性程序获取更广泛的审计证据。良好的控制环境是其他控制要素发挥作用的基础。控制环境存在缺陷通常会削弱其他控制要素的作用，导致注册会计师可能无法信赖内部控制，而主要依赖实施实质性程序获取审计证据。

（3）扩大审计范围和增加支行审计数量。

第9章

销售与收款循环审计

学习目的和要求

通过本章的学习，培养学生树立脚踏实地、实事求是的思想，以充分、适当的审计证据为依据，以会计准则、审计准则为准绳，得出符合实际的审计结论，培育没有调查研究就没有发言权的作风。

通过本章的学习，应理解销售与收款循环审计的基本理论和程序，熟练掌握营业收入、应收账款与坏账准备和其他相关账户的审计方法和技能。

在本章的学习中，要求熟记有关销售与收款循环的内容以及所涉及的账户；了解和掌握评估销售与收款循环的重大错报风险；掌握其控制测试和实质性程序；学会各种审计方法的运用；了解营业收入、应收账款与坏账准备以及其他相关账户在审计过程中的相同点和不同点；能运用所学的基本理论、方法和技能解决销售与收款循环实际审计中的各种问题。

9.1 复习提要

9.1.1 分项审计与业务循环审计

在审计过程中，交易和账户余额的实质性程序既可以按财务报表项目进行，也可以按业务循环组织实施。按财务报表项目组织实施的称为分项审计，按业务循环组织实施的称为业务循环审计。

1. 业务循环审计

业务循环是指处理某一类经济业务的工作程序和先后顺序。一般来说，可将企业的交易和账户余额划分为销售与收款循环、购货与付款循环、生产与费用循环、筹资与投资循环，由于货币资金与上述多个业务循环均密切相关，货币资金既是业务循环的有机组成部分，又是相对独立的一个重要环节。

业务循环审计是指运用业务循环原理，了解、审查和评价被审计单位内部控制系统及其执行情况，从而对其财务报表的合法性、公允性进行审计的方法。内部控制测试通常按照业务循环采用审计抽样的方法进行，采用业务循环审计的目的在于确保审计工作质量，提高审计工作效率。

2. 分项审计与业务循环审计的关系

一般而言，分项审计与多数被审计单位的账户设置体系及财务报表格式相吻合，所以具有操作方便的优点，但它与按业务循环进行的内部控制测试严重脱节，导致控制测试与实质性程序相背离，影响审计效率和效果，所以分项审计逐渐被业务循环审计替代。

9.1.2 销售与收款循环概述

销售与收款循环的审计通常可以相对独立于其他业务循环审计进行。

销售与收款循环主要包括两部分内容，一是本循环所涉及的主要凭证和会计记录；二是本循环中的主要业务活动。

1. 主要凭证和会计记录

在内部控制系统有效的企业，处理销售与收款业务通常需要使用很多凭证和会计记录。典型的销售与收款循环所涉及的主要凭证和会计记录有以下几种：

（1）顾客订货单。

（2）销售单。

（3）发运凭证。

（4）销售凭证。

（5）商品价目表。

（6）贷项通知单。

（7）应收账款明细账。

（8）营业收入明细账。

（9）折扣与折让明细账。

（10）汇款通知书。

（11）现金日记账和银行存款日记账。

（12）现金盘点表。

（13）坏账审批表。

（14）顾客月末对账单。

（15）转账凭证。

（16）收款凭证。

2. 涉及的主要业务活动

了解企业在销售与收款循环中的主要业务活动，对销售与收款循环审计十分必要。企业的销售与收款循环主要是由企业与顾客交换商品或劳务、收回现金等经营活动组成，涉及销售业务、收款业务（包括现销和应收账款收回）、销售调整业务（包括销售折扣、折让和退回，坏账准备的提取和冲销）等内容。每一业务均需经过以下若干步骤（或程序）才能完成：

（1）接受顾客订单。

（2）批准赊销信用。

（3）按销售单供货。

（4）按销售单发运。

（5）向顾客开具账单。

（6）记录销售。

（7）办理和记录现金、银行存款收入。

（8）办理和记录销货退回、销售折扣与折让。

（9）提取坏账准备。

（10）注销坏账。

9.1.3 销售与收款循环的控制测试

1. 销售与收款循环的内部控制

销售与收款循环的内部控制主要包括以下方面：

（1）职责分离控制。

（2）授权审批控制。

（3）会计记录控制。

（4）定期核对控制。

（5）寄发对账单控制。

（6）内部核查程序控制。

2. 评估销售与收款循环的重大错报风险

注册会计师在审计销售与收款循环时，应考虑影响销售收入交易的重大错报风险，并对被审计单位中可能发生的销售收入交易的重大错报风险保持警觉。销售收入交易和余额存在的重大错报风险可能包括：

（1）销售收入确认存在的舞弊风险。

（2）销售收入确认的复杂性可导致的错误。

（3）销售收入截止不正确。

（4）不正确计提坏账准备。

（5）发生其他舞弊的风险。

（6）发生各种错误的可能性。

3. 销售与收款循环的控制测试

销售与收款循环的控制测试主要包括以下内容：

(1) 抽取一定数量的销售发票进行检查。

(2) 抽取一定数量的出库单或提货单，并与相关的销售发票进行核对，检查已发出的商品是否均已向顾客开出发票。

(3) 从营业收入明细账中抽取一定数量的会计记录，并与有关的记账凭证、销售发票进行核对，以确定是否存在收入高估或低估的情况。

(4) 抽取一定数量的销售调整业务的会计凭证，检查销售退回、折让、折扣的核准与会计核算。

(5) 抽取一定数量的记账凭证、应收账款明细账，进行检查。

(6) 观察职员获得或接触资产、凭证和记录（包括存货、销售通知单、出库单、销售发票、凭证与账簿、现金及支票）的途径，并观察职员在执行授权、发货、开票等职责时的表现，确定被审计单位是否存在必要的职务分离、内部控制的执行过程是否存在弊端。

9.1.4　营业收入审计

1. 营业收入的审计目标

营业收入项目核算企业在销售商品、提供劳务及让渡资产使用权等日常活动中所产生的收入。其审计目标一般包括：确定营业收入的内容、数额是否合理、正确、完整；确定对销货退回、销售折扣与折让的处理是否恰当；确定营业收入的会计处理是否正确；确定营业收入的披露是否恰当。

2. 营业收入的实质性程序

(1) 取得或编制营业收入项目明细表，复核加计正确，并与报表数、总账数和明细账合计数核对相符。

(2) 查明营业收入的确认原则、方法，注意是否符合会计准则规定的收入实现条件，前后期是否一致。

(3) 实施分析程序。

(4) 审查售价是否合理。

(5) 审查营业收入的会计处理是否恰当。

(6) 实施销售的截止测试。

(7) 查找未经认可的大额销售。

(8) 检查销售折扣、销售退回与折让业务是否真实，内容是否完整，相关手续是否符合规定，折扣与折让的计算和会计处理是否正确。

(9) 检查有无特殊的销售行为。

(10) 确定营业收入是否在利润表中恰当披露。

9.1.5 应收账款与坏账准备审计

应收账款指企业因销售商品、产品或提供劳务而形成的债权，即由于企业销售商品、产品或提供劳务等原因，应向购货客户或接受劳务的客户收取的款项或代垫的运杂费，是企业在信用活动中所形成的各种债权性资产。

1. 应收账款的审计目标

应收账款的审计目标一般包括：确定应收账款是否存在；确定应收账款是否归被审计单位拥有或控制；确定应收账款增减变动的记录是否完整；确定应收账款是否可收回，坏账准备的计提方法和比例是否恰当，坏账准备的计提是否充分；确定应收账款和坏账准备期末余额是否正确；确定应收账款和坏账准备在财务报表中的披露是否恰当。

2. 应收账款的实质性程序

（1）获取或编制应收账款明细表。

（2）分析应收账款账龄。

（3）向债务人函证。

（4）请被审计单位协助，在应收账款明细表上标出至审计时已收回的应收账款金额。

（5）检查未函证应收账款。

（6）检查坏账的确认和处理。

（7）抽查有无不属于结算业务的债权。

（8）检查外币应收账款的折算。

（9）分析应收账款明细账余额。

（10）检查应收账款在资产负债表中是否已恰当披露。

3. 坏账准备的实质性程序

坏账是指企业无法收回或收回可能性极小的应收款项（包括应收票据、应收账款、预付账款、其他应收款等）。由于发生坏账而产生的损失称为坏账损失。

坏账准备的实质性程序一般包括：

（1）审查坏账准备的计提。

（2）审查坏账损失。

（3）审查长期挂账应收账款。

（4）检查函证结果。

（5）执行分析程序。

（6）确定坏账准备的披露是否恰当。

9.1.6 其他相关账户审计

在销售与收款循环中，除以上介绍的财务报表项目或会计科目之外，还有应收票据、预收账款、应交税费、其他应交款、销售费用等项目。对这些项目审计的阐述，一般直接列示其相应的实质性程序。

1. 应收票据审计

应收票据的实质性程序主要有：

（1）获取或编制应收票据明细表。

（2）监盘库存票据。

（3）函证应收票据。

（4）审查应收票据的利息收入。

（5）审查已贴现的应收票据。

（6）确定应收票据在财务报表中的披露是否恰当。

2. 预收账款审计

预收账款的实质性程序一般包括：

（1）获取或编制预收账款明细表，复核加计是否正确，并核对其期末余额合计数与报表数、总账数和明细账合计数是否相符。

（2）请被审计单位协助，在预收账款明细表上标出截至审计日已转销的预收账款，对已转销金额较大的预收账款进行检查，核对记账凭证、仓库发运凭证、销售发票等，并注意这些凭证发生日期的合理性。

（3）抽查与预收账款有关的销售合同、仓库发运凭证、收款凭证，检查已实现销售的商品是否及时转销预收账款，确保预收账款期末余额的正确性和合理性。

（4）选择预收账款的若干重大项目函证，根据回函情况编制函证结果汇总表。

（5）检查预收账款是否存在借方余额，决定是否建议作重分类调整。

（6）检查预收账款长期挂账的原因，并作出记录，必要时提请被审计单位予以调整。

（7）检查预收账款是否已在资产负债表中作恰当披露。

3. 应交税费审计

应交税费的实质性程序包括：

（1）获取或编制应交税费明细表，复核其加计数是否正确，并核对其期末余额与报表数、总账数和明细账合计数是否相符。

（2）检查被审计单位纳税的相关规定，获取纳税通知书及征、免、减税的批准文件，了解被审计单位适用的税种、计税基础、税率，以及征、免、减税的范围与期限，确认其在被审计期间内应纳税的内容。

（3）检查应交增值税的计算是否正确。获取或编制应交增值税明细表，加计复核其正确性，并与明细账核对相符。

（4）审查企业应交的所得税。确定所得税的应交金额和税率，复核应缴企业所得税的计算是否正确，是否按有关规定进行了会计处理；是否存在偷逃税款的行为，有无乱用所得税的优惠政策。

（5）确定应交税费是否已在资产负债表中作恰当披露。

4. 其他应交款审计

其他应交款的实质性程序包括：

（1）获取或编制其他应交款明细表，复核加计数是否正确，并核对期末余额合计数与报表数、总账数和明细账合计数是否相符。

（2）了解被审计单位其他应交款的种类、计算基础与税率，注意其前后期是否一致。

（3）结合税金及附加和其他业务利润等项目，检查教育费附加等的计算是否正确，是否按规定进行了会计处理。

（4）抽查上缴款项是否与银行付款通知、税务机关缴款单或收款单位收据相符，相关的会计处理是否正确。

（5）检查其他应交款在资产负债表中的披露是否恰当。

5. 销售费用审计

销售费用的实质性程序主要包括：

（1）获取或编制销售费用明细表，复核加计正确，与报表数、总账数及明细账合计数核对相符，并检查其明细项目的设置是否符合规定的核算内容与范围，是否划清了销售费用和其他费用的界限。

（2）检查销售费用的项目设置和开支标准是否符合有关规定，查明其项目设置是否划清了销售费用与其他费用的界限。有关费用支出是否按规定标准列支。

（3）将本期销售费用与上期销售费用进行比较，并将本期各月的销售费用进行比较，如有重大波动和异常情况应查明原因，并作适当处理。

（4）选择重要或异常的销售费用，检查其原始凭证是否合法，会计处理是否正确，必要时，对销售费用实施截止测试，检查有无跨期入账的现象，对于重大跨期项目应建议作必要调整。

（5）检查销售费用的结转是否正确、合规，查明有无多转、少转或不转销售费用，以及人为调节利润的情况。

（6）检查销售费用是否已在利润表中恰当披露。

9.2 练习题

9.2.1 填空题

1. 在审计过程中，交易和账户余额的实质性程序既可以按______进行，也可以按______实施。

2. 分项审计与按业务循环进行的______严重脱节，导致控制测试与______相背离。

3. 销售与收款循环的特性主要包括两部分内容，一是本循环所涉及的主要______；二是本循环中的主要______。

4. 在对被审计单位的内部控制进行了解与测试后，注册会计师应当对其______作出评价，并对______的内容作出相应的调整。

5. 对营业收入实施截止测试，其目的主要在于确定应计入本期或下期的营业收入是否______或______。

6. 肯定式函证就是向债务人发出______，要求其证实所函证的欠款是否正确，无论对错都要求______。

7. 应收票据是企业的______资产，对应收票据的审计应结合______一起进行。

9.2.2　判断题（正确的划“√”，错误的划“×”）

1. 在单独执行销售与收款循环审计时，注册会计师仍然应经常地将该循环与其他循环的审计情况结合起来加以考虑。（　）

2. 向顾客提供商品或劳务是销售与收款循环的起点。（　）

3. 商品价目表只能证明完整性认定。（　）

4. 企业设计信用批准控制的目的是评定顾客的信用等级，它与应收账款净额的认定有关。（　）

5. 在销售与收款循环审计中，注册会计师应当将销售业务的完整性作为重要目标进行实质性程序。（　）

6. 由原始凭证追查至明细账是用来测试完整性目标，从明细账追查至原始凭证是用来测试真实性目标。（　）

7. 在销售的截止测试中，注册会计师可以考虑采用以账簿记录为起点的审计路线，以防止少计收入。（　）

8. 销货分类正确的测试一般可与估价测试一并进行，但这并不是双重目的测试中的一种。（　）

9. 如果加总、比较仅限于营业收入明细账、应收账款明细账、总账三者，则属于过账、汇总目标的测试，该测试范围大于估价目标的测试。（　）

10. 营业收入审计应检查有无特殊的销售行为，以确定适当的审计程序进行审核。（　）

11. 应收账款的账龄分析有助于了解坏账准备的计提是否充分。（　）

12. 询证函由注册会计师利用被审计单位提供的应收账款明细账户名称及地址编制，并由被审计单位寄发；回函也应直接寄给被审计单位并由其转交给会

计师事务所。（　）

13. 肯定式函证方式没有得到复函的，应采用追查程序，一般来说应第二次乃至第三次发送询证函，如果仍得不到答复，注册会计师应考虑采用必要的替代审计程序。（　）

14. 如果收回的询证函有差异，那么就要求被审计单位作适当调整。（　）

15. 如果函证结果表明没有审计差异，则注册会计师可以合理地推论，全部应收账款总体是正确的。（　）

16. 对有确凿证据表明确实无法收回的应收账款，根据公司的管理权限，应经总经理批准作为坏账损失，冲销提取的坏账准备。（　）

9.2.3 单项选择题

1. 注册会计师审计应收账款的目的，不应包括（　）。

A. 确定应收账款的存在性

B. 确定应收账款记录的完整性

C. 确定应收账款的回收期

D. 确定应收账款在财务报表上披露的恰当性

2. 下列各项中，不属于应收票据实质性程序的审计目标的是（　）。

A. 确定应收票据的内部控制是否存在、有效且得到一贯遵循

B. 确定应收票据是否存在、完整并归被审计单位所有

C. 确定应收票据的年末余额是否正确

D. 确定应收票据在财务报表上的披露是否恰当

3. 注册会计师对被审计单位实施销货业务的截止测试，其主要目的是检查（　）。

A. 年底应收账款的真实性　　B. 是否存在过多的销货折扣

C. 销货业务的入账时间是否正确　　D. 销货退回是否已经核准

4. 对大额逾期应收账款如无法获取询证函回函，则注册会计师应（　）。

A. 审查所审计期间应收账款回收情况

B. 了解大额应收账款客户的信用情况

C. 审查与销货有关的销售订单、发票、发运凭证等文件

D. 提请被审计单位提高坏账准备提取比例

5. 注册会计师张飞在审计A公司2022年度财务报表时，将其交易和账户划分成销售与收款循环、购货与付款循环、生产与费用循环、筹资与投资循环。在一般情况下，张飞应把其他应收款项目划入（　）。

A. 销售与收款循环　　B. 购货与付款循环

C. 生产循环　　D. 筹资与投资循环

6. 销售和收款循环所涉及的财务报表项目不包括（　）。

A. 销售费用　　　　　　　　　　B. 其他应交款

C. 应交税费　　　　　　　　　　D. 所得税

7. 在销售与收款循环中，无论批准赊销与否，都要求被授权的信用管理部门人员在（　　）。

A. 顾客订单上签署意见　　　　　B. 销售单上签署意见

C. 发运凭证上签署意见　　　　　D. 销售发票上签署意见

8. 注册会计师在对被审计单位登记入账的销货业务是否确系已经发货给真实的顾客及现有销货业务是否均已登记入账进行审计时，可使用的控制测试均包括（　　）。

A. 检查销售发票副联是否附有发运凭证及顾客订货单

B. 检查销售发票连续编号的完整性

C. 观察是否寄发对账单，并检查顾客回函档案

D. 检查发运凭证连续编号的完整性

9. 注册会计师实施产品销售收入的截止测试的主要目的在于发现（　　）。

A. 销货业务的入账时间是否正确　　B. 是否存在未核准的销售退回

C. 登记入账的销售业务的估价错误　D. 是否存在过多的销货折扣

10. 注册会计师在检查登记入账的销货业务的真实性时，有效的做法是（　　）。

A. 从营业收入明细账追查至发运凭证

B. 从发运凭证追查至营业收入明细账

C. 从销售发票存根追查至发运凭证

D. 从发运凭证追查至销售发票存根

11. 收入截止测试的关键所在是检查发票开具日期或收款日期、记账日期、发货日期是否（　　）。

A. 在同一天　　　　　　　　　　B. 相差不超过 15 天

C. 相差不超过 30 天　　　　　　D. 在同一适当会计期间

12. 注册会计师审计应收票据的目标不应包括（　　）。

A. 确定应收票据是否存在

B. 确定应收票据是否归被审计单位所有

C. 确定应收票据增减变动的记录是否完整

D. 确定应收票据的回收期

13. 否定式函证须满足的条件不包括（　　）。

A. 个别账户的欠款金额较大

B. 欠款余额小的债务人数量很多

C. 预计差错率较低

D. 相关的内部控制是有效的

14. 下列情况下，注册会计师应适当增加函证量的是（　　）。

A. 应收账款在全部资产中所占的比重较小

B. 被审计单位内部控制系统较为薄弱

C. 以前期间函证中未发现过重大差异

D. 采用否定式函证而非肯定式函证

15. 为了充分发挥函证的作用，发函的最佳时间是（　　）。

A. 被审计年度期初　　B. 被审计年度期中

C. 与资产负债表日接近的时间　　D. 审计工作结束日

16. 对于未函证的应收账款，注册会计师应（　　）。

A. 审查资产负债表日后的收款情况

B. 按被审计单位提供的地址直接向债务人询问

C. 抽查有关原始凭据

D. 不需实施任何审计程序

9.2.4 多项选择题

1. 注册会计师确定应收账款函证数量的大小、范围时，应考虑的主要因素有（　　）。

A. 应收账款在全部资产中的重要性

B. 被审计单位内部控制的强弱

C. 以前年度的函证结果

D. 函证方式的选择

E. 函证时间的长短

2. 对于被审计单位销售退回、折让、折扣的控制测试，注册会计师应检查（　　）。

A. 销售退回和折让是否附有顺序编号并经主管人员核准的贷项通知单

B. 所退回的商品是否具有仓库签发的退货验收报告

C. 销售退回与折让的批准与贷项通知单的签发职责是否分离

D. 现金折扣是否经过适当授权，授权人与收款人的职责是否分离

E. 销售退回和折让是否经过工商管理部门审批

3. 注册会计师对被审计单位已发生的销货业务是否均已登记入账进行审计时，常用的控制测试程序有（　　）。

A. 检查发运凭证连续编号的完整性

B. 检查赊销业务是否经适当的授权批准

C. 检查销售发票连续编号的完整性

D. 检查已经寄出的对账单的完整性

E. 检查销售业务是否经过董事会审批

4. 被审计单位在销售及收款循环中的主要业务活动有（　　）。

A. 批准赊销

B. 按销售单装运货物

C. 办理和记录现金收入

D. 办理并记录销货退回、销货折扣与折让

E. 固定资产残值收入处理

5. 坏账准备的审计目标一般包括（　　）。

A. 确定坏账准备的计提是否充分

B. 确定坏账准备的披露是否恰当

C. 确定坏账准备期末余额是否正确

D. 确定坏账准备增减变动的记录是否完整

E. 确定坏账准备的工作底稿是否完整

6. 销售与收款循环业务包括的利润表项目主要有（　　）。

A. 营业收入　　B. 销售费用

C. 管理费用　　D. 应交所得税

E. 营业费用

7. 向顾客开具账单所针对的主要问题包括（　　）。

A. 完整性认定　　B. 存在或发生认定

C. 权利和义务认定　　D. 估价或分摊认定

E. 销售退回和折让的凭证

8. 在审计实务中，注册会计师实施营业收入的截止测试的起点有（　　）。

A. 以销售发票为起点　　B. 以账簿记录为起点

C. 以报表为起点　　D. 以发运凭证为起点

E. 以销售退回和折让为起点

9. 由于购销双方登记入账的时间不同而使注册会计师收回的询证函产生差异，其主要表现包括（　　）。

A. 货物仍在途中

B. 债务人拒付货款

C. 记账错误

D. 债务人在函证日前已付款，而被审计单位在函证日前尚未收到款项

E. 销售退回和折让未记账

10. 注册会计师采用肯定式函证较好的情形是债务人符合（　　）。

A. 欠款可能存在差错　　B. 预计的差错率低

C. 相关的内部控制有效　　D. 个别账户的欠款金额较大

E. 被函证客户信用差

9.3 练习题参考答案

9.3.1 填空题

1. 财务报表项目　业务循环
2. 内部控制测试　实质性程序
3. 凭证和会计记录　业务活动
4. 控制风险　实质性程序
5. 被推延至下期　提前至本期
6. 询证函　复函
7. 债权　赊销业务

9.3.2 判断题

1. √	2. ×	3. ×	4. ×	5. ×
6. √	7. ×	8. √	9. ×	10. √
11. ×	12. ×	13. √	14. ×	15. √
16. ×				

9.3.3 单项选择题

1. C	2. A	3. C	4. C	5. D
6. D	7. B	8. B	9. A	10. A
11. D	12. D	13. A	14. D	15. C
16. C				

9.3.4 多项选择题

1. ABCD	2. ABCD	3. AC	4. ABCD	5. ABCD
6. AB	7. ABD	8. ABD	9. ABD	10. AD

9.4 教材习题参考答案

9.4.1 思考题

1. **【解答】**营业收入常用的实质性程序主要方面包括：

(1) 取得或编制营业收入项目明细表，复核加计正确，并与报表数、总账数和明细账合计数核对相符。

（2）查明营业收入的确认原则、方法，注意是否符合会计准则规定的收入实现条件，前后期是否一致。

（3）实施分析程序。

（4）审查售价是否合理。

（5）审查营业收入的会计处理是否恰当。

（6）实施销售的截止测试。

（7）查找未经认可的大额销售。

（8）检查销售折扣、销售退回与折让业务是否真实，内容是否完整，相关手续是否符合规定，折扣与折让的计算和会计处理是否正确。

（9）检查有无特殊的销售行为。

（10）确定营业收入是否在利润表中恰当披露。

2. **【解答】**注册会计师不需要对被审计单位所有的应收账款进行函证。函证数量的大小、范围是由诸多因素决定的，主要有：

（1）应收账款在全部资产中的重要性。如果应收账款在全部资产中所占比重较大，则函证的范围应相应大一些。

（2）被审计单位内部控制的强弱。如果内部控制系统较健全，则可以相应减少函证量；反之，则应相应扩大函证范围。

（3）以前期间的函证结果。若以前期间函证中发现过重大差异，或欠款纠纷较多，则函证范围应相应扩大。

（4）函证方式的选择。若采用肯定式函证，则可以相应减少函证量；若采用否定式函证，则要相应增加函证量。

3. **【解答】**一般情况下，注册会计师应选择以下项目作为应收账款函证对象：

（1）单项金额重大或账龄较长的项目。

（2）与债务人发生纠纷的项目。

（3）关联方（包括持股 5%（含）以上的股东）项目。

（4）主要客户（包括关系密切的客户）项目。

（5）余额为零的项目。

（6）非正常项目。

4. **【解答】**当债务人符合以下所有条件时，注册会计师可以采用否定式函证：

（1）相关的内部控制是有效的，固有风险和控制风险评估为低水平。

（2）预计差错率较低。

（3）欠款余额小的债务人数量很多。

（4）注册会计师有理由确信大多数被函证者能认真对待询证函，并对不正确的情况予以反馈。

9.4.2 案例分析题

1.【解答】

项目名称	接受函证对象	函证的主要内容	函证方式
(1) 银行存款	审计期间所有与被审计单位有往来的金融机构	1) 存款户账号、性质及余额等；2) 贷款性质、担保或抵押品、贷款期限、利率及余额等	肯定式
(2) 应收票据	票据开出人	付款日、到期金额、抵押担保物说明	肯定式
(3) 应收账款	债务人	应收金额	肯定式或否定式
(4) 其他应收款	债务人	应收金额	肯定式或否定式
(5) 应付账款	债权人	应付金额	肯定式或否定式
(6) 抵押借款	债权人 抵押人	1) 债权金额；2) 抵押物说明；3) 对是否遵守抵押契约发表意见	肯定式
(7) 实收资本	1) 交易所；2) 证券托管机构	股份数额	肯定式

2.【解答】(1) 查找2022年12月25日银行存款到账通知单，核对银行存款日记账，确认应收账款是否收回。

(2) 检查2022年12月28日货物验收入库单，并向乙公司索要退回货物的发运凭证。核对库存商品日记账。

(3) 检查被审计单位委托代销业务的账务处理，并检查被审计单位调整账务处理。

(4) 检查2022年12月25日银行存款到账通知单，核对银行存款日记账，确认300 000元应收账款是否收回。

(5) 再次核对戊公司应收账款并发函询证，若仍然被退回，则检查销售业务确认的原始凭证和相关会计资料。

第 10 章

购货与付款循环审计

学习目的和要求

通过本章的学习，培养学生树立脚踏实地、实事求是的思想，以充分、适当的审计证据为依据，以会计准则、审计准则为准绳，得出符合实际的审计结论，培育没有调查研究就没有发言权的作风。

通过本章的学习，应理解购货与付款循环审计的基本理论和程序，熟练掌握应付账款、固定资产和累计折旧、固定资产减值准备及其他相关账户的审计方法和技能。

在本章的学习中，要正确领会各种概念；理解购货与付款循环审计的基本原理和有关的财务会计规定；了解和掌握评估购货与付款循环的重大错报风险；掌握购货与付款循环的控制测试和实质性程序；灵活掌握各种审计方法及其综合运用；能运用所学的购货与付款循环审计的基本理论、基本方法和基本技能解决实际审计工作中的有关问题。

10.1 复习提要

10.1.1 购货与付款循环概述

购货与付款循环概述主要介绍两个部分的内容：一是本循环所涉及的主要凭证和会计记录；二是循环中的主要业务活动。

1. 主要凭证和会计记录

典型的购货与付款循环所涉及的主要凭证和会计记录有以下几种：

（1）采购计划。

（2）供应商清单。

（3）请购单。

（4）订购单。

（5）验收及入库单。

（6）卖方发票。

（7）转账凭证。

（8）付款凭证。

（9）应付账款明细账。

（10）现金日记账和银行存款日记账。

（11）供应商对账单。

2. 购货与付款循环中的主要业务活动

企业应将各项职能活动指派给不同的部门或职员来完成。这样，每个部门或员工都可以独立检查其他部门或员工工作的合规性。采购与付款循环中的主要环节如下：

（1）请购商品。

（2）编制订购单。

（3）验收商品。

（4）储存已验收的商品。

（5）编制付款凭单。

（6）付款。

（7）会计记录。

10.1.2 购货与付款循环的控制测试

1. 购货与付款循环的内部控制

购货与付款循环的内部控制主要包括以下方面：

（1）职责分离控制。

（2）请购控制。

（3）订货控制。

（4）验收控制。

（5）应付账款控制。

（6）付款控制。

2. 评估购货与付款循环的重大错报风险

在实施控制测试和实质性程序前，注册会计师应了解被审计单位购货与付款循环和相关账户余额的内部控制的设计、运行情况，评估购货与付款循环的重大错报风险，并对被审计单位可能发生的购货与付款循环的重大错报风险保持应有的职业谨慎。影响购货与付款循环和相关账户余额存在的重大错报风险可能包括：

（1）费用支出存在的舞弊风险。

（2）费用支出确认的复杂性可能导致的错误。

（3）费用支出截止不正确。

（4）计量存货成本不正确。

（5）员工发生舞弊的风险。

（6）发生各种其他错误的可能性。

在评估购货与付款循环的重大错报风险时，注册会计师应当充分了解购货与付款循环中的控制活动，目的在于实施更有效的审计程序。也就是说，注册会计师必须对被审计单位购货与付款循环的重大错报风险有一定的认识，在此基础上设计并实施进一步审计程序，才能应对购货与付款循环的重大错报风险。

3. 购货与付款循环的控制测试

购货与付款循环的内部控制测试是在了解与描述的基础上，对其在实际业务中的执行与实施情况和过程进行检查和观察，以确定制定的内部控制与实际执行的是否相符与一致。控制测试应结合业务控制环节进行。

（1）关于请购商品或劳务内部控制的测试。

（2）关于订购商品或劳务内部控制的测试。

（3）关于货物验收内部控制的测试。

（4）关于应付账款内部控制的测试。

（5）关于付款业务内部控制的测试。

10.1.3　应付账款审计

应付账款业务是随着企业赊购交易的发生而发生的，注册会计师应结合购货业务进行应付账款的审计。

1. 应付账款的审计目标

应付账款的审计目标一般包括：确定期末应付账是否存在；确定应付账款的发生和偿还记录是否完整；确定应付账款期末余额是否正确；确定应付账款在财务报表上的披露是否恰当等。

2. 应付账款的实质性程序

（1）获取或编制应付账款明细表，复核加计正确，并与报表数、总账数和明细账合计数核对是否相符。

（2）根据被审计单位实际情况，对应付账款实施分析程序。

（3）函证应付账款。

（4）查找未入账的应付账款。

（5）检查应付账款是否存在借方余额。

（6）结合预付账款的明细余额，查明是否有应付账款和预付账款同时挂账的项目；结合其他应付款的明细余额，查明是否有不属于应付账款的其他应付款。

（7）检查应付账款长期挂账的原因，作出记录，注意其是否可能发生呆账收益。

（8）查明应付账款在资产负债表中的披露是否恰当。一般来说，“应付账款”项目应根据“应付账款”“预付账款”科目所属明细科目的期末贷方余额的合计数填列。

10.1.4 固定资产和累计折旧审计

1. 固定资产审计

固定资产审计的范围很广。固定资产项目反映企业所有固定资产的原价，累计折旧项目反映企业固定资产的累计折旧数额，这两项无疑属于固定资产的审计范围。除此之外，由于固定资产的增加包括购置、自行建造、投资者投入、融资租入、更新改造、以非现金资产抵偿债务方式取得或以应收债权换入、以非货币性交易换入、经批准无偿调入、接受捐赠和盘盈等多种途径，相应涉及银行存款、应付账款、预付账款、在建工程、股本、资本公积等项目；企业的固定资产又因出售、报废、投资转出、捐赠转出、抵债转出、以非货币性交易换出、无偿调出、毁损和盘亏等原因而减少，与固定资产清理、其他应收款、资产处置损益、营业外收入和营业外支出等项目有关；另外，企业计提固定资产折旧和减值准备，又与制造费用、营业费用、管理费用等项目联系在一起。因此，在进行固定资产审计时，应当关注这些相关项目。

（1）固定资产的审计目标。固定资产的审计目标一般包括：确定固定资产是否存在；确定固定资产是否归被审计单位所有；确定固定资产及其累计折旧增减变动的记录是否完整；确定固定资产的计价和折旧政策是否恰当；确定固定资产的期末余额是否正确；确定固定资产在财务报表上的披露是否恰当。

（2）固定资产的实质性程序。

1）索取或编制固定资产及累计折旧分类汇总表。

2）实施分析程序。

3）固定资产增加的审查。

4）固定资产减少的审查。

5）对固定资产进行实地观察。

6）调查未使用和不需用的固定资产。

7）检查固定资产的抵押、担保情况。

8）检查固定资产是否已在资产负债表中恰当披露。

2. 累计折旧审计

企业计提固定资产折旧，是为了把固定资产的成本分配于各个受益期，实现期间收入与费用的正确配比，折旧核算是一个成本分配过程。折旧计提和核算的正确性、合规性就成了固定资产审计中一项重要的内容。对固定资产折旧的审查，就是为了确定固定资产折旧的计算、提取和分配是否合法与公允。

(1) 累计折旧的审计目标。固定资产折旧的特性决定了累计折旧审计的主要目标在于：确定折旧政策和方法是否符合企业会计准则的规定；确定累计折旧增减变动的记录是否正确、完整；确定折旧费用的计算、分摊是否正确、合理；确定累计折旧的期末余额是否正确；确定累计折旧在财务报表上的披露是否恰当。

(2) 累计折旧的实质性程序。

1) 编制或索取固定资产及累计折旧分类汇总表。

2) 对固定资产累计折旧实施分析程序。

3) 审查被审计单位固定资产折旧政策的执行情况。

4) 审查固定资产折旧计算和分配。

5) 将“累计折旧”账户贷方的本期计提折旧额与相应的成本费用中的折旧费用明细账户的借方相比较，以查明所计提折旧金额是否全部摊入本期产品成本费用。

6) 检查累计折旧的披露是否恰当。

3. 固定资产减值准备审计

固定资产的可收回金额低于其账面价值称为固定资产减值。可收回金额应当根据固定资产的公允价值减去处置费用后的净额与资产预计未来现金流量的现值两者之间的较高者确定。

固定资产减值准备的实质性程序一般包括：

(1) 获取或编制固定资产减值准备明细表，复核加计正确，并与总账数和明细账合计数核对相符。

(2) 检查固定资产减值准备计提和核销的批准程序，取得书面报告等证明文件。

(3) 检查被审计单位计提固定资产减值准备的依据是否充分及会计处理是否正确。

(4) 检查资产组的认定是否恰当，计提固定资产减值准备的依据是否充分，会计处理是否正确。

(5) 实施分析程序，计算本期末固定资产减值准备占期末固定资产原值的比率，并与期初数比较，分析固定资产的质量状况。

(6) 检查被审计单位处置固定资产时原计提的减值准备是否同时结转，会计处理是否正确。

（7）检查是否存在转回固定资产减值准备的情况。

（8）确定固定资产减值准备的披露是否恰当。

10.1.5 投资性房地产审计

投资性房地产是指为赚取租金或资本增值，或者两者兼有而持有的房地产。

1. 投资性房地产的审计目标

投资性房地产的审计目标一般包括：确定投资性房地产是否存在；确定投资性房地产是否归被审计单位所有；确定投资性房地产增减变动的记录是否完整；确定投资性房地产的计价方法是否恰当；确定投资性房地产、投资性房地产累计折旧和投资性房地产减值准备期末余额是否正确；确定投资性房地产、投资性房地产累计折旧和投资性房地产减值准备的披露是否恰当。

2. 投资性房地产的实质性程序

投资性房地产的实质性程序通常包括：

（1）获取或编制投资性房地产明细表，复核加计正确，并与总账数和明细账合计数核对相符；结合累计折旧、投资性房地产减值准备科目与报表数核对相符。

（2）检查纳入投资性房地产范围的建筑物和土地使用权是否符合企业会计准则的规定。

（3）检查投资性房地产后续计量模式选用的依据是否充分。与上年会计政策进行比较，确定后续计量模式的一致性。

（4）确定投资性房地产后续计量选用公允价值模式政策是否恰当，计算复核期末计价是否正确。

（5）如果投资性房地产后续计量选用成本计量模式，确定投资性房地产累计摊销折旧政策是否恰当，计算复核本年度折旧的计提是否正确。

（6）期末对公允价值计量的投资性房地产进行逐项检查，以确定投资性房地产是否已经发生减值。

（7）确定投资性房地产后续计量模式的转换是否恰当。

（8）如果被审计单位投资性房地产与其他资产发生相互转换，应审查转换依据是否充分，是否经过有效批准，转换基准日房地产成本计量是否正确，会计处理是否正确。

（9）确定投资性房地产是否已恰当列报。

10.1.6 其他相关账户审计

1. 预付账款审计

预付账款的实质性程序主要有：

（1）获取或编制预付账款明细表，复核加计正确，并与报表数、总账数和明细账合计数核对相符；同时请被审计单位协助，在预付账款明细表上标出截至审计日已收到的货物并冲销预付账款的项目。

(2) 选择大额或异常的预付账款重要项目（包括零账户），函证其余额是否正确，并根据回函情况编制函证结果汇总表；对回函金额不相符的，要查明原因，作出记录或建议作适当调整；对未回函的，可再次复函，也可采用替代方法进行检查，如检查该笔债权的相关凭证资料，或抽查报表日后预付账款明细账及存货明细账，核实是否已收到货物并转销，并根据替代程序检查结果判断其债权的真实性或出现坏账的可能性。对未发询证函的预付账款，应抽查有关原始凭证。

(3) 抽查入库记录，核查有无重复付款或将同一笔已付清的账款在预付账款和应付账款这两个账户同时挂账的情况。

(4) 分析预付账款明细账余额，对于出现贷方余额的项目，应查明原因，必要时建议作重分类调整。

(5) 确定预付账款是否已在资产负债表中恰当披露。

2. 工程物资审计

注册会计师应实施以下实质性程序：

(1) 获取或编制工程物资明细表，对有关数字进行复核，并将其与报表数、总账数和明细账合计数进行核对，若不相符，应查明原因并进行调整。

(2) 对工程物资实施监盘，确定其是否存在，账实是否相符，并观察有无呆滞、积压工程物资。

(3) 抽查工程物资采购合同、发票、货物验收单等原始凭证，检查其内容是否齐全、有无得到授权批准、会计处理是否正确。

(4) 检查工程物资领用手续是否齐全，使用是否合理，会计处理是否正确。

(5) 检查被审计单位对工程物资有无定期盘点制度。

(6) 检查工程完工后剩余工程物资转入存货的，是否将其所含增值税进项税额进行了正确的分离；对外销售的，是否先结转其进项税额，待出售时再结转相应成本。

3. 在建工程审计

注册会计师应实施以下实质性程序：

(1) 获取或编制在建工程明细表，对有关数字进行复核，并将其与报表数、总账数和明细账合计数进行核对，若不相符，应查明原因并进行适当处理。

(2) 检查在建工程的增减数额是否正确，如对于借款费用、工程管理费用资本化问题，应检查资本化起止日的界定、计算方法、计算过程、会计处理等是否合理与正确；对于完工转销的在建工程，应检查转销额的计算是否正确，是否存在将已交付使用的固定资产仍挂在在建工程账上的问题等。

(3) 检查在建工程项目期末余额的构成内容，并实地观察工程现场，确定在建工程是否存在，了解工程项目的实际完工进度，对在建工程累计发生额进行技术测定，并将其与账内数进行核对，检查是否差距较大，判断有无多计、虚计或少计、漏计工程费用的问题。

（4）检查在建工程减值准备的计提。

（5）确定在建工程在资产负债表中的披露是否恰当。

4. 固定资产清理审计

固定资产清理的实质性程序主要有：

（1）获取或编制固定资产清理明细表，复核加计正确，并与报表数、总账数和明细账合计数核对相符。

（2）检查固定资产清理的发生是否有正当理由，是否经有关技术部门鉴定，固定资产清理的发生和转销是否经授权批准，相应的会计处理是否正确。

5. 应付票据审计

对应付票据的审计，主要应采取以下实质性程序：

（1）获取或编制应付票据明细表。

（2）函证应付票据。

（3）检查逾期未付票据。

10.2 练习题

10.2.1 填空题

1. 购货与付款循环通常要经过请购—______—验收—______的程序。

2. 应付账款业务是随着企业______的发生而发生的，注册会计师应结合______进行应付账款的审计。

3. 对固定资产进行实地观察，注册会计师可以以______为起点，实行______。

4. 固定资产折旧的审查，就是为了确定固定资产折旧的______、提取和______是否合法与公允。

5. 预付账款是企业的一种______，预付账款的审计应结合______的审计进行。

6. 对应付票据进行函证，注册会计师可按______进行，对于应付银行的票据可结合______余额一起函证。

10.2.2 判断题（正确的划“√”，错误的划“×”）

1. 注册会计师对受留置权限制的固定资产所有权的审查，通常审核被审计单位的有关负债项目即可证实所有权的归属。（　）

2. 应付账款通常不需函证，如函证，最好采用否定式函证。（　）

3. 请购单可由手工或计算机编制，不但需事先编号，而且每张请购单必须经过对这类支出负预算责任的主管人员签字批准。（　）

4. 企业验收商品时，首先应将所收商品与卖方发票的数量相核对。（　）

5. 购货与付款循环中常用的内部控制测试“观察有无未记录的卖方发票存在”不仅可证实及时性的内部控制目标，而且可证实完整性的内部控制目标。（　）

6. 虽然固定资产的保险不属于企业固定资产的内部控制范围，但是注册会计师检查评价企业的内部控制时，应当了解固定资产的保险情况。（　）

7. 一般情况下，应付账款不需要函证，这是因为函证不能保证查出未记录的应付账款，况且注册会计师能够取得购货发票等外部凭证来证实应付账款的余额。（　）

8. 进行应付账款函证时，注册会计师应选择的函证对象是较大金额的债权人，那些在资产负债表日金额为零的债权人不必函证；同样，当选择重要的应付票据项目进行函证时，不应包括余额为零的项目。（　）

9. 应付账款的函证最好采用肯定形式，但不需具体说明应付金额。（　）

10. 审计中如果发现被审计单位因重复付款、付款后退货、预付货款等导致应付账款的某些明细账户借方出现较大余额，注册会计师应提请被审计单位编制重分类分录，并将这些借方余额在资产负债表中列为资产。（　）

11. 如果被审计单位对投资性房地产后续计量选用公允价值模式，则应对投资性房地产按规定计提折旧。（　）

12. 在初次审计的情况下，注册会计师应对固定资产和累计折旧的期初余额进行较全面的审计，最理想的方法是彻底审计自被审计单位设立起的“固定资产”和“累计折旧”账户中的所有重要的借贷记录。（　）

13. 审计固定资产减少的主要目的就在于查明业已减少的固定资产是否已作适当的会计处理。（　）

14. 为了证实被审计单位的固定资产是否受留置权限制，注册会计师通常应审核有关的权益类项目。（　）

15. 注册会计师实地观察固定资产的重点是价值比较大的重要固定资产。（　）

16. 注册会计师对融资租入固定资产实施审计程序时，除可参照经营租赁固定资产的检查要点外，还要注意审查租入固定资产是否已登入备查簿。（　）

17. 注册会计师在检查因清产核资、资产评估调整的固定资产时，应取得有关清产核资报告、资产评估报告，检查其会计处理是否正确。（　）

18. 如果注册会计师对折旧的总的计算结果和被审计单位的折旧总额相近，就可以适当减少累计折旧和折旧费用的控制测试工作量。（　）

19. 对于因资产评估调整累计折旧的，应取得有关资产评估报告，检查其会计处理是否正确。（　　）

20. 在检查固定资产减值准备的披露是否恰当时，只需关注其在财务报表附注披露上的恰当性。（　　）

21. 对应付票据的函证未回函的，可再次函证或采取其他替代审计程序。（　　）

22. 应付票据函证只能获得被审计单位资产负债表列示数据是否准确的审计证据。（　　）

10.2.3 单项选择题

1. 注册会计师为审查被审计单位未入账负债而实施的下列审计程序中，最有效的是（　　）。

A. 审查资产负债表日后货币资金支出情况

B. 审查资产负债表日前后几天的发票

C. 审查应付账款、应付票据的函证回函

D. 审查购货发票与债权人名单

2. 固定资产折旧审计的主要目标不应包括（　　）。

A. 确定固定资产的增加、减少是否符合预算和经过授权批准

B. 确定折旧政策和方法是否符合国家有关财会法规的规定

C. 确定适当的折旧政策和方法是否得到一贯遵守

D. 确定折旧额的计算是否正确

3. 注册会计师认为被审计单位固定资产折旧计提不足的迹象是（　　）。

A. 经常发生大额的固定资产清理损失

B. 累计折旧与固定资产原值的比率较大

C. 提取折旧的固定资产账面价值庞大

D. 固定资产保险额大于其账面价值

4. “将验收单和卖方发票上的日期与采购明细账中的日期进行比较”属于购货与付款循环中（　　）。

A. 内部控制目标　　B. 关键的内部控制

C. 内部控制测试　　D. 实质性程序

5. 注册会计师从卖方发票追查至采购明细账，是为了证实购货与付款循环的（　　）。

A. 存在或发生目标　　B. 完整性目标

C. 估价或分摊目标　　D. 过账和汇总目标

6. 注册会计师对固定资产实施控制测试时需关注的内容不包括（　　）。

A. 固定资产的取得和处置是否均依据预算

B. 固定资产的取得和处置是否经企业管理当局的书面认可

C. 固定资产的取得、记录、保管、使用、维修、处置等是否明确划分责任

D. 固定资产的购置是否存在与资本性支出有关的财务承诺

7. 对应付账款进行的分析程序不包括（　　）。

A. 计算应付账款对存货的比率、应付账款对流动负债的比率，并与以前期间对比分析，评价应付账款的整体合理性

B. 获取或编制应付账款明细表，复核加计正确，并与报表数、总账数和明细账合计数核对是否相符

C. 分析长期挂账的应付账款，要求被审计单位作出解释，判断被审计单位是否缺乏偿债能力或利用应付账款隐瞒利润

D. 利用存货、营业收入和营业成本的增减变动幅度，判断应付账款增减变动的合理性

8. 注册会计师应当进行应付账款函证的情况不包括（　　）。

A. 控制风险较高

B. 应付账款明细账户金额较大

C. 应付账款在全部负债中所占的比重较大

D. 被审计单位处于财务困难阶段

9. 下列各审计程序中，对查找未入账的应付账款最无效的是（　　）。

A. 检查在资产负债表日未处理的不相符的购货发票

B. 函证应付账款

C. 检查资产负债表日后收到的购货发票

D. 检查资产负债表日后应付账款明细账贷方发生额的相应凭证

10. 注册会计师在对固定资产实施分析程序时，可以通过计算并与上期进行比较，发现累计折旧核算的错误，应计算的指标是（　　）。

A. 固定资产原值与本期产品产量的比率

B. 本期计提折旧额与固定资产总成本的比率

C. 累计折旧与固定资产总成本的比率

D. 本期修理及维护费用与固定资产总成本的比率

11. 对于以非货币性交易换入的固定资产，注册会计师应查明（　　）。

A. 决算、验收和移交报告是否正确

B. 入账价值与投资合同中关于固定资产作价的规定是否一致

C. 是否按换出资产的账面价值加上应支付的相关税费作为入账价值

D. 产权过户手续是否齐备，固定资产计价及确认的损益是否符合相关会计制度规定

12. 在检查汽车等运输设备的所有权时，注册会计师应（　　）。

A. 经审核采购发票、购货合同等予以确定

B. 验证有关运营证件等

C. 查阅有关合同、产权证明、财产税单、抵押借款的还款凭据、保险单等书面文件

D. 验证有关融资租赁合同

13. 注册会计师为了获取实际存在的固定资产均已入账的证据，应当采用的最佳程序是（　　）。

A. 以固定资产明细分类账为起点，进行实地追查

B. 以实地为起点，追查至固定资产明细分类账

C. 先从实地追查至明细分类账，再从明细分类账追查至实地

D. 先从明细分类账追查至实地，再从实地追查至明细分类账

14. 固定资产减值准备的审计目标不包括（　　）。

A. 确定计提固定资产减值准备的方法和比例是否恰当

B. 确定固定资产减值准备增减变动的记录是否完整

C. 确定固定资产减值准备的期初余额是否正确

D. 确定固定资产减值准备的披露是否恰当

15. 检查固定资产减值准备计提的实质性程序需特别关注的内容不包括（　　）。

A. 是否按单项资产计提固定资产减值准备

B. 是否在满足某些条件时按该项固定资产的账面价值全额计提固定资产减值准备

C. 已计提减值准备的固定资产是否不再计提折旧

D. 已计提减值准备的固定资产价值得以恢复时是否在原计提减值准备的范围内转回

16. 审计在建工程时，对于借款费用资本化，注册会计师应结合审计的账户不包括（　　）。

A. 长短期借款　　B. 应付债券

C. 长期应付款　　D. 管理费用

17. 投资性房地产后续计量从成本模式转为公允价值模式，属于（　　）。

A. 会计估计变更　　B. 会计政策变更

C. 会计法规调整　　D. 会计方法调整

18. 投资性房地产减值准备本期与以前年度计提方法不一致，属于（　　）。

A. 会计法规变更　　B. 会计方法变更

C. 会计估计调整　　D. 会计政策调整

10.2.4 多项选择题

1. 对于被审计单位经营性租入的固定资产，注册会计师不应专门审查的有

（　　）。

A. 固定资产的租赁合同、协议

B. “固定资产”账户的核算情况

C. 租入固定资产提取的折旧额是否正确

D. 租入固定资产有无变相馈赠情况

E. 租入固定资产维修保养情况

2. 华天公司 2022 年底的会计资料表明其当年应付票据的大部分已付清，注册会计师为证实应付票据支付情况而应获取的审计证据有（　　）。

A. 应付票据明细表

B. 分析程序资料

C. 应付票据的函证回函

D. 管理当局提出票据到期即付的声明书

E. 应付票据的出票银行

3. 注册会计师对固定资产取得和处置实施控制测试的重点包括（　　）。

A. 审查固定资产的取得是否与预算相符，有无重大差异

B. 审查固定资产的取得和处置是否经过授权批准

C. 审查是否正确划分资本性支出和收益性支出

D. 审查与固定资产取得和处置相关的项目如应付账款、银行存款、固定资产清理和营业外收支等会计记录的适当性

E. 审查固定资产维修保养情况

4. 注册会计师在计算固定资产原值与本期产品产量的比例，并与以前期间相关指标进行比较时，可能发现存在的问题有（　　）。

A. 资本性支出和收益性支出区分的错误

B. 闲置的固定资产尚未作出会计处理

C. 增加的固定资产尚未作出会计处理

D. 减少的固定资产尚未作出会计处理

E. 租入固定资产尚未登记入账

5. 注册会计师一般不必函证决算日的应付账款余额，其原因有（　　）。

A. 存在其他可靠的外部凭证以供证实之用

B. 和被审计单位法律顾问联系，将揭示供货方因未付款而采取的法律行动

C. 函证不能保证查出未入账的应付账款

D. 决算日前应付账款余额在审计完成前或许不曾付

E. 应付账款余额不会错报

6. 在下列情况中，注册会计师需要函证应付账款的有（　　）。

A. 固有风险较高

B. 控制风险较高

C. 某应付账款明细账户金额较大
D. 被审计单位处于财务困难阶段
E. 被审计单位资金充足
7. 固定资产的审计目标一般包括（　　）。
A. 确定固定资产是否归被审计单位所有
B. 确定固定资产的计价和折旧政策是否恰当
C. 确定固定资产的期末余额是否正确
D. 确定固定资产及其累计折旧增减变动的记录是否完整
E. 确定租入固定资产是否正确
8. 在建工程的审计目标一般包括（　　）。
A. 确定在建工程是否存在
B. 确定在建工程增减变动的记录是否完整
C. 确定在建工程在财务报表上的披露是否恰当
D. 确定在建工程减值准备的计提方法和比例是否恰当
E. 确定在建工程的质量情况
9. 检查折旧费用的计提和分配时，注册会计师应注意（　　）。
A. 计算复核本期折旧费用的计提是否正确
B. 检查折旧费用的分配是否合理
C. 检查折旧费用的分配是否与上期分配方法一致
D. 注意固定资产增减变动时，有关折旧的会计处理是否符合规定
E. 注意经营租入固定资产折旧费用计提情况
10. 在下列审计程序中，属于预付账款实质性程序的有（　　）。
A. 核对年末预付账款总账与明细账余额是否相符
B. 检查预付账款长期挂账的原因
C. 选择重要的预付账款项目进行函证
D. 检查被审计单位是否定期核对预付账款总账及相关明细账
E. 检查应付账款的会计记录职责是否清楚
11. 对投资性房地产进行审计，应涉及的科目有（　　）。
A. “投资性房地产”　　B. “累计折旧”
C. “投资性房地产减值准备”　　D. “长期股权投资”
E. “固定资产”
12. 投资性房地产的审计目标包括（　　）。
A. 确定投资性房地产是否存在
B. 确定投资性房地产计价方法是否恰当
C. 确定投资性房地产是否归客户所有
D. 确定投资性房地产记录是否完整

E. 确定投资性房地产销售是否正常

10.2.5　计算与分析题

【资料】甲企业为从事房地产经营开发的企业。2021 年 8 月，甲公司与乙公司签订租赁协议，约定将甲公司开发的一栋精装修的写字楼于开发完成的同时开始租赁给乙公司使用，租赁期为 10 年。当年 10 月 1 日，该写字楼开发完成并开始出租，写字楼的造价为 9 000 万元。2021 年 12 月 31 日，该写字楼的公允价值为 9 200 万元。甲公司采用公允价值计量模式对投资性房地产进行后续计量。

甲企业的财务处理为：

借：投资性房地产——公允价值	92 000 000	
贷：投资性房地产		90 000 000
营业外收入		2 000 000

【要求】请代注册会计师 A 指出上述账务处理存在的问题，并指明正确的账务处理。

10.3　练习题参考答案

10.3.1　填空题

1. 订货　付款
2. 赊购交易　购货业务
3. 固定资产明细账　实地追查
4. 计算　分配
5. 流动资产　购货与付款循环
6. 票据种类　银行存款

10.3.2　判断题

1. ×	2. ×	3. ×	4. ×	5. √
6. √	7. √	8. ×	9. ×	10. ×
11. ×	12. √	13. √	14. ×	15. ×
16. ×	17. √	18. ×	19. √	20. ×
21. √	22. ×			

10.3.3 单项选择题

1. A	2. A	3. A	4. D	5. B
6. D	7. B	8. C	9. B	10. C
11. C	12. B	13. B	14. C	15. C
16. D	17. B	18. D		

10.3.4 多项选择题

1. BC	2. ACD	3. ABC	4. BD	5. AC
6. BCD	7. ABCD	8. ABCD	9. ABCD	10. ABC
11. ABC	12. ABCD			

10.3.5 计算与分析题

【解答】注册会计师A认为上述账务处理是错误的，违反了企业会计准则的规定。正确的账务处理如下：

（1）2021年10月1日，甲公司开发完成写字楼并出租。

借：投资性房地产——成本　　9 000 0000

　贷：生产成本　　9 000 0000

（2）2021年12月31日，按照公允价值为基础调整其账面价值，公允价值与原账面价值之间的差额计入当期损益。

借：投资性房地产——公允价值变动　　2 000 000

　贷：公允价值变动损益　　2 000 000

10.4 教材习题参考答案

10.4.1 思考题

1.**【解答】**应从以下几个方面进行检查：

（1）检查资产负债表日后收到的购货发票，确认其入账时间是否正确。

（2）检查资产负债表日应付账款明细账借方发生额的原始凭证，确认其入账时间是否正确。

（3）检查在资产负债表日后处理的不相符的购货发票及有材料入库凭证但未收到购货发票的经济业务。

2.**【解答】**根据被审计单位业务的性质，注册会计师选择以下方法对固定资产实施分析程序。

（1）计算固定资产原值与本期产品产量的比率，并与以前期间比较，可能发现闲置固定资产或已减少固定资产未在账户上注销的问题。

（2）本期计提折旧额/固定资产总成本，将此比率与上期比较，旨在发现本期折旧额计算的错误。

（3）累计折旧/固定资产总成本，将此比率与上期比较，旨在发现累计折旧核算的错误。

（4）比较本期各月、本期与以前各期的修理及维护费用，旨在发现资本性支出和收益性支出区分上可能存在的错误。

（5）比较本期与以前各期的固定资产增加和减少，由于被审计单位的生产经营情况在不断变化，各期之间固定资产增加和减少的数额可能相差很大，注册会计师应当深入分析其差异，并根据被审计单位以往和今后的生产经营趋势，判断差异产生的原因是否合理。

（6）分析固定资产的构成及其增减变动情况，与在建工程、现金流量表、生产能力等相关信息交叉复核，检查固定资产相关金额的合理性和准确性。

3. **【解答】**固定资产减值准备的审计目标一般包括：

（1）确定计提固定资产减值准备的方法和比例是否恰当，固定资产减值准备的计提是否充分。

（2）确定固定资产减值准备增减变动的记录是否完整。

（3）确定固定资产减值准备的期末余额是否正确。

（4）确定固定资产减值准备的披露是否恰当。

10.4.2　案例分析题

1. **【解答】**陈文浩应选择 B 公司和 D 公司进行应付账款函证。因为函证客户的应付账款，应选择那些应付账款可能存在较大发生额而并非年末余额较大的债权人。函证的目的在于查实有无未入账的负债，而不是验证具有较大年末应付账款余额的债务。本年度甲公司从 B 公司和 D 公司采购了大量商品，存在漏计负债业务的可能性更大。

2. **【解答】**内容中可能存在两处不合理之处：一是“累计折旧——土地”的本年增加数为 15 万元，这与国家规定土地不提折旧的要求相悖；二是“固定资产原价——房屋及建筑物”的本年减少数为 21 万元，小于“累计折旧——房屋及建筑物”的本年减少数（31 万元），而根据会计核算的基本原理，考虑固定资产净残值率这一因素，即使这些减少的房屋及建筑物已提足折旧，其累计折旧数也应小于相应的固定资产原价。

第 11 章

生产与费用循环审计

学习目的和要求

通过本章的学习，培养学生树立脚踏实地、实事求是的思想，以充分、适当的审计证据为依据，以会计准则、审计准则为准绳，得出符合实际的审计结论，培育没有调查研究就没有发言权的作风。

通过本章的学习，应理解生产与费用循环审计的程序和方法，熟练掌握存货成本、存货监盘、存货计价以及其他相关账户审计的技能。

在本章的学习中，要深入了解生产与费用循环的基本业务活动和内部控制；了解和掌握评估生产与费用循环的重大错报风险；掌握生产与费用循环的控制测试和相关账户的实质性程序；能运用所学的生产与费用循环审计的基本理论、基本方法和基本技能解决实际审计工作中的有关问题。

11.1 复习提要

11.1.1 生产与费用循环概述

生产与费用循环概述主要介绍本循环所涉及的主要凭证、会计记录和主要业务活动。

1. 主要凭证和会计记录

该循环所涉及的凭证和记录主要包括：

(1) 生产指令。

(2) 领发料凭证。

(3) 产量和工时记录。

（4）职工薪酬汇总表及职工薪酬费用分配表。

（5）材料费用分配表。

（6）制造费用分配汇总表。

（7）成本计算单。

（8）存货明细账。

2. 生产与费用循环所涉及的主要业务活动

生产与费用循环所涉及的主要业务活动包括：

（1）计划和安排生产。

（2）发出原材料。

（3）生产产品。

（4）费用归集和成本核算。

（5）产成品入库。

（6）发出产成品。

11.1.2　生产与费用循环的控制测试

1. 生产与费用循环的内部控制

（1）生产循环的内部控制。生产循环的内部控制包括两大控制系统：一是生产过程中的实物流转程序控制；二是对产品成本进行记录与控制的成本费用管理控制和成本费用会计控制。

（2）费用循环的内部控制。费用循环控制的内容一般包括：1）有明确的费用开支范围和开支标准；2）有健全有效的费用预算控制制度；3）有健全的费用核准制度，严格费用开支的审批，特别是预算外开支批准手续；4）对费用进行合理的分类，并分别开设明细账，及时进行核算；5）定期检查费用预算的执行情况。

2. 评估生产与费用循环的重大错报风险

在实施控制测试和实质性程序前，注册会计师应了解被审计单位生产与费用循环和相关账户余额的内部控制的设计、运行情况，评估生产与费用循环的重大错报风险，以便实施更有效的审计程序。生产与费用循环和相关账户余额存在的重大错报风险可能包括：

（1）生产成本存在的舞弊风险。

（2）成本计算的复杂性可能导致的错误。

（3）确定存货项目的可变现净值较为困难。

（4）存货存放地点很多导致的风险。

（5）产品的多元化风险。

（6）发生各种其他错误的可能性。

在评估生产与费用循环的重大错报风险时，注册会计师应当充分了解生产与费用循环中的控制活动，目的在于实施更有效的审计程序。也就是说，注册会计师必须对被审计单位生产与费用循环的重大错报风险有一定的认识，在此基础上设计并实施进一步审计程序，才能应对生产与费用循环的重大错报风险。

3. 生产与费用循环的控制测试

进行控制测试的程序主要有：

（1）检查存货的领用是否有授权批准手续，是否严格按照授权批准手续发货；检查存货入库是否有严格的验收手续，是否就名称、规格、型号、数量和价格与合同、原始单证进行核对；检查存货的发出是否按照规定办理，有无不按规定发出存货的情况。

（2）询问和观察存货的盘点过程。

（3）询问和观察存货的保管程序，观察是否只有经过授权批准的人员才能接近原材料和产成品等存货。

（4）抽查记账凭证所附的原始凭证是否齐备，是否顺序编号。

（5）检查已经发生的存货购进、领用、发出的业务是否全部入账，是否有未入账的原始凭证。

（6）选取样本测试各费用项目的归集和分配以及成本核算是否按企业确定的成本核算流程和账务处理流程进行核算和账务处理。

（7）检查有关成本核算的记账凭证是否附有领发料凭证、产量和工时记录、人工费用分配表、材料费用分配表、制造费用分配表等原始凭证，有无未附原始单证的记账凭证。

（8）检查是否所有已发生的料、工、费的耗费均已及时准确地计入生产成本中，有无未入账的原始凭证。

（9）选取样本测试各种费用的归集和分配以及成本的计算是否按规定执行。

（10）检查员工人事档案、工时卡是否由经授权的有关人员进行管理；员工人事档案、工时卡是否及时准确记录有关工资、薪金或佣金、代扣款项等内容。

（11）检查记录的工薪是否为实际发生而非虚构的。

（12）检查当期实际已发生的工薪支出是否全部计入成本；职工薪酬费用分配表、职工薪酬汇总表是否完整反映实际已发生的工薪支出。

（13）选取样本测试职工薪酬费用的归集和分配是否按规定流程执行。

（14）询问和观察人事、考勤、工薪发放、记录等职务是否相互分离，观察各项职责的执行情况。

11.1.3 存货成本审计

1. 存货成本的审计目标

审计目标一般包括：确定存货成本是否真实发生；确定存货成本的归集和计算是否符合企业会计准则规定；确定存货成本的计算对象、计算方法的正确性；确定存货在财务报表中的披露是否恰当。

2. 存货成本的实质性程序

（1）直接材料成本的审计。直接材料成本的实质性程序一般应从审阅材料和生产成本明细账入手，抽查有关的费用凭证，验证企业产品直接耗用材料的数量、计价和材料费用分配是否真实、合理。

1）抽查产品成本计算单，检查直接材料成本的计算是否正确，材料费用的分配标准与计算方法是否合理和适当，是否与材料费用分配汇总表中该产品分摊的直接材料费用相符。

2）检查直接材料耗用数量的真实性，有无将非生产用材料计入直接材料费用。

3）分析比较同一产品前后各年度的直接材料成本，如有重大波动应查明原因。

4）抽查材料发出及领用的原始凭证，检查领料单的签发是否经过授权，材料发出汇总表是否经过适当的人员复核，材料单位成本的计价方法是否适当，是否正确并及时入账。

5）对采用定额成本或标准成本的企业，应检查直接材料成本差异的计算、分配与会计处理是否正确，并查明直接材料的定额成本、标准成本在本年度内有无重大变更。

（2）直接人工成本的审计。直接人工成本的实质性程序主要包括：

1）抽查产品成本计算单，检查直接人工成本计算是否正确，人工费用的分配标准与计算方法是否合理和适当，是否与人工费用分配汇总表中该产品分摊的直接人工费用相符。

2）将本年度的直接人工成本与前期进行比较，查明异常波动的原因。

3）分析比较本年度各个月份的人工费用发生额，如有异常波动，应查明原因。

4）结合应付职工薪酬的检查，抽查人工费用会计记录及会计处理是否正确。

5）对采用标准成本法的企业，应抽查直接人工成本差异的计算、分配与会计处理是否正确，并查明直接人工的标准成本在本年度内有无重大变更。

（3）制造费用的审计。制造费用的实质性程序主要包括：

1）获取或编制制造费用汇总表，并与明细账、总账核对相符，抽查制造费用中的重大数额项目及例外项目是否合理。

2）审阅制造费用明细账，检查其核算内容及范围是否正确，并注意是否存在异常会计事项。

3）必要时对制造费用实施截止测试，即检查资产负债表日前后若干天的制造费用明细账及其凭证，确定有无跨期入账的情况。

4）检查制造费用的分配是否合理。

5）对于采用标准成本法的被审计单位，应抽查标准制造费用的确定是否合理，计入成本计算单的数额是否正确，制造费用的计算、分配与会计处理是否正确，并查明标准制造费用在本年度内有无重大变动。

（4）营业成本的审计。营业成本的实质性程序包括：

1）获取或编制营业成本明细表，与明细账和总账核对相符。

2）编制生产成本及销售成本倒轧表，与总账核对相符。

3）分析比较本年度与上年度营业成本总额，以及本年度各月份的营业成本金额，如有重大波动和异常情况，应查明原因。

4）结合生产成本的审计，抽查销售成本结转数额的正确性，并检查其是否与销售收入配比。

5）检查营业成本账户中的重大调整事项（如销售退回等）是否有充分理由。

6）确定营业成本在利润表中是否已恰当披露。

3. *对存货实施分析程序*

分析程序在存货成本审计中普遍采用，在生产与费用循环的分析程序中，注册会计师通常运用的方法有简单比较法和比率比较法两种。其中简单比较法主要进行以下分析：

（1）比较前后各期及本年度各个月份存货余额及其构成、存货成本差异率、生产成本总额及单位生产成本、直接材料成本、职工薪酬费用的发生额、制造费用、营业成本总额及单位销售成本等，以评价其总体合理性。

（2）将存货余额与现有的订单、资产负债表日后各期的销售额和下一年度的预测销售额进行比较，以评估存货滞销和跌价的可能性。

（3）将存货跌价准备与本年度存货处理损失的金额进行比较，判断被审计单位是否已计提足额的存货跌价准备。

（4）将与关联企业发生存货交易的频率、规模、价格和账款结算条件，与非关联企业对比，判断被审计单位是否利用与关联企业的存货交易虚构业务、调节利润。

11.1.4 存货监盘

注册会计师对存货监盘是存货审计必不可少的一项审计程序。具体程序如下：

（1）制定计划前应考虑的问题。

（2）进行监盘的准备工作。

（3）实施监盘。

（4）进行抽点。

（5）总结盘点结果。

（6）其他注意事项。

11.1.5　存货计价审计和截止测试

1. 存货计价审计

监盘程序只能对存货的结存数量予以确认。为验证财务报表上存货余额的真实性，还必须对存货的计价进行审计。

（1）样本的选择。

（2）计价方法的确认。

（3）计价审计。

2. 存货截止测试

存货截止审计的主要方法是抽查存货盘点日期前后的购货发票与验收报告（或入库单），档案中的每张发票均附有验收报告（或入库单）。12 月底入账的发票如果附有 12 月 31 日或之前的验收报告（或入库单），则货物肯定已经入库，并包括在本年的实地盘点存货范围内；如果验收报告日期为次年 1 月份的日期，则货物不会列入年底实地盘点范围内；反之，如果仅有验收报告（或入库单）而并无购货发票，则应认真审核每一验收报告单上面是否加盖“暂估入库”字样。

11.1.6　应付职工薪酬审计

1. 应付职工薪酬的审计目标

一般应付职工薪酬的审计目标主要有：确定期末应付职工薪酬是否存在；确定期末应付职工薪酬是不是被审计单位应履行的支付义务；确定应付职工薪酬计提和支出的记录是否完整，计提依据是否合理；确定应付职工薪酬的期末余额是否正确；确定应付职工薪酬的披露是否恰当。

2. 应付职工薪酬的实质性程序

应付职工薪酬的实质性程序通常包括：

（1）获取或编制应付职工薪酬明细表，复核加计正确，并与报表数、总账数和明细账合计数核对是否相符。

（2）对本期职工薪酬实施分析程序。

（3）检查应付职工薪酬的核算内容是否完整。

（4）检查职工薪酬的计算是否正确，分配方法是否与上期一致，并将应付职工薪酬计提数与相关成本、费用项目核对一致。

（5）检查应付职工薪酬的范围、标准是否符合规定。

（6）审阅应付职工薪酬明细账。

（7）检查被审计单位实行的工薪制度是否合法、合理。

（8）确定应付职工薪酬的披露是否恰当。

11.1.7 其他相关账户审计

1. 物资采购审计

在审计物资采购账户时，首先，应获取或编制物资采购明细表，复核加计正确，与总账数核对是否相符；其次，应检查期末物资采购，核对有关凭证，对大额物资采购追查至相关的购货合同及购货发票，复核采购成本的正确性，并抽查期后入库情况。同时，注册会计师应查阅资产负债表日前后若干天物资采购增减变动的有关账簿记录和收料报告单等资料，检查有无跨期现象。此外，注册会计师还应审核有无长期挂账事项。

2. 原材料审计

首先，应获取或编制原材料明细表，复核加计是否正确，并与总账数、明细账合计数核对是否相符；同时抽查核对明细账是否与仓库台账、卡片记录相符。在此基础上，实施以下实质性程序：

（1）对期末原材料余额与上期期末余额进行比较，解释其波动原因，并对大额异常项目进行调查。

（2）现场观察被审计单位的期末原材料盘点情况，取得原材料盘点资料和盘盈、盘亏报告表，作重点抽查，并注意查明账实不符的原因，有关审批手续是否完备，账务处理是否正确；存放在外的库存材料应现场查看或函询核实。

（3）检查原材料的入账基础和计价方法是否正确，是否前后期一致。

（4）根据被审计单位的原材料计价方法，抽查年末结存量较大的原材料的计价是否正确。

（5）查阅资产负债表日前后若干天的原材料增减变动的有关账簿记录和原始凭证，检查有无跨期现象。

（6）结合原材料的监盘，检查期末有无料到单未到的情况。

3. 包装物审计

对包装物的审计，同样首先应获取或编制包装物明细表，复核加计正确，并与总账数、明细账合计数核对是否相符，同时抽查核对明细账是否与仓库台账、卡片记录相符。然后，对期末包装物余额与上期期末余额进行比较，解释其波动原因，并对大额异常项目进行调查；现场观察被审计单位的期末包装物盘点情况，取得包装物盘点资料和盘盈、盘亏报告表，作重点抽查，并注意查明账实不符的原因，有关审批手续是否完备，账务处理是否正确，存放在外的包装物应现场查看或函询核实；检查包装物的入账基础和计价方法是否正确，是否前后一致。

4. 低值易耗品审计

首先应获取或编制低值易耗品明细表，复核加计正确，并与总账数、明细账合计数核对是否相符。然后实施以下实质性程序：检查低值易耗品入库和领用手续是否齐全，会计处理是否正确；检查低值易耗品摊销方法是否正确，前后期是否一致；审核有无长期挂账的低值易耗品事项，如有，查明原因，必要时进行调整。

5. 材料成本差异的审计

首先应获取或编制材料成本差异明细表，复核加计正确，并与总账数、明细账合计数核对是否相符。在此基础上实施以下实质性程序：对每月材料成本差异率进行分析性复核，检查是否有异常波动，注意是否存在调节成本现象；抽查若干月发出材料汇总表，检查材料成本差异的分配是否正确，并注意分配方法前后期是否一致。

6. 库存商品的审计

首先应获取或编制库存商品明细表，复核加计正确，并与总账数、明细账合计数核对是否相符；同时与仓库台账、卡片抽查核对相符。然后实施以下实质性程序：

(1) 现场观察被审计单位库存商品的盘点情况，取得库存商品盘点资料和盘盈、盘亏报告表，作重点抽查。

(2) 查核库存商品的计价方法，检查其前后期是否一致。

(3) 抽查库存商品入库单，核对库存商品的品种、数量与入账记录是否一致，并检查入库库存商品的实际成本是否与“生产成本”科目的结转额相符。

(4) 抽查库存商品的发出凭证，核对转出库存商品的品种、数量和实际成本与“营业成本”是否相符。

7. 存货跌价准备审计

存货跌价准备的实质性程序主要有：

(1) 获取或编制存货跌价准备明细表，复核加计正确，并与总账数和明细账合计数核对相符。

(2) 检查存货跌价准备计提和存货损失转销的批准程序，取得书面报告、销售合同或劳务合同等证明文件。

(3) 评价存货跌价准备的计提依据和计提方法是否合理，是否充分考虑了持有存货的目的及资产负债表日后事项的影响等因素。

(4) 若被审计单位为建造承包商，对其正在执行的建造合同，应检查预计总成本是否超过合同总收入；如果超过，跌价准备计提是否合理，会计处理是否正确。

(5) 比较本期实际损失发生数与前期存货跌价准备的余额，评价上期存货跌价准备计提的合理性。

(6) 如果被审计单位出售或核销已经计提跌价准备的存货，应检查相应的跌价准备的会计处理是否正确。

(7) 注意已计提跌价准备的存货价值又得以恢复的，是否在原已计提的跌价准备的范围内转回，依据是否充分，并记录转回金额。

（8）检查被审计单位是否于期末对存货进行了检查分析，存货跌价准备的计算和会计处理是否正确。

（9）确定存货跌价准备的披露是否恰当。

8. 管理费用审计

注册会计师对管理费用审计的实质性程序主要有：

（1）取得或编制管理费用明细表，复核加计正确，与报表数、总账数及明细账合计数核对是否相符。

（2）检查管理费用项目的核算内容与范围是否符合规定。

（3）将本期、上期管理费用各明细项目作比较分析，必要时比较各月份管理费用，对有重大波动和异常情况的项目应查明原因，考虑是否提请被审计单位调整。

（4）将在管理费用中列支的职工薪酬、研究费用、折旧费以及无形资产、长期待摊费用、其他长期资产的摊销额等项目与相关科目进行交叉勾稽，并作出相应记录。

（5）选择管理费用中数额较大，以及本期与上期相比变化异常的项目追查至原始凭证，查明相关问题。

（6）抽取资产负债表日前后一定数量的凭证，实施截止测试，对于重大跨期项目，应建议作必要调整。

（7）检查管理费用的披露是否恰当。

11.2 练习题

11.2.1 填空题

1. 生产与费用循环的主要活动从______到加工、______时结束。

2. 产成品发出的出库单至少四联，一联交仓库部门；一联______留存；一联送交______；一联作为给顾客开发票的依据。

3. 一个财务管理较好的企业必须重视费用______与______。

4. 存货成本审计包括直接材料成本的审计、______的审计、制造费用的审计和______的审计等内容。

5. 在生产与费用循环的分析程序中，注册会计师通常运用的方法有______和______两种。

6. 存货监盘应做好盘点前的计划工作、盘点过程的______，以及盘点工作结束后的______。

7. 工资业务的审计，涉及______及相关成本费用账户。

11.2.2　判断题（正确的划“√”，错误的划“×”）

1. 因为不存在满意的替代程序来观察和计量期末存货，所以注册会计师必须对被审计单位的存货进行监盘。（　）

2. 虽然直接材料成本的核算方法有多种，但是注册会计师在执行直接材料成本的控制测试时，可以采用相同的测试程序。（　）

3. 制造费用不需要作截止测试。（　）

4. 将存货余额与现有订单、资产负债表日后各期的销售额和下一年度的预测销售额进行比较，可以评估存货滞销和跌价的可能性。（　）

5. 存货周转率是用以衡量销售能力和存货是否积压的指标；毛利率是用以衡量成本控制及销售价格变化的指标。（　）

6. 存货周转率的变动可能意味着被审计单位的销售额发生大幅变动。（　）

7. 存货的监盘和应收账款的函证均是一般公认审计程序，二者均存在一些令人满意的替代证明方法。（　）

8. 监盘程序所得到的证据可以保证被审计单位对存货拥有所有权，但不能对存货的价值提供审计证据。（　）

9. 注册会计师监盘的时间以会计期末以后为优。（　）

10. 为了满足审计的要求，注册会计师应当负责制定盘点计划，这样一方面可以使企业更加了解审计对存货盘点的要求，另一方面也有利于注册会计师掌握企业存货管理的情况及企业对存货盘点的初步安排。（　）

11. 注册会计师应在企业盘点人员盘点后，根据自己观察的情况，在盘点标签取下之前，进行复盘抽点，抽点样本一般不得低于存货总量的 20%。（　）

12. 对于企业存放或寄销在外地的存货，也应纳入盘点范围，可以由本所注册会计师亲自前往监盘，也可以向寄存寄销单位函证。（　）

13. 出于管理或生产上的要求，无法为存货盘点中断生产，因而难以对这些企业的在产品进行盘点时，注册会计师可以采用一些创造性方法来验证存货数量。（　）

14. 只要各类存货间的转换凭证十分可靠，分散盘点即可提供可靠的审计证据。（　）

15. 存货正确截止的要求是，12 月 31 日前购入的存货，即使未验收入库，也必须纳入存货盘点的范围。（　）

16. 存货截止审计的主要方法是抽查存货盘点日期前后的购货发票与验收报告（或入库单），档案中每张发票均附有验收报告（或入库单）。（　）

17. 在确定截止审计样本时，一般以截止日为界限，分别向前倒推或向后推

若干日，按顺序选取较大金额购货业务的发票或验收报告做审计样本。（　　）

18. 应付职工薪酬的审计目标应包括：确定其是否存在；确定计提和支出的记录是否完整；确定计提依据是否合理；确定期末余额是否正确；确定披露是否恰当。（　　）

11.2.3 单项选择题

1. 下列各项中，属于生产成本审计实质性程序的是（　　）。

A. 对成本实施分析程序

B. 审查有关凭证是否经过适当审批

C. 审查有关记账凭证是否附有原始凭证，以及这些原始凭证的顺序编号是否完整

D. 询问和观察存货的盘点及接触、审批程序

2. 在下列四个关于存货审计的选项中，正确的是（　　）。

A. 对存货进行监盘是证实存货“完整性”和“权利”认定的重要程序

B. 对难以盘点的存货，应根据企业存货收发制度确认存货数量

C. 存货计价审计的样本应着重选择余额较小且价格变动不大的存货项目

D. 存货截止测试的主要方法是抽查存货盘点日前后的购货发票与验收报告（或入库单），确定每张发票均有验收报告（或入库单）

3. 注册会计师在进行控制测试时，可以运用询问和观察存货和记录的接触以及相应的批准程序来证实的内部控制目标是（　　）。

A. 账面存货与实际存货定期核对相符

B. 对存货实施保护措施，保管人员与记录、批准人员相互独立

C. 成本以正确的金额、在恰当的会计期间及时记录于适当的账户

D. 记录的成本为实际发生的而非虚构的

4. 生产与费用循环有关交易的实质性程序的重点不包括（　　）。

A. 成本会计制度的测试　　B. 分析程序的运用

C. 存货的监盘　　D. 存货计价的测试

5. 下列各项中，属于应付职工薪酬审计的实质性程序的是（　　）。

A. 询问和观察人事、考勤、工薪发放、记录等职责执行情况

B. 复核人事政策、组织结构图

C. 对本期工资费用进行分析性复核

D. 检查职工薪酬分配表、职工薪酬汇总表、职工薪酬结算表，并核对员工工资手册、员工手册等

6. 对直接人工成本的控制测试，如果采用计件工资制，应当检查（　　）。

A. 实际工时统计记录　　B. 职员分类表

C. 个人产量记录　　D. 职员工资率

7. 存货成本审计的内容不包括（ ）。

A. 直接材料成本　　B. 制造费用

C. 营业成本　　D. 管理费用

8. 在审阅制造费用明细账时，应重点查明企业有无将不应列入成本费用的支出计入制造费用，如（ ）。

A. 季节性停工损失　　B. 实验检验费

C. 修理期间停工损失　　D. 技术改造支出

9. 毛利率的波动可能意味着被审计单位（ ）。

A. 存货成本项目发生变动

B. 销售价格发生变动

C. 存货核算方法发生变动

D. 存货跌价准备计提基础或冲销政策发生变动

10. 下列关于存货监盘的要点，表述正确的是（ ）。

A. 被审计单位实施的实地盘存既是一项控制程序，又是一项独立活动，且其效用依赖于对处理业务的控制

B. 注册会计师进行的监盘是观察、询问和实物检查工作的集合程序

C. 注册会计师监盘的目的是确定被审计单位对存货的盘点程序和方法是否符合盘点计划和指令的要求

D. 即使无法进行监盘，也存在满意的替代程序来计量和观察期末存货

11. 存货监盘程序所得到的是（ ）。

A. 书面证据　　B. 口头证据

C. 环境证据　　D. 实物证据

12. 注册会计师在确定监盘样本量时，不应考虑的因素是（ ）。

A. 盘点存货项目的数量　　B. 测试存货所费时间的长短

C. 存货的总金额及种类　　D. 被审计单位的盘点程序

13. 存货计价审计样本的选择应着重选择结存金额较大且价格变化比较频繁的项目，同时考虑所选样本的代表性，抽样方法一般采用（ ）。

A. 分层抽样　　B. 系统抽样

C. 随意抽样　　D. 随机抽样

14. 注册会计师在对原材料实施审计时，若被审计单位以计划成本计价，应将样本原材料明细账、原材料成本差异明细账及购货发票相核对的项目是（ ）。

A. 单位成本　　B. 实际成本总额

C. 计划成本总额　　D. 成本差异总额

15. 注册会计师在对库存外购商品实施审计时，若以实际成本计价，应与样本的单位成本进行核对的是（ ）。

A. 库存商品明细账及成本计算单

B. 库存商品明细账、商品成本差异明细账及成本计算单

C. 库存商品明细账及购货发票

D. 库存商品明细账、商品成本差异明细账及购货发票

11.2.4 多项选择题

1. 注册会计师对被审计单位购货业务进行年底截止测试的方法有（　　）。

A. 实地观察与抽查购货

B. 抽查存货盘点日前后的购货发票与验收报告

C. 查阅验收部门的业务记录

D. 了解购货的保险情况和存货保护措施

E. 确定购货的数量是否正常

2. 甲注册会计师对某公司2022年度财务报表进行审计时，实施存货截止测试程序可能查明（　　）。

A. 少计2022年度的存货和应付账款

B. 多计2022年度的存货和应付账款

C. 虚增2022年度的利润

D. 虚减2022年度的利润

E. 确定2018年度利润是否正常

3. 生产与费用循环的内部控制包括（　　）。

A. 成本会计制度　　B. 存货的内部控制

C. 存货的监盘　　D. 薪酬的内部控制

E. 利润的内部控制

4. 成本会计制度的测试包括（　　）。

A. 直接材料成本测试

B. 直接人工成本测试

C. 存货的内部控制测试

D. 生产成本在当期完工产品与在产品之间分配的测试

E. 成本与利润配比是否正常

5. 对被审计单位存货的审计是较复杂、费时的部分，原因有（　　）。

A. 存货占资产的比重大

B. 存货项目的多样性

C. 存货估价方法的多样化

D. 存货放置地点不同，实物控制不便

E. 存货的内部控制薄弱

6. 注册会计师在审计上市公司财务报表的存货项目时，能够根据“估价或

分摊”认定推论得出的审计目标有（　　）。

A. 存货账面数量与实物数量相符，金额的计算正确

B. 当存货成本低于可变现净值时，已调整为可变现净值

C. 年末采购、销售截止是恰当的

D. 存货项目余额与其各相关总账余额合计数一致

E. 确定存货毛利率是否正常

7. 存货监盘程序包括（　　）。

A. 抽点　　B. 实地观察

C. 盘点　　D. 编制审计工作底稿

E. 总结盘点结果

8. 当存货盘点采用统计估计而非逐项盘点时，注册会计师的责任包括（　　）。

A. 对被审计单位方法的可靠性满意

B. 实地观察足够的盘点

C. 毛利率检查

D. 对合理的样本计划、统计正确性、恰当运用和产生合理结果满意

E. 确定存货对利润的影响

9. 在对生产与费用循环进行实质性程序时，注册会计师运用分析程序对本年度各月进行比较的项目有（　　）。

A. 存货余额及其构成

B. 直接材料成本

C. 薪酬费用的发生额

D. 营业成本总额及单位销售成本

E. 年度利润额

10. 注册会计师测试被审计单位应付职工薪酬要实现的主要目标有（　　）。

A. 应付职工薪酬的计提是否正确

B. 应付职工薪酬是否记录在正确的会计期间

C. 确保不发生多计或虚构应付职工薪酬额

D. 测试是否发生少报或漏报应付职工薪酬额

E. 测试应付职工薪酬对利润的影响

11.3 练习题参考答案

11.3.1 填空题

1. 领料生产　销售产成品

2. 发运部门　顾客
3. 内部责任控制　监督
4. 直接人工成本　营业成本
5. 简单比较法　比率比较法
6. 监督工作　记录工作
7. 应付职工薪酬

11.3.2 判断题

1. √	2. ×	3. ×	4. √	5. √
6. √	7. ×	8. ×	9. ×	10. ×
11. ×	12. √	13. √	14. ×	15. ×
16. √	17. √	18. √		

11.3.3 单项选择题

1. A	2. D	3. B	4. A	5. C
6. C	7. D	8. D	9. B	10. B
11. D	12. A	13. A	14. A	15. C

11.3.4 多项选择题

1. BC	2. ABCD	3. ABD	4. ABCD	5. ABCD
6. ACD	7. ABCDE	8. ABD	9. ABCD	10. ABD

11.4 教材习题参考答案

11.4.1 思考题

1. **【解答】**直接人工成本审计的要点包括：

（1）抽查产品成本计算单，检查直接人工成本的计算是否正确，人工费用的分配标准与计算方法是否合理和适当，是否与人工费用分配汇总表中该产品分摊的直接人工费用相符。

（2）将本年度直接人工成本与前期进行比较，查明其异常波动的原因。

（3）分析比较本年度各个月份的人工费用发生额，如有异常波动，应查明原因。

（4）结合应付职工薪酬的检查，抽查人工费用会计记录及会计处理是否正确。

(5) 对采用标准成本法的企业，应抽查直接人工成本差异的计算、分配与会计处理是否正确，并查明直接人工的标准成本在本年度内有无重大变更。

2. **【解答】** 注册会计师在未能实地观察被审计单位上年的存货盘点时，假定其对取得的本期存货情况满意，应当通过以下程序检查上期存货：

(1) 上期交易的检查。

(2) 复核上期盘点的记录。

(3) 毛利检查。

3. **【解答】** 根据有关执业准则，可以总结出存货监盘的以下要点：

(1) 对被审计单位实施的实地监盘既是一项控制程序，又是一项独立活动，且它的效用并不依赖于对处理业务的控制。

(2) 注册会计师进行的监盘是观察、询问和实物检查工作的集合程序。

(3) 注册会计师监盘的目的是获得合理保证，保证被审计单位的存货计量方法能产生正确计量结果。

(4) 不存在满意的替代程序来计量和观察期末存货。

11.4.2　案例分析题

1. **【解答】** (1) 根据所提供资料，该公司甲产品的直接材料费用应按完工产品和在产品的数量比例分配，则

完工产品负担的比率＝600÷(600＋300)＝2/3

在产品负担的比率＝300÷(600＋300)＝1/3

因此，完工甲产品成本中直接材料费用为：

(16 000＋119 000)×2/3＝90 000(元)

在产品负担的直接材料费用为：

(16 000＋119 000)×1/3＝45 000(元)

直接人工费用和制造费用应按约当产量比例分配，即

完工产品的分配率＝600÷(600＋150)＝0.8

在产品负担的比率＝1－0.8＝0.2

经复核，原计算结果正确。因此

完工甲产品总成本＝90 000＋43 200＋15 000＝148 200(元)

单位成本＝148 200/600＝247(元)

月末在产品总成本＝45 000＋10 800＋3 750＝59 550(元)

(2) 根据上述情况，注册会计师 A 可以初步判断该公司制造成本的会计控制不健全，完工产品和在产品成本分配存在人为调节，本月完工产品成本多计

了18 000元，在产品成本少计了18 000元。应进一步扩大审查范围，评价制造成本会计的合理性，并在此基础上审查对销售成本的影响程度。因此，该公司存在的主要问题是人为调节制造成本，由此可能导致虚减当年利润，偷漏所得税。注册会计师A对此应提请被审计单位调整成本、利润资料，并按规定补缴所得税，并根据调整情况，确定审计报告的意见类型。

2.**【解答】**广胜公司以自己生产的产品作为福利发放给职工不入账，严重违反国家的财经纪律。该公司将福利发放给职工的职工薪酬金额应以销售价格计量，计入营业收入，产品按照成本结转，还应根据相关税收规定，视同销售计算增值税销项税额。外购商品发放给职工作为福利，也应当根据相关税收规定，将已缴纳的增值税进项税额转出。

彩电的售价总额＝7 000×850＋7 000×150＝7 000 000(元)

彩电的增值税销项税额＝850×7 000×13%＋150×7 000×13%
＝910 000(元)

公司决定发放非货币性福利时，应作如下账务处理：

借：生产成本　6 961 500
　　管理费用　1 228 500
　贷：应付职工薪酬——非货币性福利　8 190 000

实际发放非货币性福利时，应作如下账务处理：

借：应付职工薪酬——非货币性福利　7 910 000
　贷：营业收入　7 000 000
　　　应交税费——应交增值税（销项税额）　910 000

借：营业成本　5 000 000
　贷：库存商品　5 000 000

电暖气的售价金额＝850×500＋150×500
＝425 000＋75 000＝500 000(元)

电暖气的进项税额＝850×500×13%＋150×500×13%
＝65 000(元)

公司决定发放非货币性福利时，应作如下账务处理：

借：生产成本　480 250
　　管理费用　84 750
　贷：应付职工薪酬——非货币性福利　565 000

购买电暖气时，公司应作如下账务处理：

借：应付职工薪酬——非货币性福利　565 000
　贷：银行存款　565 000

第12章

筹资与投资循环审计

学习目的和要求

通过本章的学习，培养学生树立脚踏实地、实事求是的思想，以充分、适当的审计证据为依据，以会计准则、审计准则为准绳，得出令人信服的审计结论，培育没有调查研究就没有发言权的作风。

通过本章的学习，应理解筹资与投资循环审计的程序和方法，熟练掌握借款、所有者权益、金融评估资产和其他相关账户审计的技能。

在本章的学习中，要深入了解筹资与投资循环的基本业务活动和内部控制；了解和掌握筹资与投资循环的重大错报风险评估；掌握筹资与投资循环的控制测试以及相关账户的实质性程序评估，能运用所学的筹资与投资循环审计的基本理论、基本方法和基本技能解决实际审计工作中的有关问题。

12.1 复习提要

12.1.1 筹资与投资循环概述

筹资与投资循环具有如下特征：

（1）审计年度内筹资与投资循环的交易数量较少，而每笔交易的金额通常较大。

（2）漏记或不恰当地对一笔业务进行会计处理，将会导致重大错误，从而对企业财务报表的合法、公允反映产生较大影响。

（3）筹资与投资循环交易必须遵守国家法律、法规和相关合同的规定。

1. 主要凭证与会计记录

（1）筹资活动的凭证和会计记录。

1）债券或股票。

2）债券契约。

3）股东名册。

4）公司债券存根簿。

5）承销或包销协议。

6）借款合同或协议。

7）有关记账凭证、会计明细账和总账。

（2）投资活动的凭证和会计记录。

1）股票或债券。

2）股票或债券登记簿。

3）经纪人通知单。

4）债券合同。

5）被投资企业的章程及有关的投资协议。

6）与投资有关的记账凭证、会计明细账和总账。

2. 筹资与投资循环所涉及的主要业务活动

（1）筹资所涉及的主要业务活动。

1）审批授权。

2）签订合同或协议。

3）取得资金。

4）计算利息或股利。

5）偿还本息或发放股利。

（2）投资所涉及的主要业务活动。

1）审批授权。

2）取得证券或其他投资。

3）取得投资收益。

4）转让证券或收回其他投资。

12.1.2 筹资与投资循环的控制测试

1. 筹资活动的控制测试

筹资活动的内部控制系统一般包括下列内容：

（1）筹资的授权审批控制。

（2）筹资循环的职务分离控制。

（3）筹资收入款项的控制。

（4）还本付息、支付股利等付出款项的控制。

（5）实物保管的控制。

（6）会计记录的控制。

注册会计师应当在了解被审计单位筹资活动的内部控制基础上考虑重大错报风险，并对被审计单位业务活动中可能出现的特别风险保持警惕。考虑到严格的监管环境和董事会对筹资活动的严格控制，除非注册会计师对被审计单位董事会、管理层的诚信产生疑虑，否则对筹资活动的重大错报一般应当评估为低水平。

尽管筹资活动的账户余额发生错报的可能性不大，但仍然可能存在借款和权益的权利和义务被忽视或发生错报的可能性。

控制测试主要包括以下工作：

（1）筹资活动是否经过授权批准。

（2）筹资活动的授权、执行、记录和实物保管等是否严格分离。

（3）筹资活动是否建立了严密的账簿体系和记录制度，并定期检查。

注册会计师在对筹资活动的内部控制实施控制测试的基础上对其进行分析、评价，以确定控制的强弱点及其可信赖程度，据以确定实质性程序的性质、时间安排和范围，并针对控制的薄弱环节提出改进建议。

2. 投资活动的控制测试

投资活动的内部控制应该包括以下几个方面：

（1）投资计划的审批授权控制。

（2）投资业务的职责分工控制。

（3）投资资产的安全保护控制。

（4）投资业务的会计记录控制。

（5）投资收益控制。

在实施控制测试和实质性程序前，注册会计师应考虑重大错报风险对投资活动的影响，并对被审计单位可能发生的与投资活动相关的特定风险保持警惕。投资活动和相关账户余额存在的重大错报风险可能包括：

（1）投资业务存在的舞弊风险。

（2）投资计量的复杂性可能导致的错误。

（3）确定投资的公允价值较为困难。

（4）投资业务凭证存在控制风险。

（5）投资多元化的风险。

（6）发生各种其他错误的可能性。

（7）衍生金融工具交易的复杂性导致的错报风险。

投资活动内部控制的控制测试内容如下：

（1）投资项目是否经授权批准。

（2）投资项目的授权、执行、保管和记录是否严格分离。

（3）有无健全的有价证券保管制度。

（4）投资循环的核算是否符合有关企业会计准则的规定，相关投资收益的会计处理是否正确。

（5）对投资收益的监控是否适当。

注册会计师在完成上述工作后，取得了有关内部控制是否健全、有效的证据，并在工作底稿中标明投资活动的内部控制的强弱点，对投资业务内部控制进行总体评价，确认对投资业务内部控制的可信赖程度，进而确定实质性程序。

12.1.3 借款审计

1. 借款的审计目标

借款的审计目标一般包括：了解并确定被审计单位有关借款的内部控制是否存在、有效且一贯遵守；确定被审计单位在特定期间发生的借款业务是否均已记录完毕，有无遗漏；确定被审计单位所记录的借款在特定期间是否确实存在，是否为被审计单位所承担；确定被审计单位所有借款的会计处理是否正确；确定被审计单位各项借款的发生是否符合有关法律的规定，被审计单位是否遵守了有关债务合同的规定；确定被审计单位借款余额在有关财务报表中的披露是否恰当。

2. 借款的实质性程序

借款的实质性程序内容包括短期借款的实质性程序、长期借款的实质性程序、应付债券的实质性程序和财务费用的实质性程序。

（1）短期借款的实质性程序。注册会计师对于短期借款的实质性程序应包括以下内容：

1）获取或编制短期借款明细表。

2）函证短期借款的实有数。

3）检查短期借款的增减。

4）检查有无到期未偿还的短期借款。

5）复核短期借款利息。

6）检查短期借款在资产负债表中的反映是否恰当。

（2）长期借款的实质性程序。注册会计师在实施长期借款的实质性程序时，一般需要执行的程序包括：

1）获取或编制长期借款明细表，复核其加计数是否正确，并与明细账和总账核对相符。

2）了解金融机构对被审计单位的授信情况以及被审计单位的信用等级评估情况，了解被审计单位获得长期借款的抵押和担保情况，评估被审计单位的信誉和融资能力。

3）对年度内增加的长期借款，应检查借款合同和授权批准，了解借款数额、借款条件、借款日期、还款期限、借款利率，并与相关会计记录进行核对。

4）向银行或其他债权人函证重大的长期借款。

5）对年度内减少的长期借款，注册会计师应检查相关记录和原始凭证，核实还款数额。

6）检查一年内到期的长期借款是否已转列为流动负债。

7）计算长期借款在各个月份的平均余额，选取适用的利率匡算利息支出总额，并与基建成本、财务费用的相关记录核对，判断被审计单位是否高估或低估利息支出。

8）检查借款费用的会计处理是否正确。

9）检查企业长期抵押借款的抵押资产的所有权是否属于企业，其价值和实现状况是否与抵押合同中的规定一致。

10）检查长期借款是否已在资产负债表中充分披露。

（3）应付债券的实质性程序。应付债券的实质性程序一般包括以下工作：

1）索取或编制应付债券明细表，并与明细账、备查簿核对相符。

2）审查被审计单位债券业务是否真实、合法。

3）审查被审计单位债券是否按期计提利息；溢价或折价发行债券，其实际收到的金额与债券票面金额的差额，是否在债券存续期间分期摊销。

4）审查被审计单位在发行债券时，是否将待发行债券的票面金额、债券票面利率、还本期限与方式、发行总额、发行日期和编号、委托代售部门、转换股份等情况在备查簿中进行登记。

5）检查利息费用的会计处理是否正确。

6）检查应付债券是否已在资产负债表中充分披露。

（4）财务费用的实质性程序。财务费用的实质性程序一般包括以下工作：

1）获取或编制财务费用明细表，复核加计正确，与报表数、总账数及明细账合计数核对是否相符。

2）将本期、上期财务费用各明细项目进行比较分析，必要时比较本期各月份财务费用，如有重大波动和异常情况应追查原因，扩大审计范围或增加测试量。

3）检查利息支出明细账，确认利息收支的真实性及正确性。检查各项借款期末应计利息有无预计入账。

4）审阅下期期初的财务费用明细账，检查财务费用各项目有无跨期入账的现象，对于重大跨期项目，应作必要调整。

5）检查从其他企业或非银行金融机构取得的利息收入是否按规定计缴税款。

6）检查财务费用的披露是否恰当。

12.1.4　所有者权益审计

1. 所有者权益的审计目标

所有者权益的审计目标主要包括：

（1）确定被审计单位有关所有者权益的内部控制是否存在、有效且一贯遵守。

（2）确定投入资本、资本公积的形成、增减及其他有关经济业务会计记录的合法性与真实性。

（3）确定盈余公积、未分配利润的形成和增减变动的合法性、真实性。

（4）确定所有者权益的披露是否恰当。

2. 所有者权益的实质性程序

（1）股本或实收资本的实质性程序。对于股本的实质性程序，注册会计师应通过“股本”账户进行，其程序一般包括：

1）审阅公司章程、实施细则和股东大会、董事会会议纪要。

2）检查股东是否按照公司章程、合同、协议规定的出资方式出资，各种出资方式的比例是否符合规定。

3）索取或自己编制股本明细表。

4）检查股票的发行、收回等交易活动。

5）函证发行在外的股票。

6）检查股本是否已在资产负债表中恰当披露。

（2）资本公积的实质性程序。注册会计师对资本公积实施实质性程序，其内容应包括：

1）检查资本公积形成的合法性。

2）审查资本公积运用的合法性。

3）确定资本公积是否在资产负债表中恰当披露。

（3）盈余公积的实质性程序。注册会计师对盈余公积实施实质性程序，其一般程序包括：

1）获取或编制盈余公积明细表。

2）检查盈余公积的提取。

3）检查盈余公积的使用。

4）检查盈余公积是否已在资产负债表中恰当披露。

（4）未分配利润的实质性程序。未分配利润的实质性程序一般包括：

1）检查利润分配比例是否符合合同、协议、章程以及股东大会纪要的规定，利润分配数额及年末未分配数额是否正确。

2）根据审计结果调整本年损益数，直接增加或减少未分配利润，确定调整后的未分配利润数。

3）检查未分配利润是否已在资产负债表中恰当披露。

12.1.5 金融资产审计

与投资相关的金融资产包括：以公允价值计量且其变动计入当期损益的金

融资产、以摊余成本计量的金融资产、以公允价值计量且其变动计入其他综合收益的金融资产、长期股权投资等。

1. 以公允价值计量且其变动计入当期损益的金融资产审计

以公允价值计量且其变动计入当期损益的金融资产，是指企业为了近期出售而持有的金融资产。

（1）以公允价值计量且其变动计入当期损益的金融资产的审计目标。以公允价值计量且其变动计入当期损益的金融资产的审计目标一般包括：确定以公允价值计量且其变动计入当期损益的金融资产是否存在；确定以公允价值计量且其变动计入当期损益的金融资产是否归属被审计单位所有；确定以公允价值计量且其变动计入当期损益的金融资产的增减变动及其损益的记录是否完整；确定以公允价值计量且其变动计入当期损益的金融资产的计价是否正确；确定以公允价值计量且其变动计入当期损益的金融资产期末余额是否正确；确定以公允价值计量且其变动计入当期损益的金融资产的披露是否恰当。

（2）以公允价值计量且其变动计入当期损益的金融资产的实质性程序。

1）获取或编制以公允价值计量且其变动计入当期损益的金融资产明细表，复核加计正确，并与报表数、总账数和明细账合计数核对相符。

2）对期末结存的以公允价值计量且其变动计入当期损益的金融资产，向被审计单位核实其持有目的，检查其核算范围是否恰当。

3）获取股票、债券及基金等交易流水单及被审计单位证券投资部门的交易记录，与明细账核对，检查会计记录是否完整、会计处理是否正确。

4）监盘以公允价值计量且其变动计入当期损益的金融资产，并与相关账户余额进行核对，如有差异，应查明原因，并作出记录或进行适当调整。

5）向相关金融机构发函询证以公允价值计量且其变动计入当期损益的金融资产期末数量以及是否存在变现限制，并记录函证过程。

6）抽取以公允价值计量且其变动计入当期损益的金融资产增减变动的相关凭证，检查其原始凭证是否完整合法，会计处理是否正确。

7）复核与以公允价值计量且其变动计入当期损益的金融资产相关的损益计算是否准确，并与公允价值变动损益及投资收益等有关数据核对。

8）复核股票、债券及基金等以公允价值计量且其变动计入当期损益的金融资产的期末公允价值是否合理，相关会计处理是否正确。

9）关注以公允价值计量且其变动计入当期损益的金融资产是否存在重大的变现限制。

10）确定以公允价值计量且其变动计入当期损益的金融资产的披露是否恰当。

2. 长期股权投资审计

（1）长期股权投资的审计目标。长期股权投资的审计目标一般包括：确定长期股权投资是否存在；确定长期股权投资是否归被审计单位所有；确定长期股权投资的增减变动及投资损益的记录是否完整；确定长期股权投资的核算方法是否正确；确定长期股权投资减值准备的计提方法是否恰当；确定长期股权投资减值准备增减变动的记录是否完整；确定长期股权投资及其减值准备的披露是否恰当。

（2）长期股权投资的实质性程序。长期股权投资的实质性程序通常包括：

1）获取或编制长期股权投资明细表，复核加计正确，并与总账数和明细账合计数核对相符；结合长期股权投资减值准备科目与报表数核对相符。

2）根据有关合同和文件，确认股权投资的股权比例和持有时间，检查股权投资核算方法是否正确。

3）对于重大的投资，向被投资单位函证被审计单位的投资额、持股比例及被投资单位发放股利等情况。

4）对于采用权益法核算的长期股权投资，获取被投资单位已经注册会计师审计的年度财务报表，如果未经注册会计师审计，则应考虑对被投资单位的财务报表实施适当的审计或审阅程序。

5）对于采用成本法核算的长期股权投资，检查股利分配的原始凭证及分配决议等资料，确定会计处理是否正确。

6）对于成本法和权益法相互转换的，检查其投资成本的确定是否正确。

7）确定长期股权投资的增减变动的记录是否完整，检查本期增减变动的长期股权投资，追查至原始凭证及相关的文件或决议及被投资单位验资报告或财务资料等，确认长期股权投资是否符合投资合同、协议的规定，并已实际投资，会计处理是否正确。

8）期末对长期股权投资进行逐项检查，以确定长期股权投资是否已经发生减值。减值损失一经确认，在以后会计期间不得转回。

9）结合银行存款等的检查，了解长期股权投资是否存在质押、担保情况。如有，则应详细记录，并提请被审计单位进行充分披露。

10）确定长期股权投资在资产负债表中已恰当披露。

12.1.6 其他相关账户审计

1. 其他应收款审计

对于其他应收款，注册会计师应采取以下实质性程序：

（1）检查其他应收款的真实性。

（2）检查其他应收款的账龄分析是否正确。

（3）检查其他应收款的披露是否恰当。

2. 其他应付款审计

对于其他应付款，注册会计师应采取以下实质性程序：

（1）获取或编制其他应付款明细表，复核加计正确，并与报表数、总账数和明细账合计数核对是否相符。

（2）分析其他应付款的账龄，对于长期挂账的其他应付款，注册会计师需查明原因，加以记录，必要时提请被审计单位进行调整。

（3）审查租入固定资产和包装物租金的会计处理是否正确，存入保证金的会计处理是否正确，应付统筹退休金的会计处理是否正确。

此外，注册会计师应注意审查对非记账本位币结算的其他应付款，检查其采用的折算汇率是否正确；检查其他应付款的披露是否恰当，等等。

3. 无形资产审计

对于无形资产，注册会计师应采取的实质性程序有：

（1）获取或编制无形资产明细表，复核加计正确，并与报表数、总账数和明细账合计数核对是否相符。

（2）获取有关协议和董事会纪要等文件、资料，检查无形资产的性质、构成内容、计价依据，其所有权是否归被审计单位所有；检查无形资产各项目的摊销政策是否符合有关规定，是否与上期一致；若改变摊销政策，检查其依据是否充分。

（3）检查无形资产的增加是否合规。

（4）检查无形资产转让的会计处理是否正确，注意转让的是所有权还是使用权。

（5）检查本期摊销额是否正确，会计处理是否正确。

（6）检查无形资产减值准备的计提是否正确。

（7）检查无形资产的披露是否恰当。

4. 应付股利的审计

应付股利的实质性程序如下：

（1）获取或编制应付股利明细表，复核加计正确，并与报表数、总账数和明细账合计数核对是否相符。

（2）审阅公司章程、股东大会和董事会会议纪要中有关股利分配的规定，了解股利分配标准和发放方式是否符合有关规定并经法定程序批准。

（3）检查应付股利的发生额，是否根据董事会或股东大会决定的利润分配方案进行。

（4）检查被审计单位董事会确定的上期利润分配预案。

（5）检查股利支付的原始凭证的内容和金额是否正确。

（6）检查应付股利的披露是否恰当。

5. 营业外收入的审计

营业外收入的实质性程序主要有：

（1）获取或编制营业外收入明细表，复核加计正确，并与报表数、总账数及明细账合计数核对是否相符。

（2）检查营业外收入核算内容是否符合企业会计准则的规定。

（3）检查营业外收入中金额较大或性质特殊的项目，审核其内容的真实性和依据的充分性。

（4）对营业外收入的各项目，与固定资产盘盈、罚款净收入等相关账户记录核对相符，并追查至相关的原始凭证。

（5）检查营业外收入的披露是否恰当。

6. 营业外支出的审计

营业外支出的实质性程序主要有：

（1）获取或编制营业外支出明细表，复核加计正确，并与报表数、总账数及明细账合计数核对是否相符。

（2）检查营业外支出的内容是否符合企业会计准则的规定。

（3）对营业外支出的各项目，与固定资产、无形资产等相关账户记录核对相符，并追查至相关原始凭证。

（4）检查是否存在非公益性捐赠支出、税收滞纳金、罚金、罚款支出、各种赞助会费支出等，必要时进行应纳税所得额调整。

（5）对非常损失应详细检查有关资料、被审计单位实际损失以及保险理赔情况及审批文件，检查有关会计处理是否正确。

（6）检查营业外支出的披露是否恰当。

7. 公允价值变动收益审计

公允价值变动收益包括交易性金融资产、交易性金融负债，以及采用公允价值模式计量的投资性房地产、衍生金融工具、套期保值业务等公允价值变动形成的应计入当期损益的利得或损失。

公允价值变动收益的实质性程序主要有：

（1）获取或编制公允价值变动收益明细表，复核加计正确，与报表数、总账数及明细账合计数核对相符。

（2）根据公允价值变动收益明细账，对交易性金融资产（负债）、衍生金融工具、套期保值业务和投资性房地产等各明细发生额逐项检查。

（3）确定公允价值变动收益的披露是否恰当。

8. 递延所得税资产审计

递延所得税资产的实质性程序通常包括：

（1）获取或编制递延所得税资产明细表，复核加计正确，并与报表数、总账数和明细账合计数核对相符。

（2）检查被审计单位对递延所得税资产采用的会计政策是否恰当，前后期是否一致。

（3）检查被审计单位用于确认递延所得税资产的税率是否正确。

(4) 检查递延所得税资产增减变动记录，以及可抵扣暂时性差异的形成原因，确定是否符合有关规定，计算是否正确，预计转销期是否适当。

(5) 检查被审计单位是否在资产负债表日对递延所得税资产的账面价值进行复核，如果预计未来期间很可能无法获得足够的应纳税所得额用以抵扣递延所得税资产，应当减记递延所得税资产的账面价值。

(6) 当适用税率发生变化时，检查被审计单位是否对递延所得税资产进行重新计量，对其影响数的会计处理是否正确。

(7) 确定递延所得税资产的披露是否恰当。

9. 递延所得税负债审计

递延所得税负债的实质性程序通常包括：

(1) 获取或编制递延所得税负债明细表，复核加计正确，并与报表数、总账数和明细账合计数核对相符。

(2) 检查被审计单位对递延所得税负债采用的会计政策是否恰当，其前后是否一致。

(3) 检查被审计单位用于确认递延所得税负债的税率是否正确。

(4) 检查递延所得税负债增减变动记录，以及应纳税暂时性差异的形成原因，确定是否符合有关规定，计算是否正确，预计转销期是否适当。

(5) 当适用税率发生变化时，检查被审计单位是否对递延所得税负债进行重新计量，对其影响数的会计处理是否正确。

(6) 确定递延所得税负债的披露是否恰当。

12.2 练习题

12.2.1 填空题

1. 筹资活动审计主要由______和______交易审计组成。

2. 投资活动审计主要由______交易和______交易审计组成。

3. 股东权益增减变动的业务较少而______，注册会计师在审计中一般直接进行______。

4. 注册会计师对于负债项目的审计，主要是防止企业______，从而______。

5. 如果注册会计师能够对企业的______和______进行充分的审计，便从侧面为所有者权益的正确性提供了有力的证据。

6. 对盈余公积的审计，应关注其特定用途，审查是否主要用于______和______，是否按规定用于分配股利。

7. 对金融资产进行审计，主要包括交易性金融资产、______、______等项目的审计。

8. 对长期股权投资的审计，主要是对指企业持有的采用______或______核算的长期股权投资的审计。

9. 对所得税的审计涉及______和______项目的审计。

12.2.2 判断题（正确的划“√”，错误的划“×”）

1. 若被审计单位的长期投资超过其净资产的 15%，注册会计师应提请被审计单位采用权益法核算长期投资。（ ）

2. 注册会计师审查公开发行股票公司已发行的股票数量是否真实、是否已收到股款时，应向主要股东函证。（ ）

3. 如果企业应付债券业务不多，注册会计师也必须对应付债券的内部控制进行控制测试。（ ）

4. 除无记名证券外，企业在购入股票或债券时应在购入当日尽快登记，可先登记于经办人员名下，而后再登记于企业名下。（ ）

5. 在检查投资是否均为被审计单位所有时，内部审计人员或其他参与投资业务的人员应定期对证券投资资产进行盘点。（ ）

6. 注册会计师对投资业务所实行的简易抽查属于实质性程序。（ ）

7. 注册会计师应审阅内部审计人员或其他授权人员对投资资产进行定期盘核的报告，如果各期盘核报告的结果发现账实之间存在差异，即使差异很小，也说明投资资产的内部控制未得到有效执行。（ ）

8. 注册会计师分析企业投资业务管理报告的目的是判断企业长期投资业务的管理情况。（ ）

9. 注册会计师对于负债项目的审计，主要是防止企业高估债务。（ ）

10. 对于短期借款，注册会计师应在期末短期借款余额较大或认为必要时向银行或其他债权人函证短期借款；对于长期借款，注册会计师应向银行或其他债权人函证所有的长期借款。（ ）

11. 长期借款的实质性程序与短期借款的实质性程序较为相似。（ ）

12. 为了确定应付债券账户的期末余额的真实性，注册会计师必须直接向债权人及债券的承销人或包销人进行函证。（ ）

13. 由于所有者权益增减变动的业务较少、金额较大的特点，注册会计师在审计了企业的资产和负债后，往往不必再对所有者权益进行单独审计。（ ）

14. 注册会计师在对实收资本进行审计时，应向被审计单位索取或自行编制实收资本明细表，并作为当期档案妥善保存。（ ）

15. 对捐赠公积应检查捐赠资产是否按规定办理了移交手续，是否经过验收，资产计价是否取得有关报价单或按同类资产的可变现净值确认。（ ）

16. 对长期股权投资应检查被审计单位是否按被投资单位所反映的股东权益

及实际持股比例计算确定，并且进行了正确的会计处理。（ ）

17. 注册会计师编制的投资明细表，应按投资对象分类列示。（ ）

18. 在任何情况下，短期投资都应以企业为取得短期投资时实际支付的全部价款作为入账价值。（ ）

19. 注册会计师在证实投资证券的真实存在性时，应实地盘点投资资产，并函证资产负债表日被托管的有价证券。（ ）

20. 如果企业以非货币性交易换入长期股权投资，注册会计师应查阅有关评估报告或协议文件、换出资产的账面记录及相关原始资料等来验证长期股权投资入账价值的适当性。（ ）

21. 对交易性金融资产进行审计，应监盘库存交易性金融资产。（ ）

22. 对于一年内到期的债权投资，注册会计师应提请被审计单位重分类至一年内到期的非流动资产。（ ）

23. 对于长期股权投资减值损失，注册会计师应提醒被审计单位在以后会计期间转回。（ ）

24. 注册会计师应检查被审计单位对子公司、联营企业及合营企业投资相关的可抵扣暂时性差异，是否根据条件确认相应的递延所得税资产。（ ）

12.2.3 单项选择题

1. 为确定“长期借款”账户余额的真实性，注册会计师函证的对象是（ ）。

A. 公司的律师　　B. 金融监管机关

C. 银行或其他有关债权人　　D. 公司的主要股东

2. 当发现记录的债券利息费用大大超过相应的应付债券账户余额与票面利率乘积时，注册会计师应当怀疑（ ）。

A. 应付债券的折价被低估　　B. 应付债券被高估

C. 应付债券被低估　　D. 应付债券的溢价被高估

3. 下列关于筹资与投资循环的观点不正确的是（ ）。

A. 该循环的总目标是评价该循环各项目的余额是否公允表达

B. 该循环的交易数量较多，而每笔交易的金额通常较小

C. 该循环中，漏记或不恰当地对一笔业务进行会计处理，将会导致重大错误，从而对企业财务报表的公允反映产生较大影响

D. 该循环的交易必须遵守国家法律、法规和相关契约的规定

4. 筹资活动的凭证和会计记录不包括（ ）。

A. 股票　　B. 债券

C. 债券契约　　D. 经纪人通知书

5. “筹资业务明细账与总账的登记职务分离”是为了实现筹资活动内部控制目标中的关键内部控制程序，即（ ）。

A. 存在与发生　　B. 完整性
C. 权利与义务　　D. 表达与披露

6. “投资业务经过授权审批”是为了实现投资活动控制目标中的（　　）。
A. 存在与发生　　B. 表达与披露
C. 权利与义务　　D. 估价与分摊

7. 投资的内部控制系统一般不包括（　　）。
A. 内部核查程序　　B. 健全的资产保管制度
C. 详尽的会计核算制度　　D. 完善的定期盘点制度

8. 下列各项中，属于投资活动内部控制测试程序的是（　　）。
A. 检查长期投资业务是否符合国家的限制性规定
B. 检查本期发生的重大股权变动
C. 实地盘点投资资产
D. 审阅内部盘核报告

9. 注册会计师在对应付债券进行实质性程序时，应当（　　）。
A. 检查企业是否按契约的规定支付利息
B. 检查企业发行债券的收入是否立即存入银行
C. 检查到期债券的偿还
D. 检查债券的偿还和购回是否按董事会的授权进行

10. 注册会计师在进行实质性程序时，可以不必索取或自行编制明细表的项目是（　　）。
A. 股本　　B. 实收资本
C. 资本公积　　D. 盈余公积

11. 注册会计师审查股票发行的会计处理时，应查实被审计单位在股票溢价时是否按规定将之（　　）。
A. 作为当期费用　　B. 冲减股本
C. 作为资本公积　　D. 冲减留存收益

12. 注册会计师在检查投资性房地产的真实性时，应当（　　）。
A. 检查是否已办理验收手续并列具登记清单
B. 检查其所有权或使用权证明文件
C. 检查其采购发票
D. 检查是否已办理法律手续，接收有关技术资料

13. 注册会计师对盈余公积进行审查时，应当注意盈余公积提取不超过其净资产的（　　）。
A. 25%　　B. 15%
C. 50%　　D. 5%

14. 注册会计师在对投资业务实施分析程序时，通过计算交易性金融资产、

长期股权投资、期货等高风险投资所占的比例，可以判断（　）。

A. 被审计单位盈利能力的稳定性

B. 是否存在异常变动

C. 交易性金融资产和长期投资的真实性

D. 交易性金融资产和长期投资的安全性

15. 注册会计师在审查长期债券投资折价摊销时，不应重点检查的是（　）。

A. 每期投资收益是否为应计利息与折价摊销额之和

B. 摊销方法是否合规

C. 每期摊销额的计算是否正确无误

D. 长期债券投资是否采用成本法核算

12.2.4　多项选择题

1. 注册会计师确定长期股权投资是否已在资产负债表上恰当披露时，应当（　）。

A. 检查资产负债表上长期股权投资项目的数额与审定数是否相符

B. 检查长期股权投资存在纠纷时，是否已在附注中恰当披露

C. 盘点股票数量，并审查其账实是否相符

D. 检查长期股权投资计提的减值准备是否符合规定

E. 检查长期股权投资转为短期投资是否符合规定

2. 注册会计师对借款进行实质性程序时，一般应获取的审计证据包括（　）。

A. 借款明细表

B. 借款的合同和授权批准文件

C. 相关抵押资产的所有权证明文件

D. 重大借款的函证回函和逾期借款的展期协议

E. 借款银行的信用情况

3. 投资的内部控制测试一般包括（　）。

A. 了解投资内部控制　　B. 评价投资内部控制

C. 获取或编制有关明细表　　D. 审阅内部盘核报告

E. 了解被投资单位

4. 为检查被审计单位债权投资是否在资产负债表上充分披露，注册会计师应检查（　）。

A. 一年内到期的债权投资

B. 已用于债务担保的债权投资

C. 债权投资是否符合规定

D. 债权投资管理制度是否合法

E. 债权投资的被投资单位情况

5. 注册会计师对应付债券的实质性程序包括（　　）。
A. 检查应计利息、债券溢（折）价摊销及其会计处理是否正确
B. 检查到期债券的偿还
C. 检查企业发行债券的收入是否立即存入银行
D. 取得或编制应付债券明细表
E. 应付债券到期的偿还情况
6. 注册会计师对所有者权益的审计目标主要包括（　　）。
A. 确定被审计单位有关所有者权益的内部控制是否存在、有效且一贯遵守
B. 确定投入资本、资本公积的形成、增减及其他有关经济业务会计记录的合法性与真实性
C. 确定盈余公积和未分配利润的形成以及增减变动的合法性、真实性
D. 确保所有者权益项目的金额正确
E. 所有者权益的安全情况
7. 注册会计师对资本公积进行实质性程序的内容包括（　　）。
A. 检查拨款转入　　B. 检查公益金的使用
C. 检查外币资本折算差额　　D. 检查股票发行溢价
E. 检查在税后利润中的提取情况
8. 在检查债权投资业务是否符合规定时，注册会计师应注意（　　）。
A. 获取债权投资对账单
B. 核实债权投资
C. 核对证券买卖凭证与货币资金的收支
D. 核对债权投资总账与明细账，审查是否账账、账实相符
E. 检查债权投资的被投资单位情况
9. 注册会计师审计交易性金融资产所实施的审计步骤包括（　　）。
A. 评估交易性金融资产的内部控制
B. 盘点交易性金融资产
C. 将盘点清单与交易性金融资产明细表进行核对
D. 列入审计工作底稿
E. 交易市场的波动情况
10. 注册会计师对补贴收入的审计程序包括（　　）。
A. 将报表数、总账数及明细账合计数核对是否相符
B. 复核补贴收入的性质、金额及会计处理是否正确
C. 若存在不应缴纳企业所得税的补贴收入，应调减应纳税所得额
D. 检查补贴收入的披露是否恰当
E. 检查补贴收入的长期性

12.3　练习题参考答案

12.3.1　填空题

1. 借款　股东权益
2. 权益性投资　债权性投资
3. 金额较大　实质性程序
4. 低估债务　高估利润
5. 资产　负债
6. 弥补亏损　转增资本
7. 以摊余成本计量的金融资产　长期股权投资
8. 权益法　成本法
9. 递延所得税资产　递延所得税负债

12.3.2　判断题

1. ×	2. ×	3. ×	4. ×	5. ×
6. ×	7. ×	8. √	9. ×	10. ×
11. √	12. ×	13. ×	14. ×	15. ×
16. √	17. ×	18. ×	19. √	20. √
21. √	22. √	23. ×	24. √	

12.3.3　单项选择题

1. C	2. C	3. B	4. D	5. D
6. A	7. A	8. D	9. C	10. C
11. C	12. B	13. C	14. D	15. D

12.3.4　多项选择题

1. ABD	2. ABCD	3. ABD	4. AB	5. ABD
6. ABC	7. ACD	8. ABCD	9. BCD	10. ABCD

12.4　教材习题参考答案

12.4.1　思考题

1. **【解答】**筹资与投资循环具有如下特征：

（1）审计年度内筹资与投资循环的交易数量较少，而每笔交易的金额通常很大。

（2）漏记或不恰当地对一笔业务进行会计处理，将会导致重大错误，从而对企业财务报表的公允反映产生较大影响。

（3）筹资与投资循环交易必须遵守国家法律、法规和相关契约的规定。

2. **【解答】**投资内部控制的主要内容一般包括以下几个方面：

（1）投资计划的审批授权控制。

（2）投资业务的职责分工控制。

（3）投资资产安全保护控制。

（4）投资业务会计记录控制。

（5）投资收益控制。

3. **【解答】**（1）了解并确定被审计单位有关借款的内部控制是否存在、有效且一贯遵守。

（2）确定被审计单位在特定期间内发生的借款业务是否均已记录完毕，有无遗漏。

（3）确定被审计单位所记录的借款在特定期间是否确实存在，是否为被审计单位所承担。

（4）确定被审计单位所有借款的会计处理是否正确。

（5）确定被审计单位各项借款的发生是否符合有关法律的规定，被审计单位是否遵守了有关债务契约的规定。

（6）确定被审计单位借款余额在有关财务报表中的反映是否恰当。

12.4.2 案例分析题

【解答】可能存在一处不合理之处：公司向B银行第一营业部借入的11 650万元长期借款的借款期限为“2018年9月至2022年8月”，按照规定，在编制财务报表时，应对其进行财务报表重分类调整，并入“一年内到期的非流动负债”项目。

第 13 章

货币资金审计

学习目的和要求

通过本章的学习，培养学生树立廉洁从政、拒腐防变的思想，以不忘初心、牢记使命的信念，不为金钱所动，保护企业资产安全，增强正确的利益观、金钱观，培育常在湖边走就是不湿鞋的作风。

通过本章的学习，应理解货币资金审计的程序和方法，熟练掌握库存现金、银行存款和其他货币资金审计的技能。

在本章的学习中，要深入了解货币资金的控制测试和实质性程序；能运用所学的货币资金审计的基本理论、基本方法和基本技能解决实际审计工作中的相关问题。

13.1 复习提要

13.1.1 货币资金概述

货币资金项目审计是企业资产负债表审计的一个重要组成部分，主要包括库存现金、银行存款和其他货币资金的审计。由于货币资金较容易产生弊端，因此，货币资金审计的风险较高，需要花费的时间相对较长，审计的范围相对较广。

1. 货币资金涉及的凭证和会计记录

货币资金涉及的凭证和会计记录主要有：

(1) 现金盘点表。

(2) 银行对账单。

（3）银行存款余额调节表。

（4）有关科目的记账凭证（如现金收付款凭证、银行收付款凭证）。

（5）有关会计账簿（如现金日记账、银行存款日记账）。

2. 货币资金与业务循环

货币资金与各业务循环中的业务活动存在密切的关系。一些最终影响货币资金的错误只有在对销售与收款、购货与付款、生产与费用、投资和筹资的业务循环的审计中才会被发现。例如，未给顾客开发票、未按销售额开发票、两次支付卖方发票或支付未经验收的货物或劳务等，在现金余额测试中都不会被发现。

13.1.2 货币资金的控制测试

1. 货币资金的内部控制

（1）钱、财的分工负责制度。

（2）货币资金的收付程序。

（3）收付款凭证的应用及账簿的登记制度。

（4）出纳的工作纪律。

（5）内部监督制度。

2. 货币资金内部控制的控制测试

对货币资金内部控制进行控制测试的主要程序有：

（1）了解货币资金内部控制。

（2）抽取并检查收款凭证。

（3）抽取并检查付款凭证。

（4）抽取一定期间的现金、银行存款日记账与总账核对。

（5）抽取一定期间的银行存款余额调节表，查验其是否按月正确编制并经复核。

（6）评价货币资金的内部控制。

13.1.3 库存现金审计

由于现金流动性大，收付业务繁多，容易被不法分子侵吞，因此，必须把它列为审计的重点。库存现金的审计对巩固和严格现金管理制度，维护结算纪律，揭露错弊，保护库存现金的安全，都具有十分重要的意义。

1. 库存现金的审计目标

库存现金的审计目标一般包括：确定被审计单位资产负债表中的现金在财务报表日是否确实存在，是否为被审计单位所有；确定被审计单位在特定期间内发生的现金收支业务是否均已记录完毕，有无遗漏；确定现金余额是否正确；确定现金在财务报表中的披露是否恰当。

2. 库存现金的实质性程序

注册会计师对库存现金的实质性程序一般包括：

（1）获取或编制库存现金明细表，核对现金日记账与总账的余额是否相符。

（2）盘点库存现金。

（3）抽查大额现金收支。

（4）检查现金收支的截止是否正确。

（5）检查外币现金、银行存款的折算是否正确。

（6）检查库存现金是否在资产负债表中恰当披露。

13.1.4　银行存款审计

较之现金，银行存款业务涉及的面广、内容复杂、金额较大、收付款凭证数量较多，因而是货币资金审计的重要组成部分。

1. 银行存款的审计目标

银行存款的审计目标主要包括：确定被审计单位资产负债表中的银行存款在财务报表日是否确实存在，是否为被审计单位所有；确定被审计单位在特定期间内发生的银行存款收支业务是否均已记录完毕，有无遗漏；确定银行存款的余额是否正确；确定银行存款在财务报表中的披露是否恰当。

2. 银行存款的实质性程序

注册会计师对银行存款实施的实质性程序一般包括如下几个方面：

（1）核对银行存款日记账余额与总账余额是否相符。

（2）实施分析程序。

（3）审查银行存款余额调节表。

（4）函证银行存款余额。

（5）检查一年以上定期存款或限定用途存款。

（6）抽查大额银行存款的收支。

（7）检查银行存款收支的截止是否正确。

（8）检查外币银行存款的折算是否正确。

（9）检查银行存款是否在资产负债表中恰当披露。

13.1.5　其他货币资金审计

1. 其他货币资金的审计目标

其他货币资金的审计目标主要包括：确定被审计单位资产负债表中的其他货币资金在财务报表日是否确实存在，是否为被审计单位所有；确定被审计单位在特定期间内发生的其他货币资金收支业务是否均已记录完毕，有无遗漏；确定其他货币资金的金额是否正确；确定其他货币资金在财务报表中的披露是否恰当。

2. 其他货币资金的实质性程序

注册会计师对其他货币资金实施实质性程序，主要包括：

（1）核对外埠存款、银行汇票存款、银行本票存款、在途货币资金等各明细账期末合计数与总账数是否相符。

（2）函证外埠存款户、银行汇票存款户、银行本票存款户期末余额。

（3）对于非记账本位币的其他货币资金，检查其折算汇率是否正确。

（4）抽查一定样本量的原始凭证进行测试，检查其经济内容是否完整，有无适当的审批授权，并核对相关账户的进账情况。

（5）抽取资产负债表日后的大额收支凭证进行截止测试，如有跨期收支事项，应作适当调整。

（6）检查其他货币资金的披露是否恰当。

13.2 练习题

13.2.1 填空题

1. 由于货币资金较容易发生舞弊，因此，货币资金审计的______，需要花费的时间相对较长，______相对较广。

2. 在货币资金的核算和管理工作中，应贯彻______的组织原则，实行______。

3. 为确保货币资金的安全完整，应检查出纳是否定期盘点______，编制______。

4. 盘点库存现金必须有被审计单位的______和______参加。

5. 注册会计师在审查银行存款余额时，首先应做的是核对银行存款______与______两者是否相符。

13.2.2 判断题（正确的划“√”，错误的划“×”）

1. 被审计单位资产负债表上的银行存款数额，应以编制或取得银行存款余额调节表日银行存款账户数额为准。（ ）

2. 计算存放于非银行金融机构的存款占银行存款的比例，有助于分析被审计单位是否存在高息资金拆借。（ ）

3. 一般而言，注册会计师必须对其他货币资金实行控制测试。（ ）

4. 通过向往来银行进行函证，注册会计师不仅可以了解企业银行存款的存在，同时还可了解企业欠银行的债务。（ ）

5. 注册会计师在函证银行存款余额时，不必向企业存款账户已结清的银行

发函。 （ ）

13.2.3 单项选择题

1. 监盘库存现金是注册会计师证实资产负债表所列现金是否存在的一项重要程序，被审计单位必须参加盘点的人员是（ ）。

A. 会计主管人员和内部审计人员　　B. 出纳员和会计主管人员

C. 现金出纳员和银行出纳员　　D. 出纳员和内部审计人员

2. 若有冲抵库存现金的借条、未提现支票、未作报销的原始凭证，应在库存现金盘点表中注明或（ ）。

A. 向有关人员查询　　B. 在工作底稿上记录

C. 重新盘点　　D. 作出必要的调整

3. 银行存款截止测试的关键在于（ ）。

A. 确定被审计单位各银行账户最后一张支票的号码

B. 检查大额银行存款的收支

C. 确定被审计单位当年记录的最后一笔银行存款业务

D. 取得并检查银行存款余额调节表

4. 会计人员编制的银行存款余额调节表的内容，只包括（ ）。

A. 记账错误　　B. 应予纠正的差错

C. 未达账项　　D. 发生的舞弊

13.2.4 多项选择题

1. 下列审计程序中，属于证实银行存款存在的重要程序的有（ ）。

A. 盘点银行存款

B. 审查银行存款余额调节表

C. 函证银行存款余额

D. 审查银行存款收支截止的正确性

E. 审查银行存款的所有权

2. 良好的货币资金内部控制要求有（ ）。

A. 控制现金坐支，当日收入现金应及时送存银行

B. 货币资金收支与记账的岗位分离

C. 全部收支及时准确入账，并且支出要有核准手续

D. 按月盘点现金，编制银行存款余额调节表，以做到账实相符

E. 货币资金收支截止的正确性

3. 注册会计师在盘点库存现金时，时间最好选在上午上班前或下午下班后，不应实施（ ）。

A. 突击检查　　B. 定期检查

C. 通知检查　　D. 计划检查

E. 临时检查

4. 在对库存现金进行盘点时，参与盘点的人员应包括（　　）。

A. 注册会计师　　B. 被审计单位出纳员

C. 被审计单位会计主管人员　　D. 被审计单位管理层

E. 会计师事务所负责人

13.3 练习题参考答案

13.3.1 填空题

1. 风险较高　审计的范围
2. 内部牵制　钱账分管
3. 库存现金　银行存款余额调节表
4. 出纳员　会计主管人员
5. 日记账余额　总账余额

13.3.2 判断题

1. ×　2. ×　3. ×　4. √　5. ×

13.3.3 单项选择题

1. B　2. D　3. A　4. C

13.3.4 多项选择题

1. BC　2. ABCD　3. BCD　4. ABC

13.4 教材习题参考答案

13.4.1 思考题

1. **【解答】**货币资金内部控制测试主要包括：

（1）了解货币资金内部控制。

（2）抽取并检查收款凭证。

（3）抽取并检查付款凭证。

（4）抽取一定期间的现金、银行存款日记账与总账核对。

（5）抽取一定期间银行存款余额调节表，查验其是否按月正确编制并经复核。

（6）检查外币资金的折算方法是否符合有关规定，是否与上年度一致。

（7）评价货币资金的内部控制。

2.【解答】现金的审计目标一般应包括：

（1）确定被审计单位资产负债表中的现金在财务报表日是否确实存在，是否为被审计单位所有。

（2）确定被审计单位在特定期间内发生的现金收支业务，是否均已记录完毕，有无遗漏。

（3）确定现金余额是否正确。

（4）确定现金在财务报表上的披露是否恰当。

3.【解答】银行存款的实质性程序一般包括：

（1）银行存款日记账与总账的余额是否相符。

（2）实施分析程序。

（3）取得并检查银行存款余额调节表。

（4）函证银行存款余额。

（5）检查一年以上定期存款或限定用途存款。

（6）抽查大额现金和银行存款的收支。

（7）检查银行存款收支的正确截止。

（8）检查外币银行存款的折算是否正确。

（9）检查银行存款是否在资产负债表中恰当披露。

13.4.2　案例分析题

1.【解答】

（1）实盘金额总计：1 491.00 元

减：尚未入账的现金收入 920.00 元

加：尚未入账的现金支出 890.00 元

加：白条借款 400.00 元

账面应有余额：1 827.00 元

账面实际余额：1 861.00 元

盘盈：34.00 元

（2）A 公司库存现金管理中存在的问题：

1）现金账与实际现金不符，相差 34 元；

2）现金支用手续不完善，如白条抵库；

3）现金余额 1 861 元超出银行核定现金限额 1 000 元。

2.【解答】（1）乙注册会计师向开户银行函证，不仅可以查明 P 公司银行存款、借款的存在，还可能发现P公司未登记入账的银行存款、借款。

（2）在询证函内指明回函请直接寄至注册会计师乙所在会计师事务所，或在询证函内附上贴足邮票的以注册会计师乙所在会计师事务所为回函地址的信封。注册会计师乙直接收回开户银行询证函回函的目的是防止P公司截留或更改回函。

（3）注册会计师乙应检查银行存款余额调节表中未达账项的真实性，以及资产负债表日后的入账情况。

（4）注册会计师乙索取开户银行2023年1月31日的银行对账单，可以证实列示在银行存款余额调节表上的在途存款和未兑现支票的真实性。

第14章

完成审计工作与审计报告

学习目的和要求

通过本章的学习，培养学生树立“明大德、守公德、严私德”的思想，以客观事实合理得出审计结论，不出虚假报告，强化以事实为根据、以法律为准绳的理念，培育爱岗敬业、有所作为的良好品德。

通过本章的学习，应了解完成审计工作阶段的主要内容和审计报告的意义、作用、基本结构及主要内容；掌握标准审计报告的种类以及各种审计报告的适用条件、术语表达；熟悉审计报告编写的步骤和基本要求；了解和掌握管理建议书的具体作用、主要内容和基本要求。

14.1 复习提要

14.1.1 期初余额审计

1. 期初余额的含义

要理解期初余额，需要把握以下特征：期初余额是所审计会计期间期初已存在的余额；期初余额反映了前期交易、事项及其会计处理的结果；期初余额与注册会计师首次接受委托相联系。

2. 期初余额的审计

注册会计师对期初余额进行审计，应当获取充分、适当的审计证据，以证实：

（1）期初余额不存在对本期财务报表有重大影响的错报或漏报。

（2）上期期末余额已正确结转至本期，或者已恰当地重新表述。

（3）被审计单位一贯运用恰当的会计政策，或对会计政策的变更作出正确的会计处理和恰当的披露。

14.1.2 复核期后事项与或有事项

1. 复核期后事项

（1）资产负债表日至审计报告日之间发生的事项。

（2）审计报告日后至财务报表报出日前发现的事实。

（3）财务报表报出后知悉的事实。

2. 复核或有事项

（1）或有事项的种类。或有事项包括直接或有事项和间接或有事项两类。

（2）或有事项的复核程序。或有事项复核的主要目标在于确定或有事项的存在，主要是寻找未记录的或有事项。

3. 被审计单位管理层声明书与律师的询问函

（1）被审计单位管理层书面声明。注册会计师在完成审计工作阶段出具审计报告前，应取得被审计单位管理层书面声明，以明确会计责任与审计责任。

（2）对律师的审计询问函。向被审计单位律师寄发审计询问函，是注册会计师获取或有事项证据的一种主要手段。

14.1.3 评价审计结果

1. 评价审计证据是否足以支持审计结论

注册会计师评价审计结果，对被审计单位财务报表形成意见时，应综合考虑审计证据是否充分。评价审计证据应由注册会计师对全部审计工作进行复查，以确定是否所有与审计计划有关的重要方面已经根据审计的具体目标进行了适当的审计。一般通过对审计方案的复核，确保方案中的每一部分都已准确完成，并编制工作底稿，形成审计证据，对审计方案是否适宜作出判断。

2. 复核财务报表反映的合法性和公允性

完成审计工作时，注册会计师应确定财务报表的反映是否合法、公允。如果复核的注册会计师认为不足以对财务报表的合法性和公允性作出结论，就应采取额外的审计程序获取必要证据，否则应签发保留意见或无法表示意见的审计报告。

3. 撰写审计总结，形成审计意见

注册会计师完成审计工作后，还应当根据评价后的审计证据撰写审计总结，概要地说明审计计划的执行情况以及审计目标是否实现，同时对每个注册会计师的审计结果加以汇总和评价，对财务报表形成适当的审计意见。审计总结包括以下内容：

（1）序言。

(2) 审计概况。

(3) 审计结论。

4. 签发审计报告前对审计工作底稿的最终复核

(1) 签发审计报告前对工作底稿复核的意义。

1) 实施对审计意见恰当性的质量控制。

2) 保证审计工作已达到会计师事务所的工作标准。

3) 纠正注册会计师专业判断的偏见。

(2) 复核审计工作底稿的内容。

1) 审计程序的恰当性。

2) 审计工作底稿的充分性。

3) 审计过程中是否存在重大遗漏。

4) 审计工作是否符合会计师事务所的质量要求。

14.1.4 审计报告的意义、作用和种类

1. 审计报告的意义

审计报告是注册会计师向委托人提供的表明审计意见的书面报告，是审计工作的最终结果。它主要用于证明被审计单位会计事项的处理和财务报表的反映是否符合国家法律、行政法规、会计准则的规定和有关协议、合同、章程的要求，以及是否公允地反映了被审计单位的财务状况、经营成果和资金变动情况。审计报告的意义主要表现在以下方面：

(1) 审计报告是注册会计师完成审计任务，表达审计意见或结论的主要方式，是口头汇报及其他方式报告所无法替代的。

(2) 审计报告是明确注册会计师的责任，发挥审计鉴证作用的重要条件。通过审计报告可以明确注册会计师作出结论的审计责任以及存在重大过失的法律责任。至于委托人使用审计报告，则应遵守委托时的约定，如委托人需要引用审计报告的有关内容，因引用不当或错误引用而造成后果的，应由引用者自负责任。报告使用者通过阅读审计报告，可以了解被审计单位的财务状况，可据以提出改进管理的办法或制定科学的投资、信贷等方面的决策，或据以对被审计单位作出违纪事项的处理决定。

(3) 审计报告是审计档案的重要组成部分。按规定，会计师事务所除应将审计报告报送委托人外，应由注册会计师对审计报告副本进行复核和签署，作为审计档案，立卷归档，妥善保管。

2. 审计报告的作用

审计报告可以表明审计工作的质量，明确注册会计师的责任。委托人将审计报告分送给各个不同的使用单位，审计报告又可以发挥鉴证作用、保护作用和建设性作用。审计报告也是各方面的报告使用者了解情况和处理问题的重要

依据。审计报告的作用具体表现为以下几个方面：

（1）审计报告可以为政府有关部门了解、掌握企业财务状况和经营成果提供依据，是财政、税务部门等进行税收征管及作出有关宏观调控决策的依据。

（2）审计报告可以为银行及其他金融机构进行信贷决策提供依据，可以为其了解客户的资信状况，决定贷款项目、规模、时间提供重要的证明材料。

（3）审计报告是企业的投资者和其他债权人作出投资决策的重要依据。

3. 审计报告的种类

审计报告可以按照不同的标准，划分为不同的类型。通常，按审计报告的使用目的划分为公布目的审计报告和非公布目的审计报告；按审计报告的详细程度划分为简式（或称短文式）审计报告和详式（或称长文式）审计报告。

简式审计报告主要适用于公布目的审计报告，亦称标准审计报告；详式审计报告主要适用于非公布目的审计报告，应根据业务约定书的要求编制。

14.1.5 审计报告的内容和审计意见的类型

审计报告是注册会计师审计工作的最终成果，审计报告可以综合反映注册会计师的工作质量和执业水准。审计报告具有法定证明效力，同时注册会计师对审计报告也应承担相应的法律责任。

1. 审计意见的形成

注册会计师应当依据被审计单位适用的财务报告编制基础特别评价下列内容：

（1）被审计单位的财务报表是否充分披露了所选择和运用的重要会计政策。

（2）所选择和运用的会计政策是否符合适用的财务报告编制基础，并适合被审计单位的具体情况。

（3）被审计单位管理层作出的会计估计是否合理。

（4）被审计单位财务报表列报的信息是否具有相关性、可靠性、可比性和可理解性。

（5）被审计单位财务报表是否作出充分披露，使预期使用者能够理解重大交易和事项对财务报表所传递信息的影响。

（6）被审计单位财务报表使用的术语（包括每一财务报表的标题）是否适当。

在评价被审计单位财务报表是否实现公允反映时，注册会计师应当考虑下列内容：

（1）被审计单位财务报表的整体列报、结构和内容是否合理。

（2）被审计单位财务报表（包括相关附注）是否公允地反映了相关交易和事项。

2. 审计报告的要素和内容

审计报告应当包括下列要素：

（1）标题；

（2）收件人；

（3）审计意见；

（4）形成审计意见的基础；

（5）管理层对财务报表的责任；

（6）注册会计师对财务报表审计的责任；

（7）按照相关法律法规的要求报告的事项（如适用）；

（8）注册会计师的签名和盖章；

（9）会计师事务所的名称、地址和盖章；

（10）报告日期。

3. 在审计报告中沟通关键审计事项

关键审计事项是指注册会计师根据职业判断认为对本期财务报表审计最为重要的事项。关键审计事项从注册会计师与治理层沟通过的事项中选取。注册会计师的目标是确定关键审计事项，并在对财务报表形成审计意见后，以在审计报告中描述关键审计事项的方式沟通这些事项。

（1）在审计报告中沟通关键审计事项的意义。在审计报告中沟通关键审计事项，旨在通过提高已执行审计工作的透明度增加审计报告的沟通价值。沟通关键审计事项能够为财务报表预期使用者提供额外的信息，帮助其了解注册会计师根据职业判断认为对本期财务报表审计最为重要的事项。

（2）在审计报告中确定关键审计事项。注册会计师应当从与治理层沟通过的事项中确定在执行审计工作时重点关注过的事项。在确定时，注册会计师应当考虑下列方面：

1）通过了解被审计单位及其环境识别和评估重大错报风险，评估出的重大错报风险较高的领域或识别出的特别风险；

2）与财务报表中涉及重大管理层判断（包括被认为具有高度估计不确定性的会计估计）的领域相关的重大审计判断；

3）本期重大交易或事项对审计的影响。

（3）在审计报告中沟通关键审计事项。注册会计师应当在审计报告中单设一部分，以"关键审计事项"为标题，并在该部分使用恰当的子标题逐项描述关键审计事项。

4. 标准审计报告

注册会计师应根据审计结论，出具下列审计意见之一的审计报告：

（1）无保留意见。

（2）带强调事项段和其他事项段的无保留意见。

（3）保留意见。

（4）否定意见。

（5）无法表示意见。

如果认为财务报表符合下列所有条件，注册会计师应当出具无保留意见的审计报告：

（1）审计单位财务报表已经按照适用的会计准则的规定编制，在所有重大方面公允反映了被审计单位的财务状况、经营成果和现金流量。

（2）注册会计师已经按照中国注册会计师执业准则的规定计划和实施审计工作，在审计过程中未受到限制。

当注册会计师出具的无保留意见审计报告不附加强调事项段或任何修饰性用语时，该审计报告称为标准审计报告。

5. 非标准审计报告

非标准审计报告是指标准审计报告以外的其他审计报告，包括带强调事项段和其他事项段的无保留意见的审计报告与非无保留意见的审计报告。

非无保留意见的审计报告包括保留意见的审计报告、否定意见的审计报告和无法表示意见的审计报告。

（1）带强调事项段和其他事项段的无保留意见审计报告。审计报告的强调事项段和其他事项段是指注册会计师在审计意见段之后增加的对重大事项予以强调的段落。

强调事项段，是指审计报告中含有的一个段落，该段落提及已在被审计单位财务报表中恰当列报或披露的事项，根据注册会计师的职业判断，该事项对财务报表使用者理解财务报表至关重要。

其他事项段，是指审计报告中含有的一个段落，该段落提及未在被审计单位财务报表中列报或披露的事项，根据注册会计师的职业判断，该事项与财务报表使用者理解审计工作、注册会计师的责任或审计报告相关。

如果认为有必要，注册会计师可以在审计报告中提供下列补充信息，以提醒使用者关注：

1）尽管已在财务报表中列报或披露，但对使用者理解财务报表至关重要的事项。

2）未在财务报表中列报或披露，但与使用者理解审计工作、注册会计师的责任或审计报告相关的事项。

（2）保留意见审计报告。如果认为被审计单位财务报表就其整体是公允的，当存在下列情形之一时，注册会计师应当发表保留意见：

1）在获取充分、适当的审计证据后，注册会计师认为错报单独或累计起来对被审计单位财务报表影响重大，但不具有广泛性。

2）注册会计师无法获取充分、适当的审计证据以作为形成审计意见的基础，但认为未发现的错报（如存在）对被审计单位财务报表可能产生的影响重大，但不具有广泛性。

（3）否定意见审计报告。在获取充分、适当的审计证据后，如果认为错报单独或累计起来对财务报表的影响重大且具有广泛性，注册会计师应当发表否定意见。

发表保留意见还是否定意见的界限：重要性水平。在其他条件相同的前提下，重要性水平是考虑发表保留意见还是否定意见的主要因素。

（4）无法表示意见的审计报告。如果无法获取充分、适当的审计证据以作为形成审计意见的基础，但认为未发现的错报（如存在）对财务报表可能产生的影响重大且具有广泛性，注册会计师应当发表无法表示意见。

14.1.6　编制审计报告的步骤和要求

1. 编制审计报告的步骤

（1）整理和分析审计工作底稿。审计小组的每位成员都应整理好自己的审计工作底稿，着重列举审计中所发现的问题。审计项目负责人应对全部审计工作底稿中的记录、证据和结论进行检查、复核和分析，也可召开汇报讨论会，形成初步的审计结论，作为编写审计报告的基础。

（2）就被审计单位财务报表提出调整建议。在整理和分析审计工作底稿的基础上，注册会计师应向被审计单位介绍审计情况、初步结论以及对于会计事项、报表项目的调整意见，提请被审计单位加以调整。

（3）确定审计报告意见的类型和措辞。注册会计师在了解被审计单位是否接受提出的调整意见以及是否已经作了调整以后，可以确定审计报告意见的类型和措辞。对于委托审计的项目，如果委托人已约请其他审计机构对其中一部分或一项内容进行了审计，编写审计报告时应注意划清与其他会计师事务所及其注册会计师之间的责任。

（4）撰写审计报告。标准审计报告可以只拟订简单的提纲，长文式审计报告应编写全面、具体的报告提纲。根据报告提纲进行文字加工就可以编写出审计报告。审计报告一般由审计项目负责人编写。审计报告完稿后，应由会计师事务所主管合伙人或主任会计师复核。审计报告经审核、修改定稿并完成签署后，正本直接报送委托人，副本归档存查。

2. 编写审计报告的要求

（1）语言清晰简练。审计报告应达到事实清楚，责任明确，意见表达准确，便于使用者理解。

（2）证据确凿充分。一方面，审计报告所列事实必须确凿可靠，引用资料必须经过复核，运用的依据必须查对原文和出处；另一方面，审计报告所列事实必须具备充分性，应足以支持审计意见的形成。

（3）态度客观公正。编写审计报告必须保持客观公正的态度，遵守中国注册会计师审计准则，决不能丧失注册会计师独立、客观、公正的立场。

（4）内容全面完整。内容全面完整是指审计报告要按中国注册会计师审计准则规定的方式、结构和内容编写。还应注意，所谓审计报告要全面完整，并不是面面俱到。相反，说明和表述审计意见时，应重点突出，充分揭示被审计单位存在的影响财务报表的重要事项，对于一些无足轻重的枝节问题则可以不写。

14.1.7 管理建议书

1. 管理建议书的意义和作用

（1）管理建议书的意义。注册会计师在完成审计工作阶段，不仅要出具审计报告，而且对非上市的中小公司要出具管理建议书。管理建议书是注册会计师在完成审计工作后，就被审计单位内部控制中存在的薄弱环节或缺陷，以书面形式提出的改进建议。提交管理建议书是注册会计师的职业责任，是对被审计单位提供的服务之一。管理建议书是衡量注册会计师向被审计单位提供审计服务质量的重要标志之一。管理建议书的优劣也是鉴定注册会计师工作态度、敬业精神、道德品质以及专业水平的依据。而且管理建议书所提建议的深度、广度和效果，往往也是委托人决定是否继续聘任或委任注册会计师担任持续审计的重要因素。

（2）管理建议书的作用。虽然内部控制审计也可以成为对上市公司的一项审计业务约定，但提交管理建议书大多不作为审计业务约定项目的内容。从性质上看，管理建议书既不是审计的委托事项，也不是承接会计咨询业务的报告，而是对被审计单位提供的一种纯粹的服务。其报送对象一般只限于被审计单位董事会和管理层，不对外公布。

管理建议书的具体作用表现在两个方面：一方面，通过管理建议书，可以针对内部控制弱点，提供进一步完善内部控制，改进管理工作，提高经营管理水平的参考意见；另一方面，注册会计师借助管理建议书，事先提出了改进建议，可以把注册会计师的法律责任降到最低程度。

2. 管理建议书的结构和内容

管理建议书所提出的问题，主要是关于被审计单位的内部控制是否存在重大缺陷，有时也包括其所编制的财务报表是否遵循国家有关法规、会计准则。所表示的意见应使阅读者明白其内部控制与被审计单位主要目标的符合程度。管理建议书提出的意见和建议应具有逻辑性，最重要的意见通常列为首项。管理建议书中应当将被审计单位准备依据建议进行调整或改进的情况加以说明。

3. 管理建议书的基本要求

（1）提交管理建议书的要求。建议范围主要是指可能对会计记录、财务报表的合法性、公允性产生影响的有关内部控制存在的问题。包括内部会计控制、内部财务收支管理系统、财产管理系统、会计工作机构的内部稽核系统、内部审计系统、各管理机构的内部报告和相互牵制系统，以及其他与会计工作联系密切的内部控制系统。但审计工作完成后，是否要提交管理建议书，应视以下原则处理：

1）对于年度财务报表审计业务，因审计程序中包含内部控制评审的要求，一般均应提供管理建议书。但是，如果被审计单位的内部控制有效，或存在的问题基本不影响会计记录与财务报表的可靠性，注册会计师可将发现的问题记录于审计工作底稿中，在与被审计单位有关人员交换意见时，以适当的方式提出，可不再提交管理建议书。

2）对于中期和特定目的的审计业务，是否提供管理建议书，分别视以下两种情况处理：

①凡规定的审计程序中要求评审内部控制，并且在评审中发现了问题，则应提供管理建议书；

②凡规定的审计程序中不要求评审内部控制，或虽要求评审内部控制，但未发现应当提请被审计单位重视并改进的问题，则可不提交管理建议书。

（2）编写管理建议书的要求。在编写管理建议书时应遵循如下要求：

1）编写管理建议书之前，应做好以下各项工作，并将工作结果和管理建议的形成编制工作底稿，以确保管理建议具备合理性、客观性。

①分析、整理对被审计单位内部控制评价的各种资料，作出评价结果；

②从财务报表相关资料中研究、识别内部控制存在的缺陷；

③查阅以前提供的管理建议书，追查其执行结果；

④征询参与审计工作的税务、管理及其他方面有关专家的意见；

⑤与被审计单位管理人员就有关问题及建议进行讨论和研究。

2）起草管理建议书时应根据下列要求确定具体内容：

①仔细分析工作底稿中有关内部控制问题及建议的详细资料，在此基础上确定管理建议书的基本内容；

②提出的内部控制问题及意见与建议，应按其在内部控制中的重要程度，依次排列；

③对于审计过程中已向被审计单位提出，而被审计单位未调整或未改进的重要事项应作详细说明。

3）草拟完成的管理建议书，应先经审计小组（或项目）负责人审核，然后将修改后的草稿提交给被审计单位，请被审计单位有关人员确认其内容的真实性。对被审计单位确认后退回的草稿，再斟酌有关内容和文字表达，纠正欠妥之处。

4）根据修改后的草稿编写正式的管理建议书。对管理建议书应建立审核制度，由会计师事务所负责人审核签署后，正式提交给被审计单位。

14.2 练习题

14.2.1 填空题

1. 审计报告是注册会计师向______提供的表明______的书面报告。

2. 审计报告主要用于证明被审计单位会计事项的处理和财务报表的编制是否真实地反映了其______、______和______。

3. 审计报告由主办的注册会计师签章并加盖审计组织公章后，经报送给______，可以表明审计工作的______，明确注册会计师的______。

4. 委托人将审计报告分送给各个不同的使用单位，可以发挥审计报告的______、______和______作用。

5. 审计报告签署的日期应当是______日期，即______。

6. 审计报告按使用目的划分为______审计报告和______审计报告。

7. 审计报告按详细程度可以划分为______和______两类。

8. 按审计工作性质和要求的不同，审计报告可以划分为______、______和______。

9. 根据审计意见类型，审计报告可以划分为以下四类，即______、______、______和______。

10. 审计报告的基本结构和内容一般由______组织通过制定______准则作出具体规定和要求。

11. 无保留意见是注册会计师认为被审计单位财务报表的表达______、______，能够满足______利害关系人的共同需要而表示满意的意见。

12. 无保留意见审计报告中，在对报表的正确与合理作出意见时，应使用______或______等术语，而不应使用______或______等术语。

13. 注册会计师在对委托事项进行审查后，如认为无保留意见的各项条件______，影响了财务报表的______，则可发表保留意见。

14. 无保留意见的保留事项可以分为两类，一类是______，另一类是______。

15. 审计报告的说明段应当充分叙述对财务报表发表意见的______，在发表______时，也可以省略说明段。

16. 审计报告意见段表达审计意见时，所使用的专业术语应符合______要求，即使不表示______，也应以清楚和______的方式在说明段陈述其全部理由。

17. 无保留意见审计报告中，在说明段陈述理由后，意见段表示审计意见时，先使用______或______等特定术语，然后应使用______术语，表示其他事项已作了公允反映。

18. 否定意见是与______相反，提出______财务报表公允反映被审计单位财务状况、经营成果和现金流量情况的审计意见。

19. 否定意见的审计报告中，在说明段应指出______；在意见段表示审计意见时应使用______、______等术语，并指出财务报表______、______的问题。

20. 无法表示意见是由于某些限制而未对某些重要事项取得______，注册会计师无法判断问题的归属，而说明其对财务报表______，它与其他意见类型的根本区别在于审计对象的______不同。

21. 无法表示意见的审计报告中，在意见段应使用______或______等术语，再应用______、______等术语。

22. 对不以《企业会计准则》为基础而编制的财务报表的审计，一般应出具______审计报告，其内容应比______更为详细具体。

23. 审计报告编写的步骤包括：(1) 整理和分析______；(2) ______；(3) 确定审计报告意见的______；(4) 撰写审计报告。

24. 对被审计单位财务报表的调整事项有两类，一类是财务报表截止日已存在的；另一类是财务报表截止日和______之间发生的影响所审计期间及将来的财务状况和经营成果的重要事项，亦称为______。

25. 对于委托审计项目，如果有一部分或一项内容已约请其他会计师事务所进行了审计，编写审计报告时应注意划清与其他会计师事务所及注册会计师之间的______，不应对______表示意见。

26. 编写审计报告的原则是______，具体要求包括：语言______，证据______，态度______，内容______。

27. 管理建议书是对被审计单位______中存在的薄弱环节或缺陷，以书面形式提出的______。

28. 管理建议书是衡量注册会计师提供的审计服务质量的重要标志，其作用表现为：一方面可以______，另一方面可以______。

29. 管理建议书不是______的规定内容，也不是会计咨询报告，而是会计师事务所为被审计单位提供的______。

30. 管理建议书的建议范围主要是对______、______的公允性、合法性产生影响的有关______。

31. 管理建议书一般只向被审计单位的______、______或______提供，而不对外公布。

32. 管理建议书所提出的问题、意见或建议不具有______和______。

14.2.2　判断题（正确的划“√”，错误的划“×”）

1. 审计报告就是查账验证报告，是审计工作的最终成果。　　（　　）

2. 审计报告用于公证，不是表达审计意见的方式。 （ ）

3. 审计报告可以明确注册会计师的审计责任及存在重大过失的法律责任。 （ ）

4. 审计报告具有公证性。 （ ）

5. 注册会计师应对审计报告的真实性、合法性负责，所以委托人引用审计报告而造成的一切后果应由出具审计报告的注册会计师负责。 （ ）

6. 注册会计师的审计报告须经财政部门或审计机关审定后方能提交给委托人。 （ ）

7. 委托人将财务报表与审计报告一同提交给使用人，可以免除编报单位对财务报表的真实性、合法性所负的责任。 （ ）

8. 审计报告采用统一的结构和形式，目的是便于阅读者正确理解。 （ ）

9. 注册会计师只将审计报告送给被审计单位。 （ ）

10. 审计报告应由会计师事务所和注册会计师双重签署后，直接提供给委托人。 （ ）

11. 审计报告的签署日期应为完稿日期或财务报表截止日。 （ ）

12. 注册会计师只将审计报告提交给委托人而不向其他单位提供，也不必经其他单位审定。但若经委托人允许或法律规定、职业责任要求公布的，可以提供给第三者。 （ ）

13. 根据待定事项和除外事项的影响程度不同，注册会计师应出具保留意见或否定意见的审计报告。 （ ）

14. 无法表示意见意味着注册会计师无法接受委托。 （ ）

15. 期后事项是审计工作完成以后，即审计报告日以后所发生的各种重要事项。 （ ）

16. 如果委托人没有特殊要求，注册会计师一般只提供标准审计报告。 （ ）

17. 如果委托审计项目中有一部分内容委托人已约请其他会计师事务所进行审计，则受托审计的注册会计师应对此重新发表意见。 （ ）

18. 提交管理建议书是委托审计事项中的一项重要内容，一般应提交给委托人。 （ ）

19. 管理建议书是审计工作的重要成果，具有公证性和强制性。 （ ）

20. 注册会计师无论接受哪一种委托审计业务，只要是委托审计，都必须提交管理建议书。 （ ）

21. 注册会计师在拟订审计报告或管理建议书时，对于被审计单位已进行调整的事项，不作为重要说明事项。 （ ）

22. 管理建议书与审计报告一样，必须由注册会计师与会计师事务所双重签署。 （ ）

23. 管理建议书的建议范围只限于会计控制方面，它就是会计咨询报告。（　）

24. 注册会计师完成了一项审计业务之后，发现客户在存货盘点中存在严重账实不符的情况，提请其进行必要的调整。客户告知其财务报告已上报主管部门，准备在明年的财务报表中进行调整，请求注册会计师在审计报告中对此不要再作说明。注册会计师不应接受这种要求。（　）

25. 注册会计师在 2022 年 2 月对被审计单位 2021 年财务报表进行审计，发现 2021 年一张已贴现的应收票据，对方单位已无力兑付，银行于 2022 年 1 月份从被审计单位银行存款账上划出。注册会计师认为，这笔业务的处理应体现在 2022 年的财务报表中。（　）

14.2.3　单项选择题

1. 注册会计师审计报告的主要作用是（　）。

A. 检查　　B. 评价

C. 鉴证　　D. 监督

2. 审计报告的引言段主要是（　）。

A. 指出构成整套财务报表的每张报表的名称及附注

B. 提及财务报表的对应关系

C. 说明执行的审计程序及运用的依据

D. 指明财务报表的实质

3. 审计报告的说明段省略时，注册会计师发表了（　）。

A. 无保留意见　　B. 保留意见

C. 否定意见　　D. 无法表示意见

4. 审计报告日是指（　）。

A. 财务报表截止日　　B. 审计报告完成日

C. 审计报告报送日　　D. 审计工作完成日

5. 某位注册会计师在编写审计报告时，在意见段中使用了“除上述问题待定以外”的术语，这种审计报告是（　）。

A. 无保留意见审计报告　　B. 保留意见审计报告

C. 否定意见审计报告　　D. 无法表示意见审计报告

6. 某位注册会计师在编写审计报告时，在意见段中使用了“由于上述重要会计事项不能确定”的术语，这种审计报告是（　）。

A. 无保留意见审计报告　　B. 保留意见审计报告

C. 否定意见审计报告　　D. 无法表示意见审计报告

7. 某位注册会计师在编写审计报告时，在意见段中使用了“因为上述问题是否有重大影响无法确定”的术语，这种审计报告是（　）。

A. 无保留意见审计报告　　B. 保留意见审计报告

C. 否定意见审计报告　　D. 无法表示意见审计报告

8. 期后事项是指影响财务报表的事项，其影响的期间为（　　）。

A. 财务报表截止日以后　　B. 审计报告日之后

C. 实地审计工作结束以后　　D. 财务报表日与审计报告日之间

9. 注册会计师出具的审计报告的正确性和合法性应由（　　）。

A. 会计师事务所负责　　B. 委托单位负责

C. 审计管理机关负责　　D. 注册会计师负责

10. 注册会计师在审计中如遇委托项目中的一部分内容客户已委托其他会计师事务所审计，对此，注册会计师应当（　　）。

A. 与该会计师事务所联系并在工作底稿中说明

B. 应当与其他内容一并发表审计意见

C. 向委托人说明不对该项内容审计

D. 与该会计师事务所联系

11. 在审计中小公司财务报表过程中，如发现委托人的内部管理制度存在严重问题，注册会计师应采取的适当措施是（　　）。

A. 可以在审计报告中提出保留意见

B. 可以书面方式向委托人提出改进意见

C. 应以口头方式提出意见，限期改正

D. 应以书面方式提出意见，限期改正

12. 下列文件中能够作为提出审计报告意见依据的项目是（　　）。

A. 注册会计师的审计工作底稿

B. 内部控制系统评价的结果

C. 注册会计师的审计工作计划

D. 委托人对审计中发现的技术性错误的陈述

13. 注册会计师编写管理建议书的主要目的是（　　）。

A. 帮助被审计单位改善内部控制系统

B. 有助于会计师事务所的未来聘约

C. 有助于公众对被审计单位内部控制的了解

D. 有助于注册会计师了解被审计单位的内部控制

14. 注册会计师在审计中发现被审计单位的内部控制存在问题，应当（　　）。

A. 随时向被审计单位有关部门或人员提出，并交换意见

B. 在审计业务完成后，以管理建议书的形式反映

C. 因为内部控制不是审计的重要内容，不对此进行说明

D. 根据性质确定采取的方式，只有非常严重的内部控制问题，才向被审计单位提出

15. 被审计单位对审计范围进行限定，致使某些重要的审计程序无法实施，注册会计师发表的审计意见应该是（　　）。

A. 保留意见　　B. 否定意见

C. 无法表示意见　　D. 否定意见或无法表示意见

16. 某企业对以外币结算款项业务的核算，以前都按原入账时的汇率作为账面汇率，但从本年初起，经董事会同意，改按加权平均法，并已在财务报告中加以说明。对于上述会计方法的重要变动，如企业不再作出任何调整，注册会计师应出具（　　）。

A. 无保留意见审计报告　　B. 保留意见审计报告

C. 否定意见审计报告　　D. 无法表示意见审计报告

17. 某注册会计师于 2022 年 2 月 20 日完成了对某公司 2021 年度财务报表的审计，2022 年 2 月 28 日撤离了审计现场，2022 年 3 月 4 日签发审计报告，签发报告的日期为（　　）。

A. 2022 年 2 月 20 日　　B. 2022 年 3 月 4 日

C. 2022 年 2 月 28 日　　D. 2021 年 12 月 31 日

18. 审计报告和管理建议书都是注册会计师提出的关于审计结果的正式文件，但从性质上看，管理建议书是提供给被审计单位的（　　）。

A. 内部控制报告　　B. 会计咨询报告

C. 纯粹的服务　　D. 内部控制报告和纯粹的服务

19. 审计报告的基本结构和内容由注册会计师职业团体加以规定，根据审计报告准则，审计报告的主要部分是（　　）。

A. 意见段　　B. 说明段

C. 正文部分　　D. 附件部分

20. 在委托人没有特定要求的条件下，注册会计师出具的审计报告一般是（　　）。

A. 详式审计报告　　B. 一般审计报告

C. 非公布目的的审计报告　　D. 标准审计报告

14.2.4　多项选择题

1. 审计报告是各方面的使用者了解情况和处理问题的重要依据，其作用具体表现为（　　）。

A. 鉴证作用　　B. 保护作用

C. 检查作用　　D. 制约作用

E. 建设性作用

2. 审计报告的基本结构一般包括（　　）。

A. 管理层对财务报表的责任段　　B. 引言段

C. 注册会计师的责任段　　D. 意见段
E. 注册会计师签署

3. 审计报告的引言段所应说明的主要事项有（　　）。
A. 指出被审计单位的名称
B. 说明财务报表已经审计
C. 指出构成整套财务报表的每一财务报表的名称
D. 提及财务报表附注，包括重要会计政策概要和其他解释性信息
E. 指明构成整套财务报表的每一财务报表的日期或涵盖的期间

4. 在说明段充分叙述对财务报表所持意见的理由的审计报告类型有（　　）。
A. 无保留意见　　B. 保留意见
C. 否定意见　　D. 无法表示意见
E. 肯定意见

5. 审计报告根据使用的目的不同可以分为（　　）。
A. 公布目的审计报告　　B. 标准审计报告
C. 非公布目的审计报告　　D. 一般审计报告
E. 特殊审计报告

6. 审计报告是完成对委托人财务报表的审计后编制的，一般可划分为（　　）。
A. 标准审计报告　　B. 非标准审计报告
C. 肯定审计报告　　D. 否定审计报告
E. 中立审计报告

7. 注册会计师出具保留意见的审计报告是认为被审计单位对会计事项的处理和财务报表的编制存在（　　）。
A. 错报单独或累计起来对被审计单位财务报表影响重大
B. 财务报表个别项目失实又拒绝进行调整的
C. 某个重要会计事项的处理方法与前期不一致
D. 未发现的错报对被审计单位财务报表可能产生的影响重大
E. 因审计范围受到限制，影响重大

8. 注册会计师发现委托人的会计处理方法有错误时，正确的做法有（　　）。
A. 在审计报告中提出否定意见
B. 在审计报告中提出保留意见
C. 委托人调整后在审计报告中发表保留意见
D. 委托人未作调整的在审计报告中发表保留意见
E. 委托人调整后在审计报告中发表无保留意见

9. 某企业上年度发生原材料短缺4.5万元，但一直未进行处理。注册会计师采取的审计步骤包括（　　）。

A. 了解上述材料短缺的原因

B. 了解上述材料短缺未予处理的原因

C. 了解是否报税务机关审批

D. 查明是否已在上年度财务报表中予以说明

E. 检查对当年财务报表的影响

10. 管理建议书是对被审计单位内部控制存在的薄弱环节或缺陷，以书面形式提出的改进建议，在其正文部分对发现的每一问题应说明（　　）。

A. 该项内部控制存在问题的基本情况

B. 存在问题导致偏离内部控制目标的程度

C. 存在问题的调整或改进情况

D. 存在问题的主要原因以及对过失人的处理

E. 对存在问题的改进建议及理由

14.2.5　审计分析题

【资料】注册会计师甲、乙两人根据会计师事务所与华厦有限责任公司签订的 2022 年第 8 号委托书，于 2022 年 2 月 10 日对该公司上年度的财务报表进行审计，于 2022 年 2 月 28 日提交对华厦公司 2021 年财务报表的审计报告。除下列事项外，华厦公司是小型企业，其财务报表其他内容均符合会计准则的规定，公允地反映了其财务状况、经营成果和现金流量情况，注册会计师均已认可。

（1）华厦公司 2021 年末产成品期末余额多计 1 万元，影响 2021 年利润，注册会计师提请该公司调整，但未予接受。

（2）华厦公司 2021 年 7 月份起对产成品发出计价由加权平均法改为后进先出法，使 2021 年销售成本上升 1.5 万元，这一变化未在财务报表中说明，确定应纳税所得额时也未作调整。

【要求】确定注册会计师表示审计意见的类型，并写出审计报告的说明段和意见段。

14.3　练习题参考答案

14.3.1　填空题

1. 委托人　审计意见

2. 财务状况　经营成果　现金流量情况

3. 委托人　质量　责任

4. 鉴证　保护　建设性

5. 完成审计工作日　不早于管理层确认财务报表的日期

6. 公布目的　非公布目的

7. 简式（或短文式）审计报告　详式（或长文式）审计报告

8. 标准审计报告　一般审计报告　特殊审计报告

9. 无保留意见审计报告　保留意见审计报告　否定意见审计报告　无法表示意见审计报告

10. 民间审计职业团体　审计报告

11. 公允　合理　非特定多数

12. “恰当地反映”　“公允地反映”　“完全真实”　“基本反映”

13. 不完全具备（或只要有一项不具备）　公允表达

14. 未调整事项　待定事项

15. 理由　无保留意见

16. 报告准则　肯定意见（或无保留意见）　善意

17. “除上述问题以外”　“除上述情况待定外”　无保留意见审计报告

18. 无保留意见　否定

19. “被审计单位未予接受我们认为的必要调整”　“由于上述问题造成的重大影响”　“由于上述重要事项不能确定”　“不能恰当地反映”　“不符合……规定”

20. 证据　不能表示意见　明确性

21. “因为上述问题是否有重大影响无法确定”　“因为上述重要的审计程序未能实施”　“我们对……发表意见”　“我们不能对……发表意见”

22. 特殊　标准审计报告

23. 审计工作底稿　调整被审计单位财务报表　类型和措辞

24. 审计报告日　期后事项

25. 审计责任　全部委托项目

26. 公正、客观、实事求是　清晰简练　确凿充分　客观公正　全面完整

27. 内部控制　改进建议

28. 促进被审计单位完善内部控制　把注册会计师的法律责任降到最低程度

29. 委托审计项目　委托之外的纯粹服务

30. 会计记录　财务报表　内部控制

31. 管理部门　董事会　股东大会

32. 公证性　强制性

14.3.2 判断题

1. √　2. ×　3. √　4. √　5. ×

6. ×　7. ×　8. √　9. ×　10. √

11. ×	12. √	13. √	14. ×	15. ×
16. √	17. ×	18. ×	19. ×	20. ×
21. √	22. ×	23. ×	24. √	25. √

14.3.3 单项选择题

1. C	2. A	3. A	4. D	5. B
6. C	7. D	8. D	9. D	10. D
11. D	12. A	13. A	14. A	15. C
16. A	17. B	18. C	19. C	20. D

14.3.4 多项选择题

1. ABE	2. ABCD	3. ABCDE	4. BC	5. AC
6. AB	7. AD	8. DE	9. ABDE	10. ABCE

14.3.5 审计分析题

【解答】由于华厦公司 2021 年末产成品期末余额多计 1 万元，改变产成品发出成本计价方法又使 2021 年销售成本上升 1.5 万元，这两项影响 2021 年利润虚减 2.5 万元。由于华厦公司未作调整，注册会计师应对其财务报表发表保留意见。

说明段和意见段按下列格式写作：

由于贵公司 2021 年末产成品期末余额多计 1 万元，改变产成品发出成本计价方法又使 2021 年销售成本上升 1.5 万元，两项影响 2021 年利润虚减 2.5 万元。这一变更在计算应纳税所得额时，贵公司又未作相应调整。以上两项影响贵公司本年销售成本增加 2.5 万元，利润减少 2.5 万元。

我们认为，除存在上述问题以外，贵公司的上述财务报表符合《企业会计准则》的规定，在所有重大方面公允地反映了贵公司 2021 年 12 月 31 日的财务状况及 2021 年度的经营成果和现金流量情况。

14.4 教材习题参考答案

14.4.1 思考题

1. **【解答】**审计报告由项目合伙人和注册会计师签章并加盖会计师事务所公章后，可以发挥鉴证作用、保护作用和建设性作用。鉴证作用是指注册会计师以独立第三者的立场，通过审计报告对被审计单位财务报表所反映的财务状况、经营成果等是否合法、公允作出客观的鉴证；保护作用是指审计报告能够在一定程度上揭露被审计单位存在的重大错误和舞弊行为，保护投资者及有关利益相关者的利益；建设性作用是指审计报告可以针对被审计单位经营管理方面的问题，提出改进措施和合理化建议，有助于被审计单位改进经营管理。此外，审计报告也是不同使用单位了解情况和处理问题的重要依据。审计报告的作用具体表现为以下各方面：

（1）审计报告可以为政府有关部门了解、掌握企业财务状况和经营成果提供依据。

（2）审计报告可以为银行及其他金融机构进行信贷决策提供依据。

（3）审计报告是企业的投资者和其他债权人作出投资决策的重要依据。

2.**【解答】**提交管理建议书大多不作为审计业务约定项目的内容。从性质上看，管理建议书既不是审计的委托事项，也不是承接会计、咨询业务的报告，而是对被审计单位提供的一种纯粹的服务。

管理建议书所提出的问题及改进建议不具有公证性和强制性，主要作用表现在两个方面：一方面，通过管理建议书，可以针对内部控制弱点，提供进一步完善内部控制，改进管理工作，提高经营管理水平的参考意见。这种意见最及时、最有效，能促使被审计单位注意加强控制，改善工作，以防止弊端的发生。另一方面，注册会计师借助管理建议书，事先提出了改进建议，可以把注册会计师的法律责任降到最低限度。

3.**【解答】**（1）编写审计报告需经过以下几个步骤：

1）整理和分析审计工作底稿。

2）就被审计单位财务报表提出调整建议。

3）确定审计报告意见的类型和措辞。

4）撰写审计报告。

（2）编写审计报告的要求概括起来有以下四个方面：

1）语言清晰简练，达到事实清楚、责任明确、意见表达准确的效果。

2）证据确凿可靠，令人信服。

3）态度客观公正，恪守独立性原则。

4）内容全面完整，重点突出，充分揭示被审计单位所存在的影响财务报表的重要事项。

14.4.2 案例分析题

1.**【解答】**（1）说明如下：

1）不恰当。财务报表附注未作充分披露，应当发表保留或否定意见。

2）不恰当。应当与治理层沟通；还应当采取下列三项措施之一：在审计报告中增加其他事项段，拒绝提交审计报告，解除业务约定。

（2）上期财务报表已由其他会计师事务所审计；前任注册会计师发表的意见类型；前任注册会计师出具审计报告的日期。

2.**【解答】**（1）陈真、李林应出具保留意见的审计报告。

A 公司应对甲公司的长期投资计提减值准备。

导致保留意见的说明段：

A 公司持有甲公司 15％的股权投资，因甲公司已连续发生亏损三年，2021 年年末每股净资产已为负数，A 公司采用成本法核算长期投资，A 公司没有计提相应的减值准备。

（2）陈真、李林应出具保留意见的审计报告。

因这三项错报之和高于所设定的重要性水平。

导致保留意见的说明段：

因 B 公司三项错报之和高于所设定的重要性水平，而 B 公司拒绝作任何调整。

（3）陈真、李林应出具无保留意见加强调事项段的审计报告。

因该公司的持续经营存在问题。

无保留意见的强调事项段：

我们提醒财务报表使用者关注，C 公司因财务状况恶化，于 2022 年年初向法院申请进行债务重整，债务重整是否成功影响 C 公司能否继续经营，目前尚无法预测重整的结果。管理当局就此问题提出改善计划，但其持续经营能力仍然存在重大不确定性。本段内容并不影响已发表的审计意见。

（4）陈真、李林应出具保留意见的审计报告。

D 公司应对该公司的应收账款计提坏账准备。

导致保留意见的说明段：

D 公司对占流动资产 23％的应收账款无力收回，公司不愿在 2021 年度单项计提较大的坏账准备，只愿意在财务报表附注中说明。

（5）陈真、李林应出具标准无保留意见的审计报告。

因该公司的关联交易不存在问题。

（6）陈真、李林应出具无法表示意见的审计报告。

F 公司占总资产总值的 65％的期末存货无法进行监督盘点。

导致无法表示意见的说明段：

我们无法对 F 公司占总资产总值的 65％的期末存货进行监督盘点，也无法实施其他替代审计程序，以对期末存货的数量和状况获取充分、适当的审计证据。

（7）陈真、李林应出具保留意见的审计报告。

G 公司对融资租赁业务的会计处理违反《企业会计准则》的规定。

导致保留意见的说明段：

G公司在2021年发生两笔数额很大的融资租赁业务，但G公司却按经营租赁进行会计核算，致使G公司当年利润减少25%，G公司拒绝进行调整。

（8）陈真、李林应出具否定意见的审计报告。

H公司未按《企业会计准则》的规定对外提供法定的股东权益变动表。

导致否定意见的说明段：

H公司所编制的财务报表中缺少股东权益变动表，该公司认为股东权益变动表是辅助报表，所以拒绝提供。

（9）陈真、李林应出具无法表示意见的审计报告。

K公司持股90%的子公司无法进行审计。

导致无法表示意见的说明段：

K公司持股90%的子公司是由丙会计师事务所进行审计的，该子公司的资产与利润占K公司合并财务报表相应项目的比例为50%与60%，无法进行审计。

（10）陈真、李林应出具标准无保留意见的审计报告。

因公司的年度经营管理报告可以不提供。

针对上述情况，（5）中的关联交易应作为关键审计事项在审计报告中反映。

第15章

会计咨询、会计服务业务

学习目的和要求

通过本章的学习，培养学生树立客观事物是相互联系的唯物主义世界观，以事物相互联系、相互促进的发展态势对待会计咨询、服务业务与审计业务的关系，培育统筹兼顾、科学发展的思想。

通过本章的学习，应掌握会计咨询和服务业务的特点、范围、工作程序和职业要求；熟悉咨询的主要内容；了解代理记账、代理纳税的基本形式和主要内容。

15.1 复习提要

15.1.1 会计咨询、服务业务的特点和范围

1. 会计咨询和服务业务的特点

注册会计师开展会计咨询、服务业务是社会经济发展的客观要求，也取决于注册会计师智力密集型的职业特点。会计咨询就是注册会计师凭借其职业特点和智力优势，受托或主动服务于企事业单位的经营管理者，在帮助其建立健全内部控制制度和会计制度，进行经营诊断、建立电算化系统、组织人员培训以及对重大经济决策和重要项目的实施进行论证等方面提供专业咨询的民间审计业务，目的是帮助企事业单位提高经营管理水平。会计咨询的过程实际是改善管理的过程，需要以企业整体作为研究对象，在综合分析企业内外部条件的基础上，为企业提供与其实际管理问题有关的专业知识和技术，所涉及的并不仅仅是会计工作。随着市场经济体制的建立和完善，经济管理要求的不断提高，提供会计咨询将成为作为市场中介机构的会计师事务所开拓和发展其业务领域

的重要方向。

会计咨询并不是注册会计师的法定业务，作为受托咨询，性质上是参谋性的服务，具有有偿性和自愿性。但作为一项特殊的智力服务工作，其职业特点主要表现为：

（1）独立性。即注册会计师开展咨询工作时，应遵循独立思考的工作方法，保持态度上、方法上和实施咨询程序上的独立性，既不带任何成见和偏见，也有能力不依赖他人独立工作。独立性是保证其工作取得成效，并获得企业和社会人士信赖的重要前提。

（2）客观性。即注册会计师开展咨询工作要保持公正的立场，如实反映问题，不受企业内外各种因素的干扰，不迁就任何个人的片面观点。客观性是保证咨询工作科学、有效的重要条件。

（3）创造性。即会计咨询工作应面向实际，深入调查，把握主要问题，以高度的科学求实精神和创造精神，探求能够提高企业经济效益的切实可行的方案。创造性表现在：针对企业的实际情况，设计和推行新的内部控制流程，创新财务会计核算方法，建立新的会计工作管理程序，开发新的高效率的会计核算软件，实行有效的财务会计人员培训方式等方面。创新性是会计咨询具有生命力的源泉。

（4）科学性。即会计咨询业务中，注册会计师应重视调查研究，运用科学的方法进行预测、分析和评价，尤其应重视定量分析，以便提出有充分科学依据又切实可行的方案。会计咨询建议或方案的科学性表现在：提出的建议、方案要有科学的计算依据和事实根据，实施方案不仅能给企业带来经济效益，而且所提出的方案要适合企业现有的财力、人力和管理水平，并综合考虑了企业的内外部条件，可以求得整体最优化。

（5）协作性。会计咨询过程是注册会计师与委托单位管理人员密切配合、协同工作的过程，这项工作需要双方的协调配合。良好的协作、交往能力是注册会计师开展会计咨询的基本素质或要求。注册会计师应以高度负责的精神与委托单位紧密合作，深入进行调查研究，提出切实有效的方案。咨询小组应当协作配合好，并虚心听取委托单位管理人员的意见，谦虚待人。同时要不徇私情，敢于揭露企业存在的问题，以诚相见。

2. 会计咨询、服务的业务范围

会计咨询的工作范围很广，工作内容极为丰富。其主要内容包括下列各项咨询业务：

（1）设计财务会计制度，担任会计顾问，提供会计、财务、税务和经济管理咨询。

（2）代理纳税申报。即注册会计师可以接受委托，根据委托人的收入或所得，代理委托人办理纳税申报，向税务机关申报纳税。

（3）代办申请注册登记，协助拟订合同、章程和其他经济文件。

（4）培训财务会计人员。

（5）其他会计咨询业务。注册会计师在社会服务领域有待开拓的咨询业务还很多，例如，接受委托办理委托单位会计人员的业务考核，在人才市场上为用人单位提供会计人才的考核与录用服务，接受普通高校委托指导会计专业学生的实习和论文等。

会计咨询并不仅限于受托办理单纯的会计业务的咨询服务，它已超出正常会计工作的范围，充分发挥注册会计师的专长，为社会提供综合性的服务。

15.1.2　会计咨询、服务业务的程序和要求

1. 会计咨询业务的程序

会计咨询业务的程序，是指会计咨询业务的正常工作步骤和环节。对于会计咨询的程序没有人提出标准的模式，实际生活中，由于会计咨询的对象和内容不同，其工作程序也不可能完全相同。但根据注册会计师的职业特点，总结会计咨询的成功经验，对会计咨询的基本程序可以概括为以下几个阶段：

（1）接受委托阶段。会计咨询一般是接受委托进行的，应与委托人签订咨询业务约定书。在签订咨询业务约定书前，应了解委托人的基本情况，明确对方要求咨询的范围和具体项目，确定是否能够承担咨询任务，能否在时间上及时安排。确定接受委托后，应配备合格的注册会计师，成立咨询小组，与委托单位签订咨询委托书（或合同），并由咨询小组制定咨询计划，以保证咨询工作的顺利开展。

（2）深入调查、收集资料阶段。注册会计师在与委托单位签订咨询业务约定书后，应按委托要求，根据咨询计划，深入进行调查，采用调查表、座谈会等形式征求意见，和企业中有实际经验的人员一起对企业的生产、财务、成本等进行调查、分析。对于重要的数据资料，注册会计师应亲自测定、分析。调查过程中，应严格执行咨询计划规定的各项工作，每个参加咨询工作的人员都应认真履行自己所承担的工作。调查过程也是收集、整理、鉴定有关资料的过程，应随时根据掌握的情况，分析解决问题的方法，以便形成初步方案。

（3）提出方案，编写咨询报告阶段。在深入调查和初步分析的基础上，研究存在的问题，提出改善与解决问题的方案。提出方案是一个优化和决策的过程。咨询小组应对每一个备选方案进行论证，预测其经济效益，作出财务经济分析，选择最满意的方案。方案的最后选定应由委托企业领导表态，注册会计师不能包办代替。在双方协商确定推荐的方案后，咨询小组应编写咨询报告。咨询报告的内容应包括委托咨询单位的基本情况，咨询目的、范围、依据、方法，存在问题的原因，咨询的结果或提出方案的可行性及预期效果等。如果有附件，应说明附件的内容。咨询报告由会计师事务所和咨询人员签章后，送交

委托人。

（4）指导实施具体改进措施或方案。注册会计师对提出的咨询意见、措施或方案应指导委托单位实施，帮助其改善经营管理，提高经济效益。通过注册会计师定期或不定期到委托单位回访，帮助企业进行人员培训，指导其实施。注册会计师还应检查实施的效果，必要时应提出补充建议。

2. 会计咨询、服务业务的要求

执行会计咨询、服务业务及处理各方面的关系时，应遵守以下各项基本要求：

（1）严格遵守国家的有关法律、法规和政策。

（2）恪守独立、客观、公正的原则，为社会各界提供符合规定要求的服务。

（3）一切判断应基于客观事实。

（4）不仅服务于解决企业的问题，更要着眼于提高企业的管理水平。

（5）对委托者恪守各项约定，严格保守秘密，不得将任何资料泄露给第三者。

（6）不做因维护委托者的利益而损害第三者利益的事，也不做以委托者以外的利益为目的的人事或贸易的推荐或介绍。

（7）不接受力所不能及的委托咨询任务。

（8）不吹嘘自己的业绩，不诋毁或诽谤其他咨询人员或咨询团体。

（9）不接受额外的酬金，严格按事先商定的标准收费。

（10）以实施方案后经济效益的提高来衡量咨询工作的成效。

另外，从注册会计师的职业道德和法律责任来看，开展咨询、服务业务还应注意：

（1）一般不宜由同一位注册会计师向同一位委托人提供会计咨询和审计业务，也就是不能把两种不相容的服务结合起来（即“职业内部的专业化”）。

（2）注册会计师办理咨询业务时，如代办纳税申报、代为编制财务报表等，就使其与未审定财务报表发生了联系，但注册会计师的这种服务应对未审定财务报表承担潜在的法律责任，对委托单位应具有认真和谨慎从事的责任，而且有重大过失的注册会计师对第三者（报表使用者）也具有赔偿的责任。注册会计师从对未审定报表的潜在责任出发，应避免人们误解其会计咨询业务代行了审计职能，一定要在与委托人签订的咨询约定书中明确会计咨询的范围、性质，在出具的咨询报告中，要特别注明有关财务报表未经审计以及注册会计师不对财务报表发表意见。

（3）注册会计师对于委托单位的预测、计划等含有不确定因素的未来事项，不得就其可实现程度作出保证。

（4）进行会计咨询、服务工作时，应避免直接承担管理决策的责任，不得代行委托单位的管理职能。

（5）咨询服务的收费原则上应以工作量的大小和专业要求的高低为主要依据，不得以服务成果的大小决定收取费用的高低（除有特殊约定者外），也不得以降低收费的方式招揽业务。

15.1.3　代理记账业务

代理记账业务是随着我国经济发展出现的一种新的会计服务活动。近年来，在我国经济飞速发展的同时，各单位的组织形式、经营规模都发生了很大的变化，一些规模较小的企业、单位、个体工商户和其他经济组织大量出现，这就产生了现有会计人员的数量和质量难以适应不断增长的各类经济组织进行会计核算要求的问题。一些小微企业很难找到业务素质相当的会计人员，而且经营规模小、创利不多的小微企业，配备专职的会计和出纳，费用上也难以承受。因此，实践中出现了不少小微企业找人兼职记账。

1. 代理记账的条件和工作规则

根据财政部《代理记账管理办法》（2019 年修订），从事代理记账业务，应当符合下列条件：

（1）为依法设立的企业；

（2）专职从业人员不少于 3 名；

（3）主管代理记账业务的负责人具有会计师以上专业技术职务资格或者从事会计工作不少于三年，且为专职从业人员；

（4）有健全的代理记账业务内部规范。

代理记账机构从业人员应当具有会计类专业基础知识的业务技能，能够独立处理基本会计业务，并由代理记账机构自主评价认定。

从事代理记账业务的机构，除会计师事务所外，必须按隶属关系向县级以上人民政府财政部门申请代理记账资格，经审查符合上述条件，并领取由财政部门统一印制的代理记账许可证书后，方能从事代理记账业务。颁发代理记账许可证书的财政部门负责对其发证的代理记账机构进行年检。

代理记账应遵循以下工作规则：

（1）遵守有关法律、法规和国家统一的会计制度的规定，按照委托合同办理代理记账业务。

（2）对在执行业务中知悉的商业秘密予以保密。

（3）对委托人要求其作出不当的会计处理，提供不实的会计资料，以及其他不符合法律、法规和国家统一的会计制度行为的，予以拒绝。

（4）对委托人提出的有关会计处理相关问题负有解释。

2. 代理记账的工作程序和内容

（1）签订书面委托合同，明确双方的义务和责任。委托人委托代理记账机构进行代理记账，应当在相互协商的基础上，签订书面委托合同。委托合同除应具有法律规定的基本条款外，还应当明确以下内容：

1）双方对会计资料真实性、完整性各自应当承担的责任；

2）会计资料的传递程序和签收手续；

3）编制和提供财务会计报告的要求；

4）会计档案的保管要求及相应的责任；

5）终止委托合同应当办理的会计业务交接事宜。

委托人委托代理记账机构代理记账的，应当履行以下义务：

1）对本单位发生的经济业务事项，应当填制或者取得符合国家统一的会计制度规定的原始凭证；

2）应当配备专人负责日常货币收支和保管；

3）及时向代理记账机构提供真实、完整的原始凭证和其他相关资料；

4）对于代理记账机构退回的，要求按照国家统一的会计制度的规定进行更正、补充的原始凭证，应当及时予以更正、补充。

（2）办理会计核算业务。代理记账机构应当根据委托合同的约定，定期派人到委托人所在地办理会计核算业务，或者根据委托人送交的原始凭证在代理记账机构所在地办理会计核算业务。

（3）编制和报送财务报表。代理记账机构为委托人编制的财务报表，经代理记账机构负责人和委托人审阅并签名或盖章后，按照国家的规定报送政府有关部门和其他财务报表使用者。

（4）定期向税务机关提供纳税的相关资料。

（5）承办委托人委托的其他会计业务。

15.1.4 税务代理业务

税务代理是指税务代理人在规定的税务代理范围内，受纳税人、扣缴义务人的委托，代为办理税务事宜的各种行为的总称。

1. 税务代理的条件及权利、义务和责任

（1）税务代理的条件。会计师事务所需要开展税务代理业务的，必须在本机构内设置专门的税务代理部门，配备 5 名以上经税务机关审定注册的税务师，并报经国家税务总局或省级税务部门批准，方能从事税务代理业务。

（2）税务代理的权利和义务。具体如下：

1）税务代理人有权按规定代理由纳税人、扣缴义务人委托的税务事宜。

2）税务代理人依法履行职责，受国家法律保护，任何机关、团体、单位和个人不得非法干预。

3）税务代理人有权根据代理业务需要，查阅被代理人的有关财务会计资料和文件，查看业务现场和设施。被代理人应当向代理人提供真实的经营情况和财务会计资料。

4）税务代理人可向当地税务机关订购或查询税收政策、法律、法规和有关资料。

5）税务代理人对税务机关的行政决定不服的，可依法向税务机关申请行政复议或向人民法院起诉。

6）税务代理人在办理代理业务时，必须向有关的税务工作人员出示税务师执业证书，按照主管税务机关的要求，如实提供有关资料，不得隐瞒、谎报，并在税务文书上署名盖章。

7）税务代理人对被代理人偷税、骗取减税、免税和退税的行为，应予以制止，并及时报告税务机关。

8）税务代理人在从事代理业务期间和停止代理业务以后，都不得泄露因代理业务而得知的秘密。

9）税务代理人应当建立税务代理档案，如实记载各项代理业务的始末和保存计税资料及涉税文书。税务代理档案至少保存5年。

（3）税务代理的责任。具体如下：

1）税务师未按照委托代理协议书的规定进行代理或违反税收法律、行政法规的规定进行代理的，由县以上国家税务局处以2 000元以下的罚款。

2）税务师在一个会计年度内违反规定从事代理行为两次以上的，由省、自治区、直辖市税务部门注销税务师登记，收回税务师执业证书，停止其从事税务代理业务2年。

3）税务师知道被委托代理的事项违法仍进行代理活动或知道自身的代理行为违法仍进行的，由省、自治区、直辖市税务部门吊销其税务师执业证书，禁止其从事税务代理业务。

4）税务师触犯刑律，构成犯罪的，由司法机关依法惩处。

5）税务代理机构（包括从事地方税务代理业务）违反规定的，由县以上税务部门根据情节轻重，给予警告、处以2 000元以下罚款、停业整顿、责令解散等处分。

6）税务机关对税务师和税务代理机构进行惩戒处分时，应当制作文书，通知当事人，并予以公布。

2. 税务代理的程序

（1）签订委托书。注册会计师承办税务代理业务，由其所在的会计师事务所统一受理，并与被代理人签订委托代理协议书。

（2）办理税务代理业务。税务代理人可以接受纳税人、扣缴义务人的委托从事下列范围内的业务代理：

1）办理税务登记、变更税务登记和注销税务登记。

2）办理发票领购手续。

3）办理纳税申报或扣缴税款报告。

4）办理缴纳税款和申请退税。

5）制作涉税文书。

6）审查纳税情况。

7）建账建制，办理账务。

8）开展税务咨询、受聘税务顾问。

9）申请税务行政复议或税务行政诉讼。

10）国家税务总局规定的其他业务。

税务代理人在税务代理过程中，应当书面记录各项代理业务的始末，整理好有关的计税资料。

(3) 税务代理关系的终止。税务代理期限届满，委托协议书届时失效，税务代理关系自然终止。在一些特定情形下，被代理人或税务代理人在委托期限内可单方终止代理业务，单方终止委托代理关系的，终止方应及时通知另一方，并向当地税务机关报告，同时公布终止决定。

15.2 练习题

15.2.1 填空题

1. 会计师事务所的业务范围包括______和______两大领域，其中______是非法定业务。

2. 注册会计师开展会计咨询、服务业务是______的客观要求，也取决于注册会计师的______。

3. 会计咨询、服务是适应______的需要，以______为企事业、单位提供服务的会计师事务所业务。

4. 会计咨询、服务涉及的不仅仅是会计工作，还需要以______为研究对象，实际上是______的过程。

5. 衡量会计咨询、服务的成效，只能以帮助委托单位______和______为标准。

6. 会计咨询、服务是受托咨询，性质上是______服务，具有______和______特征。

7. ______是会计咨询、服务获得企业和社会人士信赖的重要前提，______是会计咨询具有生命力的源泉。

8. 按照注册会计师接受委托的对象和期限不同，会计咨询、服务业务可以划分为______、______和______等不同类别。

9. 会计咨询、服务的程序包括______、______、______、______等阶段，

称为会计咨询的“四部曲”。

10. 执行会计咨询、服务应恪守______、______、______的原则，为社会各界提供符合规定要求的服务。

11. 注册会计师担任会计咨询、服务，实际上参与了委托企业的______，因此，从独立性的要求出发，不应由同一位注册会计师向同一位委托人提供会计咨询、服务和______。

12. 咨询、服务业务中注册会计师如果与未审定财务报表发生了联系，则应对其承担______，在咨询、服务报告中应注明其未对财务报表______。

13. 注册会计师进行会计咨询、服务时，应避免直接承担______责任，不得代行委托单位的______职能。

14. 会计咨询、服务业务中，注册会计师可以协助委托单位从事预测、计划或可行性研究，但不应对委托单位的______的可实现程度作出______。

15.2.2　判断题（正确的划“√”，错误的划“×”）

1. 会计咨询、服务业务与审计业务都是民间审计组织的法定业务。（　　）

2. 注册会计师的会计咨询、服务只提供有关委托单位财务会计业务的改进、完善意见。（　　）

3. 注册会计师受托办理资产评估从其性质上看也属于会计咨询业务。（　　）

4. 会计咨询业务与审计验证业务的不同之处在于注册会计师不需与委托人签订约定书。（　　）

5. 应以实施方案后经济效益的大小来衡量会计咨询工作的成效。（　　）

6. 注册会计师在咨询业务中如与未审定财务报表发生联系，不需对报表承担任何责任。（　　）

7. 会计咨询的收费应以咨询服务成果的大小决定收费标准的高低。（　　）

15.2.3　单项选择题

1. 会计咨询业务的主要职业特点是（　　）。

A. 有偿性　　　　B. 自愿性

C. 参谋性　　　　D. 创造性

2. 中国国有企业进行重大项目投资，应按隶属关系向主管部门首先呈报（　　）。

A. 初步可行性研究报告　　　　B. 可行性研究报告

C. 项目建议书　　　　D. 投资协议草案

3. 企业如果延长合同期限，应当办理（　　）。

A. 可行性论证　　　　B. 修改合同章程

C. 变更企业名称　　D. 变更登记

4. 设立股份有限公司可以采用（　　）。

A. 发起方式　　B. 定向募集方式

C. 社会募集方式　　D. 发起和定向募集方式

5. 设立股份有限公司可以不办理筹建登记的方式为（　　）。

A. 发起方式　　B. 定向募集方式

C. 社会募集方式　　D. B和C

15.2.4 多项选择题

1. 会计咨询作为一项特殊的智力服务工作，其主要特点表现为（　　）。

A. 参谋性　　B. 科学性

C. 独立性　　D. 客观性

E. 创造性

2. 外商投资企业设立的程序包括（　　）。

A. 呈报项目建议书　　B. 提出可行性研究报告

C. 办理筹建登记　　D. 呈报和审批企业协议、章程

E. 办理法人登记

3. 股份有限公司的设立程序包括（　　）。

A. 向主管部门申请设立公司　　B. 办理筹建登记

C. 发行股票　　D. 召集创立会议

E. 申请法人登记

4. 注册会计师为企业提供会计服务的主要内容是（　　）。

A. 编制会计报表　　B. 代理记账

C. 技术管理咨询　　D. 纳税代理

E. 可行性研究

15.3 练习题参考答案

15.3.1 填空题

1. 审计业务　会计咨询业务　会计咨询业务

2. 社会经济发展　职业特点

3. 经济管理　智力

4. 企业整体　改善管理

5. 提高经济效益　管理水平

6. 参谋性 有偿性 自愿性

7. 独立性 创造性

8. 长期咨询 项目咨询 对利害关系者的咨询

9. 接受委托确定项目 调查分析收集资料 提出方案编写报告 指导实施检查效果

10. 独立 客观 公正

11. 管理决策 审计业务

12. 潜在的法律责任 发表审计意见

13. 管理决策 管理

14. 含不确定性因素的未来事项 保证

15.3.2 判断题

1. × 2. × 3. √ 4. × 5. √

6. × 7. ×

15.3.3 单项选择题

1. D 2. C 3. D 4. D 5. A

15.3.4 多项选择题

1. BCDE 2. ABDE 3. ABCDE 4. ABD

15.4 教材习题参考答案

15.4.1 思考题

1. **【解答】**会计咨询过程是注册会计师与委托单位管理人员密切配合、协同工作的过程。管理人员提出问题，给注册会计师一定的时间进行调查研究以作出判断，然后进行交流，找到解决问题的方法。这项工作需要双方的协调配合。良好的协作、交往能力是注册会计师开展会计咨询的基本素质和要求。注册会计师应以高度负责的精神与委托单位紧密合作，深入进行调查研究，提出切实有效的方案。会计咨询来不得半点虚假，经济效益的提高程度是衡量咨询成效的唯一标准。咨询小组应当协作配合好，并虚心听取委托单位管理人员的意见，谦虚待人。同时要不徇私情，敢于揭露企业存在的问题，以诚相见。因此，协作性是会计咨询的一个重要特点。

2. **【解答】**注册会计师执行会计咨询、服务业务及处理各方面的关系时，应遵守以下各项基本要求：

（1）严格遵守国家的有关法律、法规和政策。

（2）恪守独立、客观、公正的原则，为社会各界提供符合规定要求的服务。

（3）一切判断应基于客观事实。

（4）不仅服务于解决企业的问题，更要着眼于提高企业的管理水平。

（5）对委托者恪守各项约定，严格保守秘密，不得将任何资料泄露给第三者。

（6）不做因维护委托者的利益而损害第三者利益的事，也不做以委托者以外的利益为目的的人事或贸易的推荐或介绍。

（7）不接受力所不能及的委托咨询任务。

（8）不吹嘘自己的业绩，不诋毁或诽谤其他咨询人员或咨询团体。

（9）不接受额外的酬金，严格按事先商定的标准收费。

（10）以实施方案后经济效益的提高来衡量咨询工作的成效。

3.**【解答】**从注册会计师的职业特点和地位来看，开展咨询、服务业务应注意：

（1）注册会计师担任会计咨询工作，事实上参与了委托企业的管理决策，某位注册会计师经常不断地被聘咨询时更是如此，这样，当注册会计师受托办理审计业务时，有的委托人就可能对注册会计师的独立性产生重大怀疑，因此，一般不宜由同一位注册会计师向同一位委托人提供会计咨询和审计业务，也就是不能把两种不相容的服务结合起来，这就是所谓的“职业内部的专业化”。

（2）注册会计师办理咨询业务时，如代办纳税申报、代为编制财务报表等，就使其与未审定财务报表发生了联系，而会计咨询业务中，注册会计师不实施审计程序，也不签发有关财务报表公允、合理与否的审计意见。但注册会计师的这种服务应对未审定财务报表承担潜在的法律责任。对委托单位应具有认真和谨慎从事的责任，而且有重大过失的注册会计师对第三者（报表使用者）也具有赔偿的责任。因此，要求注册会计师在咨询服务中发现委托单位存在非法事件的证据时，就应立即提醒委托单位注意改正。而且注册会计师从对未审计财务报表的潜在责任出发，应避免人们误解其会计咨询业务代行了审计职能，一定要在与委托人签订的咨询约定书中明确会计咨询的范围、性质，在出具的咨询报告中，要特别注明有关财务报表未经审计以及注册会计师不对财务报表发表意见。

15.4.2 案例分析题

【解答】（1）由注册会计师甲继续担任主管合伙人审计A公司2022年度财务报表违反了从事会计咨询业务的相关规定。

（2）XYZ会计师事务所作为辩护人代表A公司解决法律纠纷违反了从事会

计咨询业务的相关规定。如果会计师事务所以会计咨询客户辩护人的角色代表会计咨询客户解决纠纷或进行法律诉讼，且所涉金额对财务报表影响重大，可能产生重大过度推介威胁和自我评价威胁，没有任何防范措施可以将其降至可接受水平。

（3）XYZ 会计师事务所为 A 公司提供与财务系统相关的内部控制建设服务违反了从事会计咨询业务的相关规定。在审计客户属于公众利益实体的情况下，会计师事务所不应提供与内部控制、财务系统或财务报表相关的会计咨询服务。

（4）会计师事务所连续三年收费金额超出全部费用的 15%，但并未采取措施，违反了相关规定。如果会计师事务所连续两年从属于公众利益实体的某一审计客户及其关联实体所收取的全部费用占其从所有客户收取全部费用的比重超过 15%，除非该会计师事务所向审计客户治理层披露这一事实，并与之讨论采取防范措施以将威胁降至可接受水平，否则，所产生的自身利益威胁将非常重大。

（5）会计师事务所一部分员工作为会计咨询客户的财务人员和内部审计人员，为其编制会计分录、确定交易的账户分类和从事内部审计业务，违反了从事会计咨询业务的相关规定。这种行为代行了管理层的职责。

图书在版编目（CIP）数据

《审计学（第11版）》学习指导书 / 秦荣生，卢春泉编著．-- 北京：中国人民大学出版社，2022.11
高等学校经济管理类主干课程教材．审计系列
ISBN 978-7-300-31081-7

Ⅰ.①审… Ⅱ.①秦… ②卢… Ⅲ.①审计学－高等学校－教学参考资料 Ⅳ.①F239.0

中国版本图书馆 CIP 数据核字（2022）第 182831 号

"十二五"普通高等教育本科国家级规划教材
高等学校经济管理类主干课程教材·审计系列
《审计学（第11版）》学习指导书
秦荣生　卢春泉　编著
《Shenjixue（Di 11 Ban）》 Xuexi Zhidaoshu

出版发行	中国人民大学出版社		
社　　址	北京中关村大街 31 号	邮政编码	100080
电　　话	010－62511242（总编室）		010－62511770（质管部）
	010－82501766（邮购部）		010－62514148（门市部）
	010－62515195（发行公司）		010－62515275（盗版举报）
网　　址	http://www.crup.com.cn		
经　　销	新华书店		
印　　刷	涿州市星河印刷有限公司		
开　　本	787 mm×1092 mm　1/16	版　　次	2022 年 11 月第 1 版
印　　张	15 插页 1	印　　次	2024 年 8 月第 4 次印刷
字　　数	283 000	定　　价	35.00 元